LAONIANREN SHENGHUO DE
LIJIE YU TIYAN

郭 星 杨 超
李艳丽 宋 娟
主 编

老年人生活的理解与体验

中国社会出版社
国家一级出版社 · 全国百佳图书出版单位

北京 · BEIJING

图书在版编目（CIP）数据

老年人生活的理解与体验 / 郭星等主编 . -- 北京：中国社会出版社，2024.1（2025.8 重印）
（老龄化治理丛书）
ISBN 978-7-5087-6968-4

Ⅰ. ①老… Ⅱ. ①郭… Ⅲ. ①老年学－教材 Ⅳ. ① C913.6

中国国家版本馆 CIP 数据核字（2024）第 007910 号

老年人生活的理解与体验

责任编辑：马　岩
责任校对：张翠萍
装帧设计：李　尘
出版发行：中国社会出版社
（北京市西城区二龙路甲 33 号　邮编 100032）
印刷装订：北京九州迅驰传媒文化有限公司
版　　次：2024 年 1 月第 1 版
印　　次：2025 年 8 月第 2 次印刷
开　　本：170mm × 240mm　1/16
字　　数：210 千字
印　　张：16.5
定　　价：68.00 元

客服热线：（010）58124852　投稿热线：（010）58124812　盗版举报：（010）58124808
购书热线：（010）58124841；58124842；58124845；58124848；58124849

前　言

进入21世纪，基于当代社会发展中人口结构老龄化现状，照护系统的焦点由过去聚焦于孩童转向聚焦于长者。如果把人生分为三个阶段：幼年、成年、老年，那么，人类寿命延长后，人生的哪个时期会延长？老年时光会更长还是成年时光会更长？毫无疑问，寿命延长更多延长的是老年期。但是，不论人的生命如何延长，衰老是一个永恒的主题。人们对长寿的追求一直伴随着衰老的主题。随之而来的是另一个主题：对“老年”的态度，是坦然地接受还是一种普遍的厌恶或恐惧感？“老”已经成为现代社会发展进程中的一个不容忽视的问题，成为人们共同关注并广泛探讨的课题。

本书聚焦于老年人生活，试图从老年学、老年社会学、管理学、心理学、医学等学科的知识背景出发，探讨老年人生活及环绕于老年人生活的更宏观的制度系统——家庭、社群、国家、社会文化等的影响，并且通过对老年人生活的实证研究，帮助学生、老年产业从业者、政府管理者更好地认识和理解老年人生活，为提高老年产业项目研发、经营与管理等提供参考。

本书秉承理论理解与实践体验相结合的原则。所谓的理论理解，主要是通过多种学科相关理论的讲授，从不同学科视角让学生去理解老年人生活的状态、特点及规律；所谓的实践体验，是通过在实验室运用教具让学生去体会老年人的生理、心理状态与特点；同时，通过对社区、养老机构中老年人的社会调查，深入了解老年人生活的问题、原因及探索解决的途径。

基于以上原则，将本书的框架结构分为理论教学和实践教学两部分。理论教学部分，主要围绕老年人生活的基本理论、基本概念展开，重点探讨老年人生理、心理特点下的社会生活、继续教育生活、再就业生活以及老年人生活的调适。实践教学部分，分为实验室体验教学和社会实践教学两部分。

实验室体验教学，通过实验教具体验，让学生在亲身体验中感受老年人的生理、心理特点以及生活特点。

社会实践教学，要求学生通过观察法、访谈法、问卷法对老年人的家庭生活、社区生活和养老机构生活进行调查，从而把握和熟悉老年人生活的特点、规律及需要解决的问题。

目 录

第一章　导　论

老年人生活的理解与体验是对老年人生活进行综合性、实践性研究的新兴学科，是当代老龄化社会的产物。进入 21 世纪以来，该学科伴随着现代社会日益严重的老龄化现象并作为其反映得到了逐渐发展，成为高校一门独立的课程。本章将对老年人生活的理解与体验课程的发展历程及学科性质作概括性的介绍。

第一节　老年人生活的理解与体验课程的产生与发展

老年人生活的理解与体验是当代社会治理实践的产物，是随着老龄化社会的深入发展而不断发展的。在课程发展过程中，逐步形成了系统的课程知识体系和理论研究。

一、老年人生活的理解与体验课程产生背景

作为一门适用于高校社会工作专业、老年学专业学生的独立课程，其产生绝不是偶然的，而是在深刻的老龄化过程中有着社会发展、思想及学术发展背景。

（一）课程产生的时代背景

进入 21 世纪，人口增寿成为世界普遍的趋势。“在过去 200 年中，预期寿命一直稳步上升，每 10 年增加 2 岁以上。这意味着，如果你现在 20 岁，那么有 50% 的概率活到 100 岁以上；如果你现在 40 岁，有 50% 的概率活到 95 岁以上；如果你现在 60 岁，有 50% 的概率活到 90 岁以上。”“21 世纪出生的

人有 50% 的概率活到 100 岁。”[①]

国际上的通常看法是，当一个国家或地区 60 岁及以上老年人口占人口总数的 10%，或 65 岁及以上老年人口占人口总数的 7%，即意味着这个国家或地区的人口处于老龄化社会。

中国自 1999 年迈入老龄化社会之后，人口老龄化的程度持续加深。2021 年 5 月 11 日，第七次全国人口普查结果公布，60 岁及以上人口占 18.7%，65 岁及以上人口占 13.5%。2023 年 1 月 17 日，国家统计局发布的人口数据，截至 2022 年底，我国 60 岁及以上人口 28004 万人，占全国人口的 19.8%，其中 65 岁及以上人口 20978 万人，占全国人口的 14.9%，中国已经实现向深度老龄社会的转变。

表 1－1 全国人口年龄构成

年龄	人口数（人）	比重（%）
总 计	1411778724	100.00
0～14 岁	253383938	17.95
15～59 岁	894376020	63.35
60 岁及以上	264018766	18.70
65 岁及以上	190635280	13.50

资料来源：《第七次人口普查公报》。

伴随老龄化发展，长寿已成为现代社会不争的事实。大多数人认为，随着经济发展和科学技术的提高，儿童死亡率下降、收入增加、营养充足和医疗保健改善，人类的预期寿命增长将是趋势。但是即便如此，大多数人也认为人类的寿命是有自然极限的。虽然婴儿死亡率降低、营养改善以及医疗技术提高极大地推动人类寿命的延长，但是富贵病、久坐的生活方式和越来越多的肥胖病也会阻碍预期寿命的进一步增长。同时，衰老是不可避免的。

那么，衰老的意义是什么？

衰老就意味着死亡和从这个世界销声匿迹？老年人就应该扮演一种消极的角色而不是积极的角色？如果老年人表现出与其说适合他们倒不如说更适

---

① 琳达·格拉顿，安德鲁·斯科特．百岁人生［M］．吴奕俊，译．北京：中信出版集团，2018.

合年轻人的世俗激情或欲望，是令人厌恶的吗?

现实是，当追求长寿成为社会议题，老年人是自然发展还是社会造成的?我们不妨思考并回答以下问题。

（1）青春永驻的欲望是否是歧视老年人的社会所造成的?

（2）如果科技真的可以消除年老对于身体所产生的效应，那么讨论老年人的生活还有没有意义?

（3）你是否同意人类预想一个长生不老的未来?

这些问题的回答不仅关系到社会对老年人的态度，也是老年人自身健康生活的前提。

今天，老龄化虽然已经成为不争的事实，但是，社会对老年人的刻板印象仍然存在。你对老年人也有下列的看法吗?

（1）老年人不需要再追求新生活，只要身体健康不给家人和社会增添麻烦就好；

（2）许多老年人墨守成规，难以改变旧的习惯；

（3）绝大多数老年人在社会上是孤立的；

（4）绝大多数老年人的收入低于贫困标准。

虽然许多的看法已被证实不是真的，但是很多人仍然接受。要消除这些看法需要时间，对衰老的一些看法也可能最终会与新的证据相矛盾。但是，相关学科对老年过程的研究仍是科学的。

对衰老的科学研究可能不会立即就把人们流传的关于衰老的看法全部消除掉，但是至少它会用事实来驳倒有违科学的看法。于是，对老年人及其生活的研究就成为社会科学面对的基本问题。

（二）思想学术条件

1. 历代社会治理思想

历代思想家、社会活动家在其哲学、政治学、管理学、社会学、伦理学观点中包含的社会治理思想，对课程的产生与发展形成了这样或那样的启示与影响。如中国古代的荀子在《荀子·王制》中提出“人生不能无群”的思想；近代资产阶级启蒙运动的思想家们为适应资产阶级的要求，提出的人类社会发展的历史哲学思想以及一些空想社会主义者设计的理想社会模式的思想，都对研究老年生活产生重大影响。

2. 相关学科的学术理论

作为一门独立的课程，老年人生活的理解与体验以专家学者对老年人生活的探索与研究为基础。目前，国内开设老年学专业的高校中，针对老年人生活从老年学、社会学、心理学、管理学等学科角度进行专业研究，对老年人生活的状态、变化的规律和未来进行探索，形成了丰富的学术思想与理论，这些成果将作为基础促进人们对老年人生活有更进一步认识。同时，也为形成一门独立的学科打下学术理论基础。

3. 社会调查研究方法的推动

近代以来，在社会科学研究领域被运用的实证研究方法，使得研究者用社会调查方法收集资料，对调查资料进行定量分析，对社会的认识更为科学。当然，在社会研究中，各种类型的民族志、口述史等定性研究方式，也使得老年人生活的理解与体验课程成为一门不同于一般社会研究领域的课程，体验式学习与研究是课程的重要特色。

二、老年人生活的理解与体验课程的发展

（一）多学科领域的研究推动了本课程发展

对老年人生活的研究，社会学、心理学、生物医学、管理学等多学科都有深入的研究。如西方学术领域对个体老年化的研究，主要从老年医学和老年生物学角度进行；随着老龄化的加深，学者们开始从社会科学角度研究与老年人相关的社会问题，对老年人的研究逐渐从单纯的生物医学领域扩展到人口学、社会学、管理学、心理学等多学科领域。在我国，老龄问题的研究，最早是由政府的政策研究部门主持开展，主要关注老龄化及其对社会发展的影响，形成了政策主导性的研究倾向。

随着老龄化程度的不断加深，老年人口吸引了越来越多的研究者，越来越多的大学和研究机构开设了老年学相关课程或设立老龄问题研究中心。但是，对老龄问题的研究还停留在各自领域，没有形成多学科系统性研究。比如：人口学主要研究老龄人口的发展状态及其影响、老龄群体内部结构等；经济学主要注重研究老龄化带来的相关经济问题，如养老负担的加大、劳动力不足、养老金支付压力增大、人口红利消失等；社会学研究相对缓慢，基础性研究不足。针对“老”的社会学研究，一是从宏观层面进行老龄化社会

结构研究；二是受实证主义方法论的影响注重对客观事实的经验性研究。学术界虽然对老年人和老龄化研究较为重视，多学科、多领域实现了各自的研究，取得了丰硕的研究成果，但是，研究仍然停留在各自领域，缺乏综合性和全面性。从多种学科视角出发，综合运用各学科研究成果，正是本书编写的目标和特色。

（二）本课程在我国的发展

2000 年，韩国 65 岁及以上人口在总人口中已占到 7.2%，[①] 按照国际标准，韩国已经进入老龄化社会。为了应对老龄化社会带来的问题，韩国政府采取了一系列措施来建立应对老龄化社会的反应系统。比如，在高校和研究机构中开设相关课程、进行人才培养和老龄问题研究是重要的措施。在此背景下，江南大学设立了银发产业部，设置的银发产业经营与管理专业在老年人管理人才培养、相关课程的研究等方面取得了突出成就，吸引了大量亚洲国家的留学生、访问学者前去学习。其中，中国大陆学者在与韩国高校交流中，认识到高校开展银发专业研究的重要性，并进行了与韩国的多方合作和交流。虽然，目前国内开设银发产业专业的高校不多，但是开设老年学、老年社会工作、老年政策与福利专业的高校，都在开设老年人相关课程。老年人生活的理解与体验课程也在个别高校开设，不仅在本校学生培养上发挥了重要作用，而且满足了社会培训的需要。作为一门课程，老年人生活的理解与体验在我国还是有很大的发展空间的。其中，教材建设是目前急需开发的建设项目。

第二节　老年人生活的理解与体验课程的研究框架与研究对象

一、研究框架

老龄社会的到来，引起社会全面的关注。政府、学者、企业等关注和研

① 沈铭辉．人口老龄化的影响及治理对策：以韩国为例［EB/OL］(2020－11－20)．http://www.rmlt.com.cn/2020/1120/599374.shtml.

究老年人更多偏重宏观政策和老年经济生产以及由此带来的国家经济压力、社会养老负担、就业压力等。针对老年人群体的研究相对较少，现有研究也更多是从人口统计数据出发进行人口结构研究。以老年人的生活状态为视角，探讨老年人的生活状况，尤其是从生理学、心理学、社会学、管理学等多学科角度出发，探讨老年人群体生活的研究较少。这也正是本书研究的核心和重点。本书将以老龄化为背景，通过探讨老年人的生活状况，特别是老年人社会生活、生理生活、心理生活、教育生活、就业生活等，为老年人群体理解和感受自我以及社会更好地理解老年人生活在现代社会中的地位与作用，提供理论的指导与参考。

本书研究框架分为两部分：

理论教学部分，主要围绕老年人生活各学科研究的基本理论、基本概念展开，重点探讨老年人生理、心理特点下的社会生活、继续教育生活、再就业生活以及老年人生活的调适。

实践教学部分，分为实验室体验教学和社会实践教学两部分。

——实验室体验教学，通过体验实验教具，让学生在亲身体验中感受老年人的生理、心理特点以及生活特点。

——社会实践教学，要求学生通过观察法、访谈法、问卷法对老年人的家庭生活、社区生活和养老机构生活进行调查，从而把握和熟悉老年人生活的特点、规律及需要解决的问题。

二、研究对象

老年人生活的理解与体验是一门集多学科理论，探讨老年人生活及其环绕于老年人生活周围的更宏观制度系统影响的课程。它帮助学习者从理论理解和实践探索两个视角，对老年期的生理、心理、社会生活状态及适应进行多学科理论探索和分析，并通过实验室体验和社会实践体验，更好地理解人生在老年期面临的人际交往、家庭生活、再就业、继续教育等方面的问题及成因，探索老年生活的社会适应、社会调适方案与对策。

从根本上说，对老年人生活的理解与体验是一门帮助那些无法从过去预测未来的人而开设的课程。当我们想要了解选择而不仅仅是约束，想要积极影响自己的现在和未来的工作、生活而不仅仅是恐慌；当我们想要最大限度地把长寿变成礼物而不是难题，本课程向你发出邀请，邀请你迈出享受这份长寿礼物的第一步。

我们的研究对象是否是研究视角和研究内容的体现，作为衡量课程成立与否的标准。老年人生活的理解与体验课程作为一个新的研究领域，其蓬勃发展的特点是综合运用多学科研究视角和研究理论，如从社会学、心理学、管理学、老年学等不同专业出发，对老年人生活进行不同理论视角的探索，这就造成研究对象的“多元性”和“不确定性”。其实，这恰恰是本课程具有生命力的象征。一门课程的生命力不在于是否有单一而明确的研究对象，而在于社会需求。社会对这门课程有需求，这门学科就应运而生、蓬勃发展。

简单地说，老年人生活的理解与体验的研究对象，就是运用社会学、心理学、管理学、老年学等多学科视角和概念语言，研究老年人生活的内在本质、外在表现、发展规律和过程。

在研究对象的基础上，课程结构框架是沿着从理论理解到实践体验、从静态研究到动态研究的思路设计的，即先从社会学、心理学、管理学、老年学等多学科角度对老年人生活进行静态的理论分析，然后从静态的理论系统延伸到实验室、社区、家庭、社会组织等动态系统进行体验学习，从而形成老年人生活的较为生动完整的系统。

第三节　老年人生活的理解与体验的研究方法

一、方法论

马克思主义关于认识社会的基本观点和原则是本课程的主要方法论。马克思主义认为，社会认识过程必须起源于社会实践。今天，老龄化的快速发展，对老年人群体及其生活必须历史地、发展地看待。

（一）马克思主义研究社会的基本观点和方法

1. 实践的观点和方法

实践的观点是贯穿于马克思主义的基本观点。马克思主义实践观认为，人是社会的主体，人的社会活动主要是实践活动。实践既具有客观实在性，也是主体人有目的的创造性活动。

马克思主义实践观引入对老年人社会生活的研究，不仅突出了实践在认识老年人群体及其生活中的地位与作用，厘清了主观与客观、认识与实践的辩证关系，而且为研究老年人提供了科学方法。把实践作为研究老年人生活的基础，体现为注重对老年人生活的实践考察。要善于从社会调查、实验室体验中总结老年人生活的规律、特点、原理；并将认识老年人生活的理论应用于老年群体管理和老年服务产业的发展。

2. 具体问题具体分析的观点与方法

具体问题具体分析是马克思主义活的灵魂。马克思主义认为，事物在发展过程中无一例外地都存在矛盾，矛盾是在一定条件下形成并变化的。认识事物，只有注意分析不同时间、地点和条件下的矛盾特点，才能把握事物发展的过程与规律，才能真正认识事物。

用具体问题具体分析的观点来认识和分析老年人群体及其生活时，要注意区分其在社会普遍性之外的特殊性。具体地分析老年人群体本身固有的特殊性，认识其与其他社会群体相区别的特殊本质，是认识老年人群体、理解其生活的前提。

（二）马克思主义研究社会的基本原则

1. 理论与实践相统一的原则

马克思主义方法论强调，研究社会首先必须以一套严密的理论体系阐述和再现社会现象和过程，因为理论成果是经过实践检验的。但是，理论的发展是一个辩证的过程，人的认识是一个不断经过实践、认识、再实践的循环上升过程。因此，在进行理论研究时要注意与实践相结合，通过实践进行检验和再认识。

对老年人世界的研究，同样必须坚持理论与实践相结合的原则。因为研究者认识的老年人世界，不一定是真实的老年人世界，而是研究者经过思想加工的文化世界。这种体现研究者思想的产物，只有在老年人生活中进行检验，才能不断提升科学性。

2. 个体与整体相统一的原则

马克思主义认为，任何社会特定对象都是社会整体的有机组成部分，部分的特性存在于其与整体的关系中。每一个具体社会现象一旦离开社会整体，就不可能被科学认识。只有了解社会整体，才能更全面认识整体的每一部分。

个体与整体相统一的原则，开辟了从整体出发认识老年人群体及其生活的新思路。研究者要注意考察围绕老年人生活的各种要素以及相互之间的关系，要研究社会整体效应对老年人生活的作用，也就是在研究方法上要把社会各要素相互作用作为影响因子来研究。

3. 社会变迁与社会结构相统一原则

马克思主义在分析生产力与生产关系、经济基础与上层建筑等社会结构的基础上，揭示了社会变迁与社会结构的关系。一切社会产生、异化与演变的过程，都是社会结构的变迁过程。把社会变迁与社会结构结合起来分析，为认识社会现象以及与社会结构的相互关系提供了科学方法。

认识老年人生活的变迁，不能忽略社会结构与老年人作为社会行动主体之间的关系。老年人生活是在一定社会结构中的活动，社会结构存在着对老年人生活的内在的支配性；反过来，外显的老年人群体生活也是一个社会结构的实体性存在。认识老年人生活，必须从老年人群体与其存在的社会结构相互关联的视角出发，不能把老年人群体与其生活的社会结构割裂开来。

二、具体研究方法

多学科研究视角推动了老年人生活的理解与体验课程研究方法的多元性和创新性。

1. 横剖研究方式下的研究方法

横剖研究是针对不同年龄阶段老年人群体在同一时间点收集的资料进行研究。它可以对同时期的不同年龄阶段的老年人进行描述和比较研究。横剖研究方式由于调查面广泛，主要运用问卷法、访谈法收集资料，运用比较法进行描述性分析。

2. 纵贯研究方式下的研究方法

纵贯研究是在很长一段时间内对研究对象进行若干次观察和资料收集，以描述研究对象的发展过程、趋势和变化。针对老年人群体进行纵贯研究，主要是对同一老年群体进行反复多次的研究，主要运用问卷法、访谈法、参与观察法、量表法、口述史法。相比较横剖研究，纵贯研究往往需要数年的时间收集资料，而且在不同时间点收集同样的资料，困难重重且耗资巨大。因此，纵贯研究的研究对象规模不宜过大，样本容量也不宜太大。

3. 同期群研究方式下的研究方法

同期群研究，也称作人口特征组研究，一般是指对某一特殊人群（即特征组）随时间推移而发生的变化进行的研究。针对老年人这一特殊的年龄群体，可以采取随机抽样的方法，对老年群体进行不同时期的研究，如选择社区、养老机构中的老年人进行抽样调查，采用问卷法、访谈法、参与式观察法收集资料，然后进行定量分析或定性分析。

4. 实验室研究方式下的研究方法

实验室研究是指在实验室中，借助实验教具、器具，对老年人生理、心理、行为方式、社会交往等进行模拟实验研究。主要运用体验法、观察法、访谈法等方法收集资料，并对实验数据进行统计分析和定性分析，以此对老年人群体进行科学研究。

第四节　老年人生活的理解与体验课程的特点与价值

一、学科特点

（一）研究视角的综合性

进入老年期，老年人生活涉及生理、心理、社会交往、教育、就业、社会适应等多个社会生活领域，其复杂性决定了必须综合运用其他相关学科的知识与方法，借助于多学科知识，以便于更为全面地认识老年人生活的本质与特点。因此，本书在对老年人生活的研究中，突出了多学科视角的特点，针对老年人生活同一个问题进行多学科角度的分析、研究，可以更为全面地认识老年人群体。

（二）研究方法的实证性

本课程将实证方法引入对老年人生活的研究中，在研究方法论上强调实证主义方法论，在资料收集方法上主要运用社会调查方法、实验法；在资料分析方法上主要运用社会统计方法。当然，在强调实证研究方法的同时，也注重定性方法的运用，如运用参与观察法、口述史法收集第一手资料，借此深入地理解老年人生活所包含的内涵与意义。因此，在研究方法上，注重定量研究，同时又突出观察法等定性研究方法，实现多种研究方式方法的综合运用。

（三）研究内容的复杂性

老年人生活看似是一个群体性研究，实质上涉及老年人群体与社会的宏观与微观结构，研究内容涵盖了人类社会活动的各个领域，包括老年人经济活动、老年人政治活动、老年人群体活动、日常生活、继续教育、再就业、宗教活动等；同时，还要研究老年人从事这些活动的组织形式，如老年人家庭类型、再就业单位、同辈群体等；老年人活动还存在着分工与合作、竞争与调适问题，这就需要研究老龄化背景下老年人生活的变化，如退休、阶层流动等。另外，由于老年人生活的研究综合运用了生理学、心理学、社会学、管理学等多学科理论知识，这就还需要从多个学科角度研究老年人的心理特点、生理变化、社会生活、自我管理与调适等。总之，本课程研究内容既包括对老年人生活本身的理解与认识，也包括对老年人群体的关注。

（四）研究成果的应用性

老年人生活研究成果的应用性是指其研究的现实取向与追求。本课程最初就是基于试图寻找解决社会问题的途径而产生。随着老龄化日益严重，其产生的各种问题亟待解决。这样，本课程一开始就具有研究的应用性特点，即研究的目的是解决社会老龄化面临的各种社会问题，推动老龄社会健康、积极地发展。因此，从课程本身的研究到其研究成果看，其特点不仅注重理论研究，更注重和体现应用研究。这不仅有助于老年人问题的解决，也能为政府决策、企业发展提供具有参考价值的研究成果。

二、课程价值

作为一门课程，老年人生活的理解与体验的学习既有学术价值，更有强烈的应用价值。

1. 对老年人生活的学习与研究是现代社会发展的要求

人口老龄化是现代社会发展的必然趋势。快速老龄化给现代社会建设提出了许多新议题，如退休制度、养老制度、住房制度等能否适应老龄化的需求？老年人生活需要怎样的制度保障？老年人生老病死、生活照料等现实问题需要怎样的公共服务和社会保险？老年人在社会变迁面前，做好了思想准备和心理调适吗？应该具有哪些新的适应技能？社会应该如何了解老年人生活、理解老年人生活？等等。这些问题的解决，不仅需要国家、企业、社会组织重视和解决，也需要学术研究为科学决策提供依据，为社会工作、社会保险、老年人管理等专业人才培养提供专门知识，为大众普及老年人生活知识。

关注老年人就是关注明天的自己，学习老年人生活的理解与体验课程是人生发展的必修课程。

2. 老年人相关学科理论发展的需要

随着老龄化的发展，老年人群体规模日益壮大，老年人问题日益增多。社会老龄化日益严重的现实对于老年人理论研究提出了挑战，迫切需要建立一套老年人生活的系统理论结构和体系。这一理论体系发展的要求是：一是联系中国老年人的现实。能够针对中国老年人的生活需求和社会现状，揭示老年人生活面临的困境，深入研究老年社会的运行与发展。二是能够运用科学的方法分析中国老年社会的发展状态。能够运用实证研究方法，通过大量调查数据、资料进行统计分析，科学地认识老年人生活和社会的老龄化现象，从科学的角度提出老年人生活的研究理论。三是老年人生活的研究理论要具有中国特色。中国社会具有尊老敬老的文化传统，中国老年社会也形成了独特的养老体系和文化特色。因此，对老年人生活的理论研究也应是具有中国特色的理论研究。

老年人生活的学习与研究，也是相关学科发展的需要。对老年人生活的理论研究，可以促进老年医学、老年生物学、老年心理学、老年社会学、老年经济学等学科理论的交叉发展。

最早关于老年研究是从个体老化研究开始，主要有老年医学和老年生物学领域的研究。但是随着老年人口的增多，老年人研究逐渐从单纯的生物医学领域扩展到包括人口学、心理学、经济学、社会学等学科领域，形成了老年人研究多学科交叉的特点。本课程的学科体系也是从社会科学的多学科角度出发，形成了老年人生活研究的社会老年科学研究体系。如针对老龄化议题，从人口学出发，研究老龄化的动态发展、老年人口内部结构变化、老年群体中的困难老人及其社会人口特征，这不仅促进了老年人口学学科的发展，而且为政府制定政策提供参考依据。在课程体系中，还关注了人口年龄结构老龄化带来的相关经济问题。如老年人增多带来的医疗负担问题、劳动力不足问题、养老金支付压力增大问题、延迟退休问题等，这些问题不仅影响社会经济发展，而且对社会整体发展产生影响。本课程不仅从生物学、心理学、人口学、经济学研究老年人生活以及“养老”问题，而且从社会学角度研究“老”的问题。但是，近几年国内对于老年人的研究，更注重从宏观层面分析老龄化的社会后果，尤其是受到政策导向的影响，对老年人的研究多偏向宏观政策研究，对老年人生活方式、代际关系、生活质量、道德价值等社会学领域的研究不足。本课程试图从老年人生活的微观社会学入手，对老年人经济、健康、生活方式、精神心理、继续社会化等进行研究。总之，老年科学领域基础性研究的增多，将使老年人口学、老年经济学、老年社会学、老年心理学等学科得到极大的促进与发展。

3. 有助于增强老年人群体自我认识的自觉性

随着社会老龄化的加快，老年人群体不仅越来越受到全社会的重视，而且老年人自身也开始关注自己的群体生活与未来发展。但是重视也好、关注也好，都需要科学的认识，这就需要从理论层面来了解老年人群体。对老年人生活进行学习与研究，通过科学认识，能够透过现象认识本质，提高老年人群体自我认识的自觉性，帮助老年人认识老年群体的结构、功能与运行状态，把握其与不同群体的相互关系和相互作用，对提高老年群体认知具有指导作用。

4. 具有指导、调适老年人生活的作用

人们进入老年期面临着职业变迁、生理退化、生活方式转变、人际关系调整等多种形式的生活变化，会有许多的不适应。要调整这些不适应问题，就需要有科学的理论研究做指导。从个人角度看，这有助于从中年期向老年期的转变，缩短不适应期；从社会角度看，也有利于社会完成针对老龄化的调适。随着老龄化的发展，社会也面临着老龄化社会结构带来的诸多新变化、新问题。如何科学认识这些问题，使社会尽快适应老龄社会结构，也是对老年人生活进行理论研究的重要使命。对老年人生活的科学研究，对政府决策、企业转型、文化发展等方面的转型与调适能发挥重要作用。

5. 具有推动科学决策的作用

随着老龄化的快速发展，社会面临的老年人问题日益严重。如何对老年人问题进行科学决策，是政府部门的重要职责。政府部门的正确决策离不开科学的理论指导。本课程对老年人生活的研究，可以为老龄事业以及政府决策提供科学依据。本课程的实证研究方法以及由此形成的科学理论可以为老龄工作提供科学咨询，同时科研成果也成为政府科学决策的参考①。

【推荐阅读】

[1] 本书编写组. 社会学概论[M]. 2版. 北京：人民出版社，高等教育出版社，2020.

[2] 李晶. 老年人生活[M]. 北京：商务印书馆，2019.

[3] 风笑天. 社会学研究方法[M]. 2版. 北京：中国人民大学出版社，2005.

[4] 张仙桥，李德滨. 中国老年社会学[M]. 北京：社会科学文献出版社，2011.

【随堂测试】

判断题

请对下列关于老年人生活的理解与体验课程的表述，作出正确或错误的判断：

(1) 老龄化社会的发展促进了老年人生活的理解与体验课程的产生。

(2) 对老年人生活的研究更多地通过思辨研究即可，不需要进行实证研究。

【课后思考题】

1. 简述老年人生活的理解与体验课程产生的时代条件。

2. 你如何理解老年人生活的理解与体验课程的研究对象?

3. 你认为老年人生活的理解与体验课程的学习与研究应该运用怎样的研究方法?

---

① 张仙桥，李德滨. 中国老年社会学[M]. 北京：社会科学文献出版社，2011.

4. 你认为老年人生活的理解与体验课程具有怎样的学科特点？

5. 谈谈你对老年人生活的理解与体验课程价值的认识。

【关键术语】

老龄；长寿时代；方法论；体验；调查。

第二章　老年人生活概述

进入21世纪，世界范围内人口年龄结构正在快速向老龄化转变。随着老龄化程度不断加深，其对社会发展和社会生活的影响日益显著，也吸引了越来越多的学者对老年群体进行研究。从社会科学的角度研究与老年人相关的问题，逐渐发展到包括老年生物学、老年社会学、老年心理学、人口学、管理学等学科的综合研究。而集中反映多学科研究特征的老年人生活，正在越来越多受到研究者以及社会的关注。

第一节　老年人的社会概念

老年人是一个社会概念，不同社会对老年人的文化规范和社会角色要求不同，是否被认定为老年人实质上是一个社会命题。

一、老年人的称呼

当今社会如何称呼老年人，反映出老年人在社会中的地位。不同地域文化中对老年人的称呼多种多样。

长者、老小孩、退休人员、年长的公民、上了年纪的人、老头儿（老太太）、老先生……

那么，你认为老年人喜欢或不喜欢什么样的称呼呢？

事实上，很多老年人对于社会赋予他们的称呼感到敏感，这是因为称呼本身所包含的社会意义。如何称呼老年人实际上反映了社会对老年人的观念。在一个广为接受的名称出现以前，最稳妥的办法是直截了当地使用描述性的术语。比如，对不同年龄组人的称呼，最好的描述性术语是“青年”、“中年”和“老年”。在这种年龄描述性语言中，“老年”并不含有任何绝对的性质。所以，在研究年长公民的时候，我们会使用“老年”或“老年人”，这样的称呼不会引起任何有反面意义的怀疑。

既然老年人这个概念是社会赋予的，那么，社会对老年人这一群体又是如何界定的呢？让我们从分析老年人的年龄起点开始。

二、老年人的年龄起点与年龄分组

（一）老年人的年龄起点

人生在哪个时间节点开始计入老年阶段？人口统计中，50 岁、55 岁、60 岁、65 岁均做过老年人的年龄起点。在我们的课程中，老年人的年龄起点应该怎样确定呢？

在我们考虑老年人的年龄起点时，首先，生理机能的变化是考虑的生物学基础；其次，劳动能力的丧失是老年人年龄起点的现实标准；最后，文化价值观的变化是老年人年龄起点的社会标准。由于各国文化不同、各时代价值观念的差异会导致老年人年龄起点的社会标准差异。

今天，工业社会经济的发展、医疗条件的提高、公共卫生和教育的发展，在延长人的寿命的同时，也提升了老年人的年龄起点。世界卫生组织（WHO）根据现代人生理、心理结构的变化，兼顾发达国家和发展中国家以及人的平均寿命延长的趋势，提出 60 岁为进入老年人的年龄起点，目前为各国的通用标准。

（二）老年人的年龄分组

对于年龄分组，最好运用描述性术语“青年”“中年”“老年”，三者的划分不带有任何的绝对性质，也不会引起任何有反面意义的怀疑。

如果 60 岁为老年人的年龄起点，我们还可以把老年人分为不同的年龄段。

低龄老人：60～69 岁；中龄老人：70～79 岁；高龄老人：80 岁及以上。对老年人进行年龄段的划分，有利于认识不同年龄段老年人的状态以及进行有针对性的照顾。

三、老年人的社会概念

不同的社会文化对于老年人有着不同的定义。今天，社会对于老年人的界定，可以从时序年龄（生物年龄）、社会年龄、心理年龄三种年龄分类视角来认识。

（一）时序年龄（生物年龄）下的老年人

时序年龄下的老年人，是以年代来划分的，一般地，指个体年龄 60 周岁及以上、退出职业岗位，直至走完人生历程的年龄段。与时序年龄相伴随的生物年龄，存在个体差异，这也导致老年状态的差异。

从时序年龄角度看老年人，既有生物属性也有社会属性。传统意义上与时序年龄相伴随的是生理的衰老、心理的退缩和社会生活的逐渐退出。但是，今天，这种单向度的老年阶段正在越来越受到质疑。许多老年人的时序年龄与生物年龄不一致，恰恰反映了现代社会中长寿的人生会有更大的变化和更多的选择，对多种选择的投入和保护已经成为人生规划的重要组成部分。

（二）社会年龄下的老年人

社会年龄下的老年人，是社会对于老年人的文化、价值规范以及行为的期待。

不管我们是哪一代人，不论我们处于人生的哪个阶段，赋予年龄意义更多的是社会定义。一个人是不是可以称为老年人同样是社会的定义。

老年人在不同的历史时期受到社会怎样的对待？在部分社会中，50 岁的人就被看成老年人，而在其他社会中，人到了 70 岁还不算老。这主要取决于社会年龄的定义。社会年龄是与一个人在社会制度中的进程联系起来的，如家庭生活的不同阶段，或职业的历程。一个人一旦进入法定的退休年龄，社会就会使他意识到自己已是老年人。社会规定的退休年龄，可以说是老年人自我意识的转折点。当然，这种社会年龄可能与自然年龄、心理年龄脱节，它仅仅是社会赋予某个年龄段特定的含义。例如，18 岁为就业和选举年龄，22 岁为结婚年龄，50 岁、55 岁或 60 岁为退休年龄。这些年龄并不完全反映“自然要求”，而是某些社会集团特别是占统治地位的社会集团的愿望和利益的体现。

在现代社会中，老年人知识垄断角色逐渐丧失。在传统的和非现代的社会中，老年人垄断了许多有关社会风俗、习惯、历史和礼仪的知识，被认为对一个社会的维持和生存至关重要。所以，传统社会中老年人更加受到敬重，许多重要的职位都留给他们。而在现代社会，科学技术和社会飞速变化，使大部分传统知识被淘汰，被人认为有价值的知识可以从书本和信息贮存系统中更便捷地得到。

（三）心理年龄下的老年人

心理年龄下的老年人，是以心理状况来判断人的衰老程度是否达到老年人的标准。

下面是一份心理衰老自测量表，表中每题均以“是”或“否”来回答。答“是”的题计 1 分，答“否”不计分。6 分以内，基本衰老；7 ~ 11 分，有些衰老；12 ~ 16 分，比较衰老；17 分以上，极度衰老。

表 2－1　心理衰老自测量表

	是	否
1. 没有一个年轻的朋友		
2. 不喜欢看智力冒险之类的文章		
3. 喜欢一个人静静地发呆的感觉		
4. 不能想象出天上的云块像什么		
5. 常常和别人吵架		
6. 吃的东西越来越不如从前好吃		
7. 不想学习新知识和新技能来充实自己		
8. 自己总不如别人高明		
9. 没有什么特别感兴趣的事		
10. 大部分钱花在吃喝上		
11. 老是想起过去的事		
12. 常常无缘无故地一个人生闷气		
13. 不喜欢听纯粹的声音		
14. 喜欢反复地讲一件事		
15. 别人的劝告一点儿也听不进去		

续表

	是	否
16. 对未来没有特别的期盼，更没有近期规划		
17. 经常问身边的人“我唠叨吗?”		
18. 不喜欢吵闹的环境		
19. 越老越喜欢相对固定的生活		
20. 做事情不能坚持到底		

根据上表得分，可以检测一个人心理年龄是否达到衰老的程度。可以用于自测，也可以给身边的人进行检测。

现代社会发展是多元的。物质生活日益富裕，医疗水平不断提高，但是社会竞争的压力也日益增大，常常导致现代人心理年龄倒置——青年人身疲心老，老年人越活越年轻。对于老年人来说，拥有一颗年轻的心，心理状态好，精神愉快，身体各方面也会更健康，更有利于晚年生活质量的提高。所以，虽然生物年龄达到了老年人标准，但是，只要善于发现心理年龄和实际年龄的差距，积极调整，就能更愉快地生活。

第二节　老年人生活的概念界定

我们先来思考两个问题：

1. 老年人的生活与青年人、中年人的生活有何不同?

2. 老年人更希望有怎样的生活?

通过比较，我们发现，老年人面临着比青年人、中年人拥有更多的生活变化——老年人可能面临生理衰弱带来的诸多生活方式的改变，子女脱离家庭带来的空巢家庭生活或者要照顾孙子孙女改变原有的生活方式，退休带来的原有职业生涯的结束，等等。

那么，老年人更希望过什么样的生活?是否像子女们给他们设想的那样，做做家务，含饴弄孙或者什么也不做，等着子女伺候?或者到处游山玩水、享受生活?

这些对老年人生活的理解是否符合老年人的期望呢?

一、老年人生活本质的理解

作为社会中的不同年龄组，青年、中年、老年的生活是不同的。每一年龄阶段的生活都具有自己的某种特征，未来的老年生活跟今天的青年生活总有不同，虽然它可能就是我们自己要经历的生活。

老年人生活，实际上是时间路途上的同路人生活，只不过随着时间的推移而影响不同。今天，我们研究老年人的生活，并不是一种陌生的文化，而是作为若干年后我们自己变成的模样。

所以，老年人生活与青年人生活没有什么本质的不同——都是时间路途上的同路人生活。老年人也会像其他年龄阶段的人一样，追求物质富裕、精神快乐的健康生活；也希望与家人在一起，享受亲人的陪伴；通过积极的社会参与，追求丰富的社会生活；等等。

二、老年人生活的类型

老年人生活同年轻人一样具有多姿多彩的特点，表现在生活类型多样且各具特点。

1. 老年人的心理生活

老年人仍然会不断形成新的思维，心智能力并不一定会下降，因此，老年人的心理生活仍然是多样且复杂的。

2. 老年人的生理生活

进入老年期，生理的逐渐衰弱是不可避免的。但是，生物性的衰弱并不会明显地阻碍老年人过一种积极而独立的生活，除非已经达到了生物学上的极限。

3. 老年人的社会生活

老年人通过重新塑造和界定自身的社会角色，会拥有丰富多彩的社会生活。

4. 老年人的教育生活

老年人仍然会继续社会化，通过不断地接受各类教育以期更好地适应社会。

5. 老年人的创业生活

现代社会中老龄化状态不断地加深，老年人二次就业乃至创业将成为老年人生活的常态。

三、老年人生活的价值

工业社会之前，传统的观点认为老年意味着衰老与死亡的迫近，显示出“老”是不好的，是与负面价值相关的；“老”在工业社会早期，其价值表现出更大的负面性。老年人是被扶养人口，老年人生活与疾病相关、照顾需求较大等导致更大的社会和家庭负担。

但是，随着老龄化的不断加深，社会对于老年人的观念正在发生改变，在许多方面，老年人个体会有新的经历。随着老龄化在世界范围内成熟，人们对它的了解逐渐增多。过去被认为是人生终点的老年阶段，正在以崭新的状态展现在世人面前。

（一）老年人生活发展与改善将成为工业社会的中心

工业社会推动了老龄化发展，也改变了社会生活结构。工业社会的发展带来人口结构的变化就是出生率与死亡率降低，这使社会平均年龄明显提高，老年人口数量和比例都会大大增加。在这样的社会中，工业化的发展与一个日益庞大的老年群体紧密相连，老龄化和老年人的意义可能会导致一个更新的社会形式——后工业时代——的到来：新的经济结构、新的退休制度、新的生产方式、新的价值理念等。

这些变化将导致老年人生活越来越成为工业社会的中心：社会越来越依赖新的能源形式，如核能，以降低生产成本提高生产率；社会服务领域将越来越大，包括政府工作人员不断增加，以应对老年人口的增加；为适应老年人社会化需求的增加，社会教育事业将得到更大发展；城市中心将向多中心发展；以工作伦理为中心的价值观将向以生活质量改善为中心的新的伦理改变。

（二）老年人经济角色的改变，将更大限度地体现老年人价值

社会的理想和目标是社会生产能力与社会消费水平之间的平衡。工业社会后，随着老龄化的发展，社会人口结构逐渐由过去的以青少年、中年为主转向以中老年为主，过去的生产与消费平衡被打破。如何实现人们拥有经济状况比较稳定的一生、如何保证生产者的合理利润，成为后工业社会的目标。

这也是理解老年人在后工业社会中的经济作用和价值角色的关键。过去，老年人群体数量不大，老年人退休后的消费对经济的影响较小，反而会为年轻人就业增加机会；后工业社会中老年人口数量大增，老年人口经济角色越来越重要，他们逐渐成为稳定的消费者，对经济发展的刺激作用越来越大。老年人口发挥的崭新的经济功能，将改变老年人退休后不再积极参与经济生产活动的状况，他们在平衡经济生产和消费方面发挥着重要的消费者角色。过去我们对这一方面的研究不够深入，可以预料的是，随着社会人口结构的不断变化，老年人口在社会中的数量和比例将逐渐增加，老年人生活将改变过去清闲、自愿的状态，成为社会经济发展的重要领域。

那么，后工业社会老年人价值会有怎样的社会表现？现实生活中，我们经常听到子女对父母说："你什么心都不要操，什么活儿都不要干。你只要吃好喝好、身体健健康康的，就是对我们做子女的最大的帮助了。"

你怎么看待社会上这种对待老年人生活的观念？

其实，老年人生活绝对不是简单的物质生活，更不是仅仅满足基本的生理需要。上述观点本质上是对老年人生活价值的错误认知。老年人生活同年轻人生活一样，有类型丰富和多姿多彩的特点，更有社会价值与个人价值的追求。把老年人生活理解为被动的、无用的、消极的状态，是对现代社会中老年人生活内涵本质的误解。

第三节　老年人生活的社会特征

随着科技的发展和医疗技术的进步，人类平均生存寿命大幅增长。退休的老年人中思维敏捷、行动轻松甚至坚持工作的，也慢慢增多。现在，整个社会都需要对老年人生活进行重新认识和定义。

一、老年人角色的变化

（一）老年人角色变化表现

1. 主导角色：职业角色退出，社会角色"真空"

进入老年阶段，老年人的角色变化是一种角色弱化，表现在主导角色的变化，即职业角色退出，社会角色“真空”。

退休后，老年人的工作生活习惯发生改变，面临角色的重新定位问题，更确切地说是角色的转换。这种角色转换包括以下五个方面内容。

（1）从职业角色向退休角色的转变；（2）从权威型角色向平权型角色的转变；（3）从竞争型角色向休息型角色的转变；（4）从事业型角色向家庭型角色的转变；（5）从动态型角色向静态型角色的转变。其中，需要解释的是第五个，当老年人从活动频率高的动态型角色转变为交往圈子狭窄、活动趋于减少的相对静态型角色，对老年人生活的影响最大。

2. 角色丛规模：变小，新的角色网络需要形成

老年人的角色丛规模变小，新的角色网络需要形成。老年人逐渐退出职业角色、社会角色，集中在家庭角色、闲暇角色、依赖角色和单身角色，角色丛规模相较退休之前有较大程度的缩小。但是，这种缩小不具有普遍性。不同老年人在退休之后对于角色转变的认知适应不同，因此，老年人的角色丛规模缩小的持续性在不同老年人身上会有不同的表现。那些积极适应角色转变，不断建立新的角色的老年人，其角色丛规模在相当长的时期内维持较缓慢的缩小趋势。

3. 角色扮演质量：面具角色减少，角色张力缩小

从老年人角色扮演质量上看，老年人的面具角色减少，角色张力缩小。退休前，在复杂的职业关系网络或陌生关系网络中，面具角色的承担较多，人处于角色紧张状态；退休后，随着社会活动的减少，从复杂的人际关系转向相对简单稳定的人际关系，面具角色减少，角色替换、角色冲突带来的张力处于缩小的过程。当然，这种变化的结果，既可能带来角色与心理的失调，也可能带来新的角色稳定和心理的放松。

（二）老年人角色变化的理论研究

老年人角色变化的理论研究是多元的，需要从多种角度去认识老年人角色的变化。

1. 新的角色适应

角色是个人与社会相互接纳的一种形式，老年人角色变化的显著特征是发生了不可逆转的角色丧失或中断。因此，自在的老年生活在很大程度上取决于个人能否适应改变了的角色。

（1）新的角色适应是自由支配生活的新起点

预防、减缓老年人衰老的有效方法是协助老年人正确认识角色转换的客观性，积极寻找、适应新的角色。

刚刚进入老年期的老年人，社会角色发生转变，由以职业为主的核心社会角色转变为以家庭、居住社区为主的边缘角色，很多老年人一时难以适应。此时，社会、家庭必须帮助老年人正确认识角色转换的客观性，从对过去职业角色的依恋中脱离出来，形成新的自我观念。老年人积极适应角色变化，调节角色行为，平稳过渡到老年期生活状态，不仅可以有效预防、减缓老年人衰老，而且有益于老年人身心健康。否则，老年性抑郁症和其他心理疾病就容易产生，自在的老年生活也就无从谈起。

（2）退休后重新选择新的角色是实现自身价值的机遇

老年人在退休后，通过新旧角色转换，进入新的角色，可以感悟人生、发现生命的价值、获得尊严和幸福，实现年轻时的梦想。衡水学院的贺旭志教授退休后，开始了专心著书的生活。退休后的30余年间，他先后编著多部古典文学教学专用工具书，发表小说、散文、诗集等现代文学作品，深受读者喜爱。"老骥伏枥，志在千里。烈士暮年，壮心不已。"老年人退而不休，积极寻找新的社会角色，仍然可以创造社会价值，从而实现个人价值。

（3）新的角色适应是建立一种新的生活方式

在职生活方式是一种"有职权、有竞争、空间广、节奏快"的生活方式，退休后的生活方式是"无职权、无竞争、空间窄、节奏慢"的生活方式。

退休后老年人应该寻找哪些新的角色，从而建立新的生活方式呢？

退休后的老年人可以在两个层次承担新的角色：

第一层次角色：参与生活型角色，包括参与社会型角色（例如二次就业、公益服务、开发咨询、传授技艺、参政议政），还包括参与家务型角色（例如主持家政事务、家务劳动、照看孙辈）。

第二层次角色：健身康乐型角色——休闲型角色、体育型角色、娱乐型角色、创造型角色、学习型角色、消闲型角色。

通过以上新的角色的承担和适应，老年人会寻找到新的生活方式，重新体会人生的价值与意义。

（4）新的角色适应是老年人主体能动性的体现

人的社会角色的选择应该以主体性选择为前提。如果老年人退休后的社会角色安排是被动的，而不是主动选择的，那么退休后角色选择的动力源就不存在。如果老年角色的选择不具有个体色彩，没有来自自身的能动性，更多的真我就体现不出来，被动选择的角色更具有面具性。老年人在新的角色选择上应该积极主动，根据自身状况与特点选择适合自身条件的角色。

2. 非角色之角色

美国学者伯吉斯提出，非角色之角色即老年人被挤入一种不参加社会活动的状态，只能履行无意义的社会角色的情景。他认为，进入晚年的人未必一定要扮演失去社会意义的活动这样一个消极的，或不是角色的角色。

伯吉斯等人的活动理论强调，社会互动对每一个人都有同等价值。

个人的角色建立在工作、婚姻和社会联系及社团参与的基础上。如果老年人失去工作和社交活动，又不能在其他地方找到替代角色或建立新角色，就会成为“没有角色的角色”。这种情况无论是自愿还是被迫，最后终将导致其放弃身份，社会价值及自我形象也会变得模糊。因此，老年人在精神上和心理上与社会保持接触，有活跃的社交生活，积极开辟新的生活方式，才能获得和维持开朗的心态，获得快乐与健康。

现代社会，预期寿命的增长使得老年人正在成为一个越来越庞大的群体。但是，刚开始现代化的国家可能还没有准备好接纳他们。传统社会制度，比如工作场所、家庭、血缘关系网络、社区，不习惯将老年人当作完全参与成员来接受。伯吉斯看到了老年人被排斥于社会活动之外的状况，把这称为“非角色之角色”。

非角色之角色，是老年人只能履行无意义的社会角色的情景。如何看待老年人这种角色扮演？

非角色之角色，意味着个人得不到社会其他人的支持和指导，根本不能积极参加重要的社会活动。其实，进入晚年的人未必一定要扮演失去社会意义的活动这样一个消极的，或不是角色的角色。相反，老年人新的角色可以包括使他们生活意义丰富的职责和义务，如果这个能达到，老年生活与其他生命周期阶段一样有价值。

3. 适当脱离社会角色

适当脱离社会角色，也就是脱离理论。该理论认为，老年人因活动能力的逐渐下降和生活中各种角色的丧失，而希望摆脱要求他们具有生产能力和竞争能力的社会期待，愿意扮演比较次要的社会角色，自愿地脱离社会。

脱离理论的观点可以总结为两点：

（1）老年人自愿脱离社会；

（2）老年人脱离社会对自己和社会都有好处。

对于老年人来说，适当的脱离，可以减少社会资源不足的冲突，保证合格的人能够担任重要的角色，从而给所有年龄的人都带来好处。在不同年龄阶段的脱离是为下一阶段的角色做准备。老年人的社会角色脱离，可以使其在没有经历剧烈混乱时平稳过渡到老年生活状态直至死去，这一脱离过程是社会需要的自然适应过程。

但是，也有人对脱离理论持不同意见。辨驳者认为：

（1）很多老年人脱离社会之后产生不适感，加速了衰老和死亡；

（2）很多老年人脱离社会之后又重新回到了社会，或参与其他一些社会活动；

（3）事实表明，那些与人交往频繁、积极参与社会生活的老年人更显得身心健康，生活满意度也较高。

所以，运用适当脱离社会角色理论帮助老年人适应退休带来的角色适应问题，必须一分为二地去分析和看待。

4. 连续性角色扮演

连续性理论认为，如果一个老年人在老年时仍能保持中年时代的个性和生活方式，那么他将会有一个幸福的晚年。其中连续性包括内部连续性和外部连续性，内部连续性是心理层面的，外部连续性是行为上的。

老年人角色扮演的连续性与生活满意度之间并非始终一致的，二者之间甚至存在张力。也就是说，连续性并非越多越好，更不是越少越好，适度的连续性才能产生高生活满意度。

当然，对连续性角色扮演持批评意见者认为：

（1）该理论忽视了外部环境因素对个体衰老的影响；

（2）该理论注意到了不同老年个体之间的差异，但仍然忽视了同一老年个体不同人生阶段可能出现的变异。

二、老年人社会参与改变

（一）老年人的职业参与

1. 持续从业和无职业变化状态

持续从业和无职业变化状态，是指进入老年期时，没有显著的“职业变化”。

持续从业和无职业变化状态的老年人，一般包括以下几类人员：高级专家、知名的艺术家、学者、政治家、上层管理人员；我国大部分农村地区的农民、手工业者、个体户等尚未实行退休养老制度，而继续从业谋生；无职业的家庭主妇、食利者阶层、流浪者等老年群体。以上三类人群在进入老年期后常能体现出持续从业状态或无职业变化状态。

2. 再就业状态

再就业状态，是指正常退休或提前退休、享受养老金的人，由于经济状况、心理等原因，在身体状况许可的情况下，再次谋得比较稳定的“职业性岗位”或者临时性的有报酬的工作。

我国老年人的再就业常见类型有：环卫工作、小区门卫、家务劳动（如买菜、看孩子等）。日韩等国家的老年人的再就业工作包括酒店服务人员、工厂一线工人、料理店打工者、创业者。对比之下，我国老年人再就业还有比较大的提升空间。

3. 退休状态

退休状态，是指从职业岗位退出、享受养老金、未就业的人员。退休意味着老年人暂时退出职业岗位，但是，这并不意味着老年人不再以职业状态参与社会生活。工业社会中，尤其是随着老龄化的加深，退休常常是老年人新的职业生活的开始。

（二）老年人的事业参与

老年人的事业参与，是指老年人从事“不为稻粱谋”的社会性工作。

这种完全不依附于职业的“事业”，可能意味着人生价值的自我实现。退休之后，老年人基于自身条件和兴趣爱好，从事体现自身价值的事业，有利于提升精神生活品质。通过从事自己喜欢或热爱的事业，更好地与社会保持联系，是老年人退休后实现社会融入的重要途径。老年人事业参与的类型主要有：专业性事业、政治性事业、宗教性事业、社会公益性事业。

（三）老年人的志愿活动参与

老年人的志愿活动参与，是指老年人自愿参与力所能及的惠人惠己的活动。老年人的志愿活动参与主要包括以下形式：

1. 与原专业相关的群体性活动；
2. 与原属政治组织相关的群体性活动；
3. 与维护基本公民权利、义务相关的群体活动；
4. 与宗教相关的活动；
5. 社会公益性的活动；
6. 文化教育。

老年人通过参与志愿活动，可以有效地实现积极老龄化，是现代社会应对老龄化的重要举措。首先，通过志愿活动参与，极大地拓展了老年人社会参与的范围和途径。参与志愿活动，使老年人由单纯的娱乐型参与向生产型参与转变。这不仅丰富了老年人的精神生活，而且极大地提升了老年人自我价值的实现程度，由此促进社会和谐发展，具有积极的社会效应。其次，参与志愿活动，满足了老年人的健康需求。通过志愿活动参与，扩大了老年人的社会交往面，获得了社会认可，自信心得以提升。在志愿活动中，老年人增强了身体活力，保持身心愉悦，有利于身体健康。最后，老年人志愿活动参与促进了老龄社会的健康发展。老年人志愿活动参与体现了老年人积极参与社会发展，有利于整个社会积极老龄观的形成；同时，也有利于社会力量向老年事业领域的转移，从而提升老年人的社会保障水平。

（四）老年人的休闲参与

老年人的休闲参与，是指老年人将部分时间用于非工作性的、非义务性的活动。这种休闲参与活动，不具有经济性或报酬性，常常是老年人自发自愿参与的。老年人在休闲参与活动中不断充实自我、愉悦精神、扩大社会交往。

老年人的休闲参与活动有：老年学校学习、琴棋书画、花鸟鱼虫、宠物饲养、放风筝等，唱歌（戏）、练功、保健，走亲访友、旅游观光等。

（五）老年人的家务参与

老年人的家务参与，是指老年人通过参与家庭中的劳动或活动，从而实现社会参与目标。老年人可以参与的家务，分为轻型家务——洗碗、抹桌子、晾衣服、做饭、熨烫衣服、擦拭灰尘等；重型家务——拖地擦地板、擦洗玻璃窗纱、搬煤气罐、洗车、搬家具等。通过家务参与，老年人可以实现以下社会参与目标：

1. 家庭事务决策，对外交往代表性身份；
2. 家庭劳动的主要承担者；
3. 照顾晚辈、老弱病残；
4. 实现生活自理。

（六）老年人的治疗参与

老年人的治疗参与，是指老年人生病之后，自己对治疗的知情、参与程度。这当然受多种因素的影响，最重要的是本人是否有清醒意识——老年人有清醒意识、可以参与治疗。通过主动与医护人员交流，了解自身病情，积极配合治疗，有利于提高治疗效果；如果老年人意识不清，处于完全被动、失去完全自主能力状态，则无法参与治疗。

三、退休的影响

对于老年人生活社会性影响最大的是退休，例如当前热门讨论的延迟退休问题影响每一位普通老百姓，受到广泛关注。但退休作为一个社会现象，除非是跟工作联系起来，否则是无法理解的，因为退休的含义是从工作的含义中发展出来的。

（一）工作与退休

1. 工作的含义在不同社会中是不一样的

工业社会前，农业生产视节气、家庭和社区的需要而定，是一种“一阵紧张一阵松闲交替”的模式。工业社会中，工作是有计划性的社会活动，而在工业活动中，人与劳动全过程是分离的。

2. 工作含义是退休含义的前身

我们来思考一个问题，工业社会中人们更喜欢工作还是退休？

其实，工业化国家中的人们大部分与其工作是分离的。社会学家罗伯特·布劳纳对美国工人的研究表明，“大多数产业工人对他们的工作和劳动是满意的”“忽略或排除了影响技术变迁的阶级以及社会冲突等其他因素”[①]。当然，大部分人对其工作角色满意这一事实未必是指他们不变的终身工作。实际上，工作欲望的高峰是中年期，虽然对白领和专业人员来说，这个高峰似乎出现得较晚些。

一方面，如果工作是无意义的，或是不受人们喜欢，那么人们会急切地盼望退休；另一方面，如果大部分的人对工作感到满意，那么不喜欢退休的理由似乎也很充分。

（二）退休制度

1. 退休

退休，是职业工作者达到退休制度规定的年龄界限后，从职业工作中解脱出来的一种状态和领取一定退休收入的一种权益待遇。

那么，退休对老年人来说意味着什么？

其实，退休是个敏感词。对有些人来讲，退休意味着人生舞台落幕时的惆怅不舍、生命价值顶峰时的货币贬值。而有些人却把退休看成是生命意义的新起航。

美国的珍妮特·芬，在78岁的时候从秘书岗位上退休了。她退休后去老年活动中心，看到年龄跟她相仿的人都在做手工活，觉得生活太无趣了，并不是她所追求的。于是她想出了一个办法，选择再次进入校园学习，在得知某学校允许65岁以上的老人免费修6个学分，便报名参加了，并且选择了攻读社会学。最终，以84岁的高龄从大学毕业，并获得了社会学学士学位。她表示，退休对她来说意味着一个崭新的起点，她想读到博士学位。珍妮特·芬退而不休，退休后重新开始大学生活，不但获得了学识，更重要的是使老年生活更富有意义与价值。

---

① 谢富胜，周亚霆．技术决定论还是社会控制论：资本主义劳动过程研究的复兴［J］．经济学家，2012（4）：15.

2. 退休产生的条件

欧洲国家自 19 世纪进入工业化社会，便逐步建立现代社会的退休制度。现代退休制度最早源于普鲁士王国。1889 年，普鲁士王国首相奥托·冯·俾斯麦为了统一德意志帝国，设计在全社会实行国家雇佣制度，即雇员在 70 岁退休，由政府发放养老金直到去世。1916 年，德国又将退休年龄降到 65 岁，成为全世界工业国家退休制度的滥觞。工业社会中为什么能够产生退休制度？在传统农业社会中，老年人生活主要由个人负担，形成了年轻人与老年人直接的代际抚养关系，这种抚养关系更多地依靠亲情、习俗等来维系；进入工业社会后，年轻人与老年人之间的代际抚养关系被重新定义，社会代替了个人担负起保障老年人生活的责任，形成了工业化社会中的退休制度。工业社会中，建立退休制度不仅是保障老年人生活的国家基本措施，更是提高企业员工生产积极性、保证生产效率、增强社会凝聚力的重要手段。所以，退休制度是现代工业社会健康、稳定发展不可缺少的重要一环。

作为一项社会制度，退休制度的维系需要具备以下的条件：

（1）人的寿命的延长；

（2）生产力发达，能赡养老年非劳动人口；

（3）现代工业对劳动力（尤其是老年劳动力）的需要减少；

（4）工业社会发展提供了保障制度。

退休制度不是从来就有的，也不是一成不变的。作为一项社会制度能否适应工业时代的诸多变化，一定要注意避免“一刀切”式的单一退休制度，实现多种类型的退休制度并存。

3. 退休制度的类型

（1）保障性退休制度

一种善意的福利性的退休制度。是基于外界对特定人群的善意评价以及即将退休和刚刚退休的人们对退休制度的善意理解。

（2）强迫性退休制度

强迫退休是一种管理方便的制度，因为对特定的人不必作出鉴定或评价，不再考虑个人意愿，只要到了规定的某一个退休界限，普遍的退休制度会平等地对待每一个人。

事先统一规定退休的条件——一般是确定一个年龄点，到点即可以办理退休，不必考虑其他条件。强迫退休可使退休者和雇用企业两方面在退休者退休前就做好一些准备工作。

（3）弹性退休制度

弹性退休制度是指允许劳动者在退休年龄、退休方式和退休收入方面具有某种弹性、较为灵活的退休制度。弹性退休制度不会因为年龄而歧视整个老年群体的人。弹性退休制度可以让一部分人自愿退休。

我国弹性退休制度规定，一般的退休年龄是女性 50 岁或者 55 岁，男性 60 岁。但是不同人员在 50 ~ 60 岁，如果符合法定条件，可以选择合适的时间点办理退休手续。

如果让老年人选择弹性退休（提前退休或延迟退休），最有可能受到哪些因素的影响呢？如有足够退休金的保障，身体原因，喜欢退休后的生活，工作的不适应或其他，等等。每一种影响弹性退休的因素都有可能。其实这涉及对退休的态度，包括社会层面和个体层面。态度不同，选择不同。

（三）对退休的态度

1. 社会对退休的态度

社会对退休的态度有推力和拉力两个方面，社会推力方面，传统上，人们相信退休是被迫的，是被外力推而退休。社会拉力方面，现代社会，退休角色的合法性和足够的退休金，更多是被拉着或吸引而退休。

2. 个体对退休的态度

（1）不同职业的人对退休的态度和表现是不同的

一些具有连续性、社会地位较高的职业，如大学教授、科学家等更认为退休并不是完全的退出，而是新的职业生活的开始，是新的职业兴趣的体现。而体力劳动者相反。

（2）男女对退休态度是有差异的

很多时候，女性经历的是一个逐渐的退休过程。因为随着职业角色扮演的时间延长，很多先前的义务都没有了，渐进式过程是能够接受的，甚至是愉快的。而大部分男性是很难做到的。

（四）退休的影响

1. 对个体的影响

（1）角色心理的变化

个体从退休之日开始，就正式进入“老年人”的行列，无论自身心理年龄如何年轻，“年老退休”的社会标签，使个体的“老年意识”进一步强化，社会角色陡然转变。

（2）活动空间、方式的变化

个体退休之后，社会活动空间由原来的职业空间转向家庭、社区乃至更广阔的天地，活动内容，活动规范，活动伙伴，活动的目标、意义以及活动成果和自激励作用的程度、方式都发生了根本改变。

（3）经济地位的变化

个体退休后经济收入的变化是一个方面，更重要的是由一个生产者转变为一个消费者。如何跟上社会经济发展，如何适应由人生积累向消费的转变，是退休人员面临的适应问题。

（4）政治参与的变化

绝大多数社会成员的政治参与是通过职业领域的职业活动进行的，个体退休之后政治参与的途径变窄、政治参与的影响力减弱，老年人退休后政治参与能力随之降低。

2. 对社会的影响

（1）真正意义上促进了老年群体在全社会的形成

自退休制度开始实施，不再适宜继续工作的“年老退休”标准，以一定的时序年龄为判断依据而变得清晰和具体。

更进一步的是“老年群体”由单纯以年龄划线的“统计学”群体一跃成为实实在在的“社会行为”群体。

老年人从职业群体中分离出来，开始了真正意义上的老年生活，开始了老年人之间的交往，开始了职业生涯之外的共同关注。

（2）老年亚文化的崛起

真正的老年群体的形成，必然产生相应的群体特征，这些相应的群体特征我们可以从总体上概括为“老年亚文化”。老年亚文化的形成是其重新融入社会的最好方式，他们会以群体身份和意识，壮大共同采取社会行动的力量，来捍卫自身权益和争取老年人福利，使其重新以群体形式融入社会。当然，如果老年亚文化形成与主流文化的对立，也不利于老年人的社会融入。

（3）各项社会政策甚至退休制度本身的相应调整

退休作为一种社会福利制度，无疑是社会进步的表现。自退休制度实施以来，整个社会从来没有停止过对以下政策与制度的调整：老年福利的内容、范围、程度和方式；管理服务的机构、机制；对老年群体的总体价值判断；退休制度的选择与改革等。

（五）对退休的调适

1. 退休与健康

退休对老年人的健康会有怎样的影响呢？通常人们可能会有不同的认识：退休是致命的；退休对健康没有影响；退休后健康状况有了好转。

其实，退休并不损害身体健康，也没有证据显示，精神的健康或社会的关系会由于退休而减弱。大部分人在退休后会调适与朋友的关系，只不过是接触的频率、接触的范围以及与哪些朋友接触会随着退休而进行调整。夫妻关系也不会因为退休而中断，男人们在退休后会介入家务劳动，但是，一些劳动阶层的妻子可能会抱怨退休丈夫对她们一直控制的家务和领域形成侵犯，这会导致夫妻关系的紧张甚至破裂，这就需要调适。

2. 将退休调适为闲暇生活

（1）闲暇生活的含义

闲暇生活是个人支配的并可以按照个人爱好所确定的方式生活。

退休后，老年人有了更多可支配时间，尤其对于有养老保障的人来说，他们更有可能按照自己的兴趣、爱好安排老年生活；当然，有一些老年人受制于家庭经济、身体健康等因素，无法完全按照自己的意愿安排退休后的生活，也可以在力所能及的范围内调适生活状态。

（2）闲暇生活的类型

对老年人来说，丰富多彩的闲暇生活可以提高退休后生活的满意度。一般来说，老年人退休后可以调适的闲暇生活主要有以下类型。

①放松休息的活动。如休息、打瞌睡、独个儿养神。

②消遣。如读自己喜欢的书、看电视、与朋友交谈、品美食。

③发展性活动。如有计划地看书、参加各类有利于身心的文体活动、参

加志愿活动、旅游、继续教育。

④创造性活动。如从事自己喜欢的专业活动，如绘画、跳舞、写作、研究等。

⑤肉体超越性活动。运动会、舞蹈比赛。

3. 退休后闲暇活动的标准

美国社会学家米勒认为，退休后能否调适为闲暇生活，在于闲暇是否具有社会价值和合法性。

在工作环境中，闲暇之所以受到人们的追求，是因为工作之后的放松和闲暇活动可以更好地促进工作，因而具有价值而受到赞同和接受。

但是，退休后的闲暇活动是否具有这样的合法性和价值呢？米勒认为，因为退休的人很难通过参加闲暇活动来发展一个有利的自我形象，除非是闲暇活动得到了社会某种程度的赞同或接受。米勒对闲暇取向是否可以使一个退休的人过一种有意义的生活并能维持一个有利于自我的形象提出质疑。

研究发现，虽然退休老年人有更多的空闲时间，但是其年龄越大，总的闲暇生活水平越低。老年人的闲暇活动会受到“困窘先兆”的限制。所谓“困窘先兆”，是由于行动慢而引起的对困窘的惧怕。如果老年人感到了困窘先兆，他担心自己的知识、情绪、体力支出不能支持表意性程度高的活动，他就会决定放弃参加这一活动，转而被迫参加较少的或较低水平的闲暇活动。

【推荐阅读】

[1] 陈涛. 老年社会学 [M]. 北京：中国社会出版社，2009.

[2] 梅陈玉婵. 老年学理论与实践 [M]. 北京：社会科学文献出版社，2004.

【随堂测试】

1. 多选题

(1) 下列关于“非角色之角色”的理解正确的有（　　）。

A. 老年人被挤入不参加社会活动的状态

B. 老年人只能履行无意义的社会角色的情景

C. 老年人失去工作和社交活动，又不能在其他地方找到替代角色或建立新角色，就会成为“没有角色的角色”

D. 老年人生理衰老就应该退出社会角色的扮演

(2) 老年人社会参与生活包括哪些类型？(　　)

A. 职业参与

B. 事业参与

C. 志愿活动参与

D. 休闲参与

E. 家务参与

F. 治疗参与

(3) 你认为老年人自愿提前退休最有可能受到哪些因素的影响？(　　)

A. 有足够退休金的保障

B. 身体原因

C. 喜欢退休后的生活

D. 工作的不适应

E. 其他

2. 判断题

下列关于老年人的表述，请根据常识判断正确与否。

A. 老年人不需要再追求新生活，只要身体健康，不给家人和社会增添麻烦就好。(　　)

B. 许多老年人墨守成规，难以改变旧的习惯。(　　)

C. 绝大多数老年人在社会上是孤立的。(　　)

D. 绝大多数老年人的收入低于社会生活平均标准。(　　)

E. 老年人生活与年轻人生活在本质上没有什么不同。(　　)

【课后思考题】

1. 简述老年人的年龄分类。
2. 老年人的含义与本质是什么？
3. 老年人年龄有哪些分组？
4. 简述老年人生活的本质。
5. 老年人生活有哪些类型？
6. 老年人生活有何价值？
7. 老年人面临着怎样的社会角色转变？

8. 老年个体的角色弱化是现代社会的必然趋势吗?

9. 老年人活动空间会发生怎样的变化?

10. 老年人生活的直接影响因素会发生怎样的变化?

11. 老年人会进行哪些领域的社会参与?

12. 退休对老年人生活会产生怎样的影响?

【关键术语】

老年人；老年人生活；时序年龄；心理年龄；社会年龄；老年人生活价值；退休；闲暇生活。

第三章　老年人的生理与健康

根据联合国对老龄化社会制定的标准，老龄化社会是指一个地区60岁及以上老年人口占总人口的比重达到10%，或65岁及以上人口占总人口的比重达到7%。国家统计局发布的人口数据（2023年1月17日发布），截至2022年底，60岁及以上人口28004万人，占全国人口的19.8%，其中65岁及以上人口20978万人，占全国人口的14.9%。预计“十四五”期间，我国60岁及以上老年人口将突破3亿，占比将超过20%，我国将进入中度老龄化社会。

随着老龄化社会的到来，老年人口增加，关心关爱老年人的身心健康，已经成为全社会共同关注的议题。步入老年，身体会有什么变化？这是一个很多人都会关心的问题。老年是人生的一个重要阶段，也是一个充满机遇和挑战的阶段。老年人的生理和心理状态对于他们的生活质量和健康状况有着重要的影响。

进入老年后，人的各种生理机能都开始进入衰退阶段。生理老化是一个不可逆转的过程，通过研究老年人的生理特征，我们可以更清晰地了解这一人人都将面对的状况的内在细节，进而可以有针对性地为老年人提供生活、休闲、娱乐、交际、医疗等各方面的服务，尽可能为每一个老年人营造符合他们需求的、舒适的、健康的、安全的生活环境。

根据自然规律，在人慢慢步入衰老的过程中，生理会发生较大的变化。尽管个体衰老的程度和进程相差较大，每个人在这个阶段的生理功能和社会行为能力都不尽相同，但是老年人生理功能方面整体衰退的趋势是自然规律，这种变化以身体形态变化、生理功能变化、身体状况变化为主要表现形式。

第一节 老年人衰老概述

衰老是生物随着时间推移，自发的必然的过程，它是复杂的自然现象，表现为结构的退行性改变和机能的衰退，适应性和抵抗力的减退。

变老会是一种怎样的体验？你觉得老年人的生活是怎样的？不少人都会想到：衰弱、苍老、糊涂，等等。这是人们对于变老和老年人的一种普遍印象，我们称之为刻板印象。而生物性老年化的刻板印象，则是指人们对老年群体的生物特征产生的比较固定的观念或看法。之所以说“刻板”，是因为人们不考虑个体差异和特殊环境就对老化和老年人持有一种预期或结论，还往往是消极的。如一些媒体所塑造的老年人体弱多病、记忆衰退甚至患有老年痴呆等形象，这种消极的老年人形象会加重消极老化刻板印象的传播。

实际上，随着医学技术领域的进步，加之人们的生活方式越来越科学，老年人中的大部分并没有任何显著的身体损伤，“羸弱、糊涂”的刻板印象虽然仍然存在，但是，更多的是社会意义而不是生物意义。

一、生物衰老的概念

给衰老下个全面准确的定义并不容易，不同时代的不同学者对衰老的定义也不同。生老病死是每个人都会面对的困境。随着年龄的增长，全身的每个器官都在逐渐衰老。人人都想抵抗衰老，逆转时光，但我们不得不承认衰老是一个客观规律，无法倒回时光。一般地，衰老是指一种非常复杂的生物学过程，是机体在退化时期功能下降及生理紊乱的综合表现，是一个机体内在的固有特征，同时又是一个不可逆的过程，衰老可谓是生命进行的必经进程。所以，衰老又称老化，从生物学上讲，衰老是生物随着时间的推移自发的必然过程，它是复杂的自然现象，表现为结构的退行性改变和机能的衰退，适应性和抵抗力减退。

对于人的衰老的认知，不同学科有不同的理解。从生理学上看，衰老是生理的退化过程，是从受精卵开始一直进行到死亡的人生整个过程。从病理学上看，衰老是应激和劳损、损伤和感染、免疫反应衰退、营养失调、代谢障碍以及疏忽和滥用药物累积的结果。从社会学上看，衰老是个人对新鲜事物失去兴趣，超脱现实，喜欢怀旧的社会行为改变。对于衰老，世界卫生组织的定义是："衰老是体内各种分子和细胞损伤随时间逐步积累的过程。"著名医学人文作家葛文德表示："衰老是一系列连续不断的功能丧失。"

总之，衰老实际上是伴随生命发生、发展过程的一种活动，是机体从构成物质、组织结构到生理功能的丧失和退化过程。衰老过程是从受精卵到死亡之间持续发生的，只是到了一定的阶段，衰老的特征才会比较明显地显现出来。

当我们要给生物衰老下一个定义时，我们看到，随着年龄的增长，人体会经历一连串的生物学意义上的变化，这个过程一点一点积累起来的影响就被认为是生物衰老。而这种生物学上的变化与年老关联起来，会有两种变化类型，分别是正常的过程和病理的过程。一般生物科学将衰老的情况分为两种，一种叫生理性衰老，另一种叫病理性衰老。生理性衰老是指随着年龄增长出现的衰老，也就是自然老化、正常的机体退化，出现在生命体的成熟期之后。在生理学上，把衰老看作是从受精卵开始一直进行到老年的个体发育史。病理性衰老是指衰老速度由于负面情绪、物理创伤、营养匮乏、身体疾病等各种因素的作用而加快。可见，病理性衰老除了是因为生病外，还可能是心理、环境等因素影响的结果，但一般来说外部因素的影响并不是十分显著。

人的生理性衰老的正常过程是不可避免的，它可能使人的某些能力下降，但是并不一定使人衰弱并产生有害的影响。病理性衰老是一个不正常的状况，通常认为是一种疾病，而且常伴随有害的影响。但是，随着人们年龄的增长，这两者有时紧密联系，几乎难以区分。

二、区分正常衰老与病理衰老的意义

现实中，衰老的正常过程也会使人的身体越来越容易得病，甚至使人几乎无法抵御那些对年轻人并不构成很大威胁的疾病。例如动脉硬化，是衰老的正常特征，还是一种老年人中流行的慢性病？一些人认为动脉硬化是一种慢性病，是老年人容易得的一种疾病，但是，另外的人则认为它在老年人中普遍存在只是衰老的一种正常特征。虽然二者很难区分，但是区分开老年人的正常衰老与病理衰老对于研究老年人生活具有研究策略和研究方法的意义。

如果确定探究生物衰老的正常原因，寻找人会变老的原因，那可采用基础生物研究方法，侧重研究人的生物成熟与发展的因素。如果探究病理导致的衰老情况，那就应该发展一个试图改变这些病状的应用型研究方法。

三、生物衰老的表现

老年人的生物衰老会有怎样的表现呢？大多数50岁以上的人，看小字号的字很吃力，手机字体要设置为大号，这是因为眼球晶状体失去弹性；对于高频音调逐渐丧失，出现听力问题的老年人比重越来越大；最为明显的是脸部皮肤的衰退，主要表现就是皱纹的增多和加深，皮下组织越来越脆弱；50岁以后，腰腹部脂肪积聚，肌肉松弛，“大肚子”成为很多老年人的标配；心血管机能减退，运动时氧气摄入量和利用量降低；骨质疏松导致关节疼、易骨折、身高降低；肠胃和排泄系统功能减弱，多吃一口都不行；器质性大脑并发症，出现老年性精神错乱、老年痴呆等。

那么，老年人的生理衰老会不会明显地阻碍他们去过一种积极而独立的生活呢？并不会。科学家认为，无论对于什么年龄阶段的人，生活方式的不同都能够造成显著的健康状况差异。对于老年人来说，如果坚持适当的生活方式，加之科学技术的进步，越来越多的人能够过上摆脱疾病的生活，直到生物学上的极限，只会在临死前经历短暂的患病期。

针对生物衰老，不同的态度也会有不同的效果。对待衰老的态度，简称老化态度（Attitude Toward Aging，AA），是指人们对变老过程及年老的体验和评价，是一个相对复杂的心理架构。老化态度从不同的角度切入可以分为多个层面。根据内容的性质可分为积极老化态度和消极老化态度两个方向：积极老化态度，是指对一些有关老年期生理衰弱的正面感受和体验，如健康良好、坚持运动锻炼和由年龄增长带来的智慧和成长等；消极老化态度，则是指对由年龄增长而带来的生理、心理和社会等方面的丧失产生的负面感受和体验。根据评价的视角，老化态度可以分为一般老化态度和自我老化态度：一般老化态度是指向老年群体的态度，与老龄观相似；而自我老化态度则指向自己本身①。

帮助老年人科学认识老化过程中的正常生理与心理特点，认识到老化是

---

① 唐丹，燕磊，王大华．老年人老化态度对心理健康的影响［J］．中国临床心理学杂志，2014，22（1）：159.

每个人生命历程中都将经历的阶段，既有其特殊性，也有其普遍性。避免因信息获取不畅导致的错误认知与负面情绪，影响老化态度形成的方向，帮助老年人形成正确的衰老观念，正确认识人的衰老，不会谈“老”色变，而是能够主动适应身体机能由于衰老带来的变化，积极生活，从而延长寿命。

第二节　衰老的理论研究

自然界中有生命的生物都会衰老，对于人类来说，衰老是每一个人必须面对的过程，是身体各个系统、各种器官和组织在生长发育成熟后，随增龄而逐步出现的各种生理的、代谢的和功能的改变。我们为什么会衰老？为什么有一些人衰老的进程比其他人缓慢？为什么有些人年纪轻轻身体就产生各种疾病，而有些人却能够一直健康？多少年来，科学家们提出了各种关于衰老的理论，人类关于衰老的研究，可谓是历史悠久。在漫长的医学发展过程中，关于衰老的假说也有数百种，如细胞老化钟理论、细胞误差理论、自由基衰老理论、免疫功能改变理论、内分泌系统失调理论。

一、细胞老化钟理论

1882 年，德国生物学家 Weismann 曾大胆预测“在细胞水平存在老化现象”。他推测，机体的寿命限制受控于体细胞的分裂能力，在遗传进化中，不同物种的体细胞获得了不同分裂潜能，从而决定了不同物种的寿命长短。大约半个世纪后，Weismann 的理论得到了证实。

身体老化，应对慢性病将成为老年人生活的常态，这会使老年人的生活境况处于“疾苦”状态，比如各种慢性病引发的身体不适、疼痛等生理层面的困苦；患病引发的生活困难等社会层面的困苦；疾病导致的沮丧、恐惧、绝望等心理困扰和赡养等引发的家庭矛盾、人际纠葛产生的精神困苦。如何更好地带病生存，尽量延长生活自理时间，在失能之后获得适宜的照料，甚至在最后时刻有尊严地离世，是应对老年人自然老化后生活的重点。

细胞老化钟理论的提出，告诉人们即使疾病都消灭了，人类也不会长生不老。大部分老年人能够接受自然老化带来的生活变化，接受身体老化，习惯带病生存，并随着年龄增长而调整对自己的健康预期。但是，人类对于延年益寿的追求将不会停歇，科学家们通过成功地将人体衰老细胞转换成年轻细胞，便能进一步实现“青春永驻”，这将极大地改善老年阶段的生活质量。

二、细胞误差理论

DNA 分子可通过复制传递遗传信息，能指导蛋白质的合成，从而控制性状。因此，亲代 DNA 的变化，可能引起子代细胞功能的变化。如果 DNA 在每次复制时，“常常”发生小的误差，反复积累就会导致大的改变，甚至引起细胞死亡，从而使人进入衰老状态。衰老误差理论认为，衰老从根本上说是一生中细胞误差积累的结果。细胞中含有的误差分子越来越多，使得细胞不能再正常发挥功能，人类老化的速度以及我们寿命的长短都取决于防止 DNA 受损和修复能力。

三、自由基衰老理论

英国学者 Denham Harman 率先提出自由基与机体衰老和疾病有关，并于 1957 年在《美国老年医学会杂志》发表了一篇研究报告。由于自由基学说能比较清楚地解释机体衰老过程中出现的种种症状，如老年斑、皱纹及免疫力下降等，因此备受关注，已为人们所普遍接受。自由基衰老理论的中心内容认为，衰老来自机体代谢过程中产生过多的自由基对细胞进行破坏性的作用结果。

四、免疫功能改变理论

研究表明，人体的免疫力在 20 岁左右达到峰值，而随着年龄的增长，免疫系统逐渐衰退。因此，在步入中年后，人体各项组织和器官的功能均会有不同程度的下降。2016 年 2 月 4 日《自然》（*Nature*）杂志刊登了一篇美国梅奥诊所分子生物学家 Baker 的最新研究成果——以 NK 细胞为主的免疫细胞清除衰老细胞可使动物寿命延长 20%~30%。

1962 年，加利福尼亚病理学 Walford 教授提出免疫衰老学说，认为免疫功能的衰退是造成机体衰老的重要因素。随着年龄的增长，免疫器官老化、免疫细胞及细胞因子数量减少，机体的免疫功能逐渐减弱，感染性疾病、肿瘤发病率、死亡率逐渐增高。随着年龄的增长，免疫细胞的质量降低，机体的免疫功能逐渐减弱。免疫细胞的衰老会进一步加速机体的衰老，使得人体的各个组织和器官容易受到外来病原体的入侵，从而加速人体的衰老进程。20

岁左右的人与70岁的人体内T细胞数量一样，但在70岁的人体内，只有一成的T细胞能够正常运作。2021年5月，美国明尼苏达大学的研究团队在国际权威学术期刊《自然》上发布了一项研究成果："免疫细胞的衰老会导致实体器官衰老，进而导致全身衰老。"此次研究结果包括以下三点：免疫的衰老会导致免疫器官以及非免疫器官的损伤；将衰老的免疫细胞移植入试验小鼠体内，会加速小鼠的衰老进程；将年轻健康的免疫细胞移植入衰老小鼠体内，可逆转部分衰老进程。由此可见，免疫细胞是否健康年轻牵动着组织、器官甚至是全身的衰老程度。

五、内分泌系统失调理论

内分泌系统是庞大的体液调节系统，其主要功能是在神经系统支配下和物质代谢反馈基础上释放和调节激素，调节人体的生长、发育、生殖、代谢、病态和衰老等生命现象，并维持人体内环境的相对稳定。

人体衰老时下丘脑—垂体—甲状腺有衰退改变，在年龄增长过程中伴有激素及内分泌功能的下降。作为中枢免疫器官的胸腺逐渐萎缩，以及分泌下降，身体逐渐老化。随着年龄增长，内分泌系统合成功能及分泌、调节功能等都逐渐发生改变，这些因素促使机体整个内分泌系统功能紊乱和减退，从而加速机体的衰老过程。

研究证实，激素的蛋白质受体数量，随年龄的增长而减少。性激素的减少，似乎与衰老有平行的关系，切除性腺的结果，促进了早衰的发生。

除了上述所提及的衰老假说，还有很多其他假说，在此不一一叙述。值得一提的是，早在1944年，薛定谔在《生命是什么?》一书中曾倡导从分子水平来探索遗传机制和生命本质，引入了"负熵""遗传密码"等一系列新概念，提出"生命赖负熵生存"，认为衰老是一个熵增的过程，这是从物理学层面对衰老的另外一种解释。当然，这些衰老理论实际上都只是对观测到的特定衰老特征或者现象而提出的，各自有其证据和不足之处。衰老是一个复杂的生理学过程，是内因（遗传）和外因（环境）相互作用的结果，这个结论可能适用于各个层面的衰老。

第三节 老年人的生理衰老

衰老是每一种机体都无法避免的生理过程，也是生命的重要表现形式。衰老是人类在生命过程中整个机体的形态、结构和生理功能逐渐衰退现象的总称，这是机体生命过程的自然规律。衰老的实质是身体各部分器官系统的功能逐渐衰退的过程。衰老的最终结果是死亡，它是生命的终止。衰老是生命发展的后一阶段，主要指有机体性成熟后所发生的与时间有关的各种改变。在此阶段中形态结构出现衰退现象，伴随着功能的下降，有机体对环境的应激能力也相应减弱。衰老呈进行性，可快可慢，但不会停顿，直到死亡为止。这是一种自然规律，是任何人都无法避免的。由于受遗传因素、生活方式和环境因素等影响，衰老过程不仅有显著的个体差异，而且就同一个体而言，各器官的衰老也并不同步。

一、身体的形态及感官功能的变化

身体的外在衰老信号是最容易被我们发现的，当皮肤开始出现皱纹、毛发变灰白、牙齿脱落或者身高下降、体重减轻的时候，意味着衰老已经悄悄地逼近了。60 岁、70 岁、80 岁……几岁才算“老”？白发、皱纹和老花眼，鼻子和耳朵相继地变大，对新生事物没有兴趣，记忆力下降，脑子不够使，炒菜要么没味儿要么特咸，腰酸背痛，腿脚不灵便，半夜起床上厕所的次数越来越多，除了这些，还有哪些状况提醒人们开始变老了？老年期的典型特征就是“老”，而人的老化首先就是从生理方面开始的。这种生理特征的变化不仅体现在上述的老年人的外观形态上，还反映在人体内部的细胞、组织和器官以及身体各功能系统的变化上。

（一）内部形态上的变化

1. 细胞衰老且数量减少

人体衰老的最主要原因是细胞的衰老变化，细胞衰老时会出现水分减少、脂褐素累积、酶活性降低、代谢速率变慢等一系列变化。随着年龄增长，人体组织中细胞数量减少。生物学研究认为，人体细胞大约有 60 万亿个，一般地说，每一秒就会死亡 50 万个，同时再生 50 万个。如此反复两年，人体的细胞差不多更换一新。随着年龄的增长，再生细胞数越来越少，死亡数却越来越多。年轻人变衰老主要表现为皮肤弹性下降、肤质干燥、肤色灰暗。老年人变衰老则与年轻人的表现不尽相同，老年人神经细胞 1/2 的空间被脂褐素占据，沉积在心脏、大脑及各种器官和组织中，肉眼虽然观察不到这些内在的变化，但它会通过皮肤表现出来，那就是老年斑。

除了细胞数量减少，细胞分化与修复的功能也明显减退。细胞丧失原有的活力，逐渐发生退行性变化。由于细胞萎缩、死亡及水分减少等，致使各器官重量和体重减轻，其中以肌肉、性腺、脾、肾等减重更为明显。细胞萎缩最明显的是肌肉，肌肉弹性降低、力量减弱、容易疲劳。老年人肌腱、韧带萎缩僵硬，致使动作缓慢，反应迟钝。

2. 体内水分减少

在非病理条件下，随着衰老的进程，人体的含水量减少。年轻人体内含水量约为体重的60%，而老年人（>65 岁）体内含水量降至50%左右。[①] 伴随衰老而发生的体内水分进行性减少，可能导致含水量的失衡。慢性脱水是老年认知损伤，包括阿尔茨海默病（Alzheimer's Disease，AD）在内的共同症状。人年龄增长的过程，就是失去水分的过程，当人体开始衰老时，每 10 年身体的水分平均丧失 3.5～6 升，表现在皮肤上，就是皮下组织渐渐萎缩，产生皱纹。同时，随着年龄的增长，老年人各种器官功能都有所减退，表现在“口渴机制”上也是如此，于是就会出现身体缺水却不“口渴”的现象。所以，日常生活中老年人用发汗退烧药时要注意避免发生脱水现象。

3. 脂肪增多

脂肪组织的重分布有两种表现：一是随着年龄增长，下半身的皮下脂肪减少，内脏脂肪增加。尽管有碍美观，但皮下脂肪似乎有益于糖尿病、血脂、心血管疾病。反而是没那么显眼的内脏脂肪危害更大，它的增加会导致相关疾病的发生。二是棕色和米色脂肪组织则随年龄的增长而减少并且功能下降，老年人容易出现热失调和能量失衡，难以维持体温且容易肥胖。

生物医学研究发现，人体脂肪含量与水含量成反比。脂肪含量与血总胆

---

① 李婷．慢性脱水及内源甲醛与认知损伤关系的研究［D］．北京：中国科学院大学，2016.

固醇含量呈平行关系，因此，血脂水平随着年龄增长而上升。

（二）外部形态的变化

1. 老年人头发的变化

在我们的潜意识当中，一个人的头发开始变白意味着那个人开始走向衰老，因为白头发是老年人身上都有的特征，有的老人为了维持形象会把变白的头发染黑，但是也有看到那种满头银丝的老人散发出来的老人独特的温暖气息，显得格外地慈祥且有亲和力。

白发是衰老的象征之一，随着年龄的增长毛囊功能会下降，头发容易干燥脱落，黑色素生成量减少，这是因为毛囊逐渐萎缩不能为头发提供营养，头发就容易脱落，另外分泌的黑色素也变少了，就像没有墨水了，头发自然就成了白色。很多老年人还会出现脱发甚至秃顶等情况。因此，通过观察头发毛色的变化，我们可以判断老年人是否已经进入老年阶段。此外，头发也会出现其他变化，如头发变细、变稀，这些变化都是由毛囊的萎缩和头皮的血液循环不畅所致。

2. 老年人皮肤的变化

皮肤是人体最大的器官，老年人皮肤的触痛、温觉减弱，表面的反应性减弱，对不良刺激的防御等功能降低，再生和愈合能力减弱，通常在 40 岁左右皮肤开始出现老化特征。老年皮肤有以下三个突出的特征：萎缩、敏感、增生。萎缩表现为皮肤变软、变薄，光泽减退，弹性减少，干燥起皱。由于真皮是皮肤的主要支架，真皮纤维萎缩使真皮里的许多组织失去依托，对真皮血管的影响最大，血管缺少支撑，容易破损出血。这就可以解释为什么老年人的皮肤易出现紫癜（出血斑点）和老年人的皮肤容易发凉。当然，皮肤发凉还有体温调节紊乱和动脉硬化等的因素。敏感指的是皮肤受内外因素作用后反应强烈，老人皮肤特别容易发痒，除因皮肤干燥外，也是皮肤敏感的结果。许多老年人的背部皮肤并不干燥，却不时瘙痒。不只是痒，别的感觉也异常敏感。老年带状疱疹的疼痛程度比中青年患者重得多，时间长得多。带状疱疹后遗症神经痛的发生率也高得多。某些部位的某些组织出现增生，例如，老年时表皮萎缩的同时，额面部皮肤却会有以表皮增生为主征的老年疣；皮脂腺萎缩，皮脂分泌减少，老人额头部出油出汗甚至比年轻人多。许多部位血管硬化，管腔缩小、数量减少的同时，老年血管瘤到处显现。

3. 老年人身高的改变

人到老年时，身高逐渐缩小。科学家证实，自30岁以后，身高逐渐降低，到70岁以后，男子身高可比原身高减少2.25%，女子可减少2.5%。[①]

通常情况下，骨骼作为一种硬组织，可能会流失骨量，可能会变脆，但是基本不可能“缩短”。所以，人在老了以后，身高缩小的主要原因集中在特殊的骨骼——脊椎骨上。虽然脊椎骨的骨椎本身并不会缩短，但是连接骨椎的组织，属于胶状的纤维骨板，并不具备骨骼一样稳定的形态，随着年龄的增长，纤维骨板的胶状萎缩，导致脊椎骨各个骨椎间的缝隙变窄，身高也会因此变矮。举个例子，就好像是“弹簧”一样，铁丝间的缝隙很大，弹簧整体看起来就很长；但如果用手将弹簧捏住，缩成了一团，看起来自然也会更短。脊椎骨也类似，被“年龄”这只大手给捏住了，随着不断衰老，身高也会慢慢缩窄。由此可见，人老了以后身高“缩小”，其实是很正常的情况。

4. 老年人体重的变化

体重是指人体全身的总重量，通常以千克（kg）为单位，这个重量包括骨骼、肌肉、器官、体液和脂肪等。体重的变化可以反映人体的营养状况、生长发育和健康状况等。都说“千金难买老来瘦”，这种说法是否科学？老年人体重的变化因人而异，有些人随年龄增大由于饮食清淡、饭量较少等原因，多数老年人的身体都比较瘦削；但也有老年人体重逐渐增加，这是因为脂肪代谢功能减退导致脂肪沉积增加，尤其是在更年期内分泌功能发生退化以后更为显著。

5. 老年人其他方面的变化

肌肉松弛、牙齿松动脱落、言行缓慢、耳聋眼花、手指哆嗦、运动障碍等也是我们常见的老年人的外貌特征。

需要指出的是，上述这些变化的个体差异很大，它与一个人的健康状况、生活方式、营养条件、精神状态和意外事件等因素都有密切关系。例如，所谓“一夜白头”，就是指人在遭受重大精神创伤后，可以在短期内头发急剧变白，皮肤皱纹增多，顿时显出老态。

当然，毛发的变白和脱落程度往往也和家族遗传有关。此外，长期患有慢性病的人也可发生未老先衰的现象，这些和年龄不相称的老化现象是一种

---

① 宋亦斋. 衰老的外在征象［J］. 开卷有益：求医问药，2015（3）：27.

病理现象，不是自然的生理现象。

（三）感官功能的变化

1. 老年人视觉老化

流行病学调查显示，我国60岁以上老年人盲和低视力的患病率呈急剧增加趋势，占盲和低视力患者的70%左右，致盲原因首位的疾病为白内障。[①] 老年人专用的手机字体会比普通手机的大很多，超市也会配备专用的放大镜供老人们使用。老年人各种眼病也是导致视力下降的重要原因，如白内障、黄斑病变、视网膜病变、青光眼等。视觉上的变化主要体现在以下几点。

（1）角膜的改变。随着年龄的增长，角膜直径变小及呈扁平趋势，致使老年人屈光力发生改变，这也是导致老年人远视的原因之一。又由于角膜内皮细胞略有增厚，这样易于引起光线的散射。

（2）瞳孔变小对光反应灵敏度下降。进入老年期，瞳孔不断地缩小，即使在暗处，瞳孔的散大也不如青年人显著。这是由于睫状肌老化，瞳孔的大小适应光的变化能力减弱所致。75岁的老人，只能达到20岁时的12%，80岁老人的瞳孔，在白天与夜晚，光反应的灵敏度几乎接近于零。

（3）晶状体的透光能力减弱。随着年龄的增长，晶状体颜色变深，呈黄色或琥珀色，成为短波光的过滤器，蓝色和绿色光谱过滤后，传递到视网膜部分的总量减少了，致使大脑识别蓝色和绿色的能力也随之下降，而出现老年人“夜盲”现象。

2. 老年人听觉老化

听觉器官老化是一种自然生理现象，随着年龄的增长，耳发生了功能性和器质性的变化。老年人外耳道皮肤毛囊、皮脂腺、耵聍腺萎缩分泌减少，导致外耳道耵聍干结，易患耵聍栓塞；鼓膜增厚，弹性降低，听骨发生退行性变化，关节纤维化和钙化以及关节囊玻璃变性降低了关节的活动度，影响声音的传递；耳蜗动脉外膜增厚，管腔缩小，内耳供血不足，耳蜗功能发生变化。

医学研究认为，65岁以上的老人，听力减退大约占到1/3。听力损失发

---

① 李晓宇，喻晓兵，邱蕾．中国老年人视力评估技术应用共识（草案）[J]．中国老年保健医学，2019，17（4）：26－27.

生率随年龄增长呈进行性上升，一般70岁时维持一个常数，不再变化。除耳聋外，还会出现响度感觉异常，主要是对强度高的声音敏感，所以，一些老年人说话的声音比较大，正常人难以耐受。最明显的就是，老年人听收音机的时候，往往要开很大音量。还有一个症状是耳鸣，这是听觉系统内部产生的噪声，老年人多发耳鸣。

3. 老年人味觉改变

很多老年人的亲属发现，一些老年人比年轻时更爱吃味道浓的食品，但他们自己并不觉得。这是因为老年人的味觉随年龄增长退化了。人的舌头上约有1万个味蕾，它们是滋味的感应器。随着年龄的增长，人的味蕾会变得比较小，甚至萎缩，再加上味觉神经退化，因此，会影响对味道的敏锐度。

老年人一般都存在口腔疾病，如口腔黏膜病、龋齿、牙周病、牙齿缺损等。这些疾病往往会造成咀嚼困难，影响唾液的分泌，时间久了就会引起味觉减退甚至丧失。其中，对咸味的感知最迟钝。味觉功能逐渐退化，放入和以前同样多的调料后有时会觉得“饭菜不香”，等到觉得合适时，往往已无意中多加了糖、盐等调味品。发表在著名医学期刊《新英格兰医学杂志》的一篇文章指出，老年人对咸的敏感度比年轻时降低了11倍，对甜和苦的敏感度降低了7倍，对酸的敏感度降低程度最小，但也有4倍之多。

4. 老年人嗅觉改变

其实我们的鼻子除了可以呼吸空气以及辅助发出声音之外，还是有嗅觉功能的。不管是好的味道还是坏的味道，我们都是要通过鼻子闻见的，哪一天发现自己的嗅觉不再那么敏感的话，那就证明在衰老的路上了。

嗅觉的敏感性随年龄的增长而降低，老年人的嗅阈比年轻人有显著升高，与年龄呈正相关性，如老年人对于煤气中硫烷醇类添加剂的嗅觉灵敏性仅为年轻人的1/10左右。嗅觉减退影响老年人的食欲和食品的选择，影响老年人的生活质量。

另外，老年性痴呆症患者有明显的嗅觉减退，嗅觉中枢内有大量的神经元纤维缠结和老年斑形成，而其他感觉中枢无类似变化。也有人认为引起老年性痴呆症的某些因子是从嗅神经进入大脑皮质的。

人在50岁以后鼻黏膜逐渐萎缩，嗅觉开始迟钝，60岁以后大约丧失嗅觉的20%，递减速率加快，神经元变性缺失引起嗅觉敏感性下降和对气味分辨能力的减退甚至消失，70 岁以后嗅觉衰退加剧，80 岁以后仅有 22% 的老年人嗅觉仍在正常范围内。所以大多数时候都是家人告诉他们的，你闻不到吗？你没闻到这种味道？你知道厨房里有烟味儿吗？

以上几个方面是老年人的感官功能生理的一些变化，正是由于老年人机体多种生理功能的减退，才会出现各种功能性障碍、体力减退等生理变化。了解了这些变化，我们才能更好地理解老年人为什么容易摔跤或者被刀割伤等。

二、身体内部器官的变化

生老病死是自然规律，进入老年期，身体机能会发生哪些变化？老花眼看到的世界是怎样的？身体协调性下降又是怎样的感觉呢？即使没有任何慢性病的老年人，随着年龄增长，身体各系统机能不断衰退，日常生活也比我们年轻人艰难许多。在生活中，我们常常能看到一些老人走路有点驼背，看书报时眼睛或远或近。这是因为，随着年龄增长，老年人改变的不仅仅是外表，更大的变化发生在身体内部。

1. 老年人心血管系统的变化

心脏在人的一生中昼夜不停地跳动，和其他器官一样，随着年龄增长，功能也逐渐减退。当心血管系统出现问题时，比如高血压、心脏病等，会导致血液循环不畅，给身体带来各种不良影响，甚至危及生命。随着年龄的增长，血管壁弹性逐渐降低，而血管坚硬度逐渐增加，造成外周血管阻力增加，各器官的供血量减少，特别是肾、肝、脑等重要器官，在一定程度上也影响着这些脏器的生理功能。由于血管壁弹性逐渐降低，致使血压逐渐增加。老年人心脏比年轻时明显增大。80% 的缺血性心脏病发生于老年，临床表现为心绞痛和心肌梗死。

老年人的动脉和末梢血管的弹性随年龄增长而降低。静脉随年龄增长的变化主要表现在静脉内层弹性消失，血管扩张，形成静脉曲张，静脉血流减少，全身有效循环血量减少，局部循环障碍时易导致疾病。老年人血小板的功能有下降倾向，当患冠状动脉粥样硬化性心脏病时，冠状动脉内的血小板活性增强，促使产生血栓，易导致血栓栓塞性缺血性心脏病等。

因此，在老年人群中，心血管系统最常见的疾病就是冠心病和高血压病。我国冠心病、脑卒中死亡率和发病率呈逐年上涨趋势，心脑血管疾病成为威胁老年人生命的第一大杀手。

2. 老年人呼吸系统的变化

呼吸系统暴露在人类生活的大环境中，在自然界中又存在各种细菌、病毒、粉尘等物质。老年人的组织代谢机能减退，支气管周围的弹性纤维网减少，因而对呼吸道的清洁能力降低，而容易发生感染。具体体现在鼻、咽、喉方面的主要变化有：气道防御功能下降；加湿作用减弱，易患呼吸道感染；出现吞咽功能失调。因此，老年人群中吸入性肺炎多见，肺功能降低，吸气动力明显减退，咳嗽力不足，痰液不易咳出，可致呼吸道阻塞。

3. 老年人消化系统的变化

随着年龄增长及生活工作压力的增大，很多人都处于亚健康状态，人体代谢功能降低。其中，消化系统尤其是老年人最为明显。消化器官的老化很容易导致对于营养物质的吸收能力减弱，并且引起相应的营养物质缺乏。口腔老化的表现主要有：牙齿松动和脱落；咀嚼肌萎缩，咀嚼乏力；唾液分泌减少；味觉钝化。老年人食管的蠕动功能减退，不少老年人患有食管裂孔疝，这是老年人胃食管反流、吞咽困难、误吸等疾病高发的重要原因。胃的老化主要表现为胃排空延缓，同时胃蛋白酶分泌能力减退，这是老年人易发生上腹胀闷、早饱感、餐后饱胀等功能性消化不良的主要原因之一。结肠的老化主要表现为其蠕动功能减退、通过时间延长，这是老年人便秘高发的重要原因。肝脏的老化主要表现为重量减轻、体积缩小，肝脏对药物或毒物的代谢能力减退，因此老年人尽可能选择必须服用的药物，同时注意药物的配伍禁忌，减少合并用药，从而减轻肝脏代谢负担。

4. 老年人泌尿系统的变化

人到老年，泌尿系统最常见的变化，如肾脏体积减小，重量减轻，皮质变薄，肾单位数量减少等。

5. 老年人神经系统的变化

人类的脑细胞处在一种连续不断的死亡且永不复生的过程，这是一种程序性死亡，也叫凋亡。老年人神经系统的变化体现在脑与神经元、脊髓、周围神经系统和脑血管等方面。50 岁以后，脑部某些功能降低，如体温调节能力下降等，老年人脑内的蛋白质、核酸、脂类物质、神经递质等逐渐减少，容易导致脑萎缩、认知功能障碍、震颤麻痹等老年性疾病。周围神经系统的变化可致神经传导速度减慢，感觉迟钝，信息处理功能和记忆功能减退，出现注意力不集中、性格改变、应激能力下降和运动障碍。

脑血管方面，随着年龄增长，脑血管发生动脉粥样硬化，导致脑血液循环阻力增大血流量减少，脑供血不足，影响脑代谢，出现记忆力减退、思维判断能力降低、反应迟钝等。这些改变标志着老年人的脑力劳动能力减弱，只能从事节律较慢的活动、负荷较轻的工作。由于神经中枢机能衰退，老年人变得容易疲劳、睡眠欠佳、睡眠时间减少。此外，由于脑功能失调而出现的智力衰退还易引发老年痴呆症。

还记得小品《粮票的故事》吗？孙子吵着“受不了了，听了300多遍的故事爷爷还在讲”。而爷爷并不记得这个故事自己已经讲过好多遍了，还在乐此不疲地讲给孙子听。这个小品很典型地反映了老年人短期记忆力减退、长期记忆却很清晰的记忆特征，也反映出其神经系统退化的问题。

另外一个神经系统退化导致的疾病是大家比较熟悉的帕金森病。帕金森病是一种慢性进展性疾病，手抖、震颤、僵硬、行动缓慢、姿势异常等帕金森病症状严重影响着患者生活自理及其生存质量，给家庭和社会都带来了沉重的负担。

6. 老年人内分泌系统的变化

内分泌系统除其固有的内分泌腺（垂体、甲状腺、甲状旁腺、肾上腺、性腺和胰）外，尚有分布在心、肝、胃、肾、脑的内分泌组织和细胞。下丘脑垂体可能起着衰老中心的作用。随着增龄，下丘脑对负反馈抑制的阈值升高，其可能与老年人垂体分泌生长激素的嗜酸性细胞减少相关。老年人垂体的重量可减轻20%，供血明显减少。老年人甲状腺的重量有减轻的倾向。

因此，老年人会有整体性迟缓，对寒冷天气适应能力变差，如有畏寒、皮肤干燥、脱发、心率减慢等表现。甲状旁腺分泌的甲状旁腺激素的量也减少。老年人血清抗甲状腺自身抗体增高，甲状腺素在外周组织的降解率降低，垂体前叶对促甲状腺激素释放激素（TRH）刺激的反应性亦降低。随着年龄增长，胰岛功能减退，葡萄糖耐量逐渐降低，糖尿病发生率增高。

总之，老年人在老年期的形态、外部器官功能和内部系统功能的变化，正是由于内外系统的退化，老年人从外观和功能上都呈现非常显著的特点，总的来说，表现在以下几个方面。

首先，贮备能力减少。这是全身组织器官与生理功能退化的结果，对于这些老年人来说，一旦环境发生变化或出现意外事故而处于紧张状态时，机体就难以应对，从而影响了其正常的生理功能。例如，运动时供应所需能源的糖原贮存不足，机体不能及时提供能量，老年人因此难以承担重负荷或应付意外事件。

其次，适应能力减弱。老年人机体多种生理功能的减退，往往导致内环境稳定性失调，而出现各种功能障碍。例如，短期内改变老年人的生活环境，可能会导致老年人水土不服、肠胃不适、睡眠不佳等现象。

再次，抵抗力下降。随着生理功能（特别是免疫功能）的衰退与紊乱，老年人的抵抗力明显下降，容易患上某些传染性疾病、代谢紊乱性疾病、恶性肿瘤等，例如流行性感冒、一些肠胃疾病等。

最后，自理能力降低。随着机体的衰老，体力逐渐减退，老年人往往动作迟缓、反应迟钝，行动多有不便，容易出现意外事故，如老年人容易摔跤、跌伤，或被剪刀割伤等。

第四节　老年人生理适应状态

世界卫生组织对“健康”的定义是：“健康乃是一种身体上、心理上和社会上的完美状态，而不仅仅是没有疾病和虚弱的状态。”这一界定把人的精神、情感、心理活动作为健康的重要标志，因为这些活动和变化的本身就是人体各项生理活动、功能状态是否正常的综合性反应。衰老过程是人们不可避免的自然规律，它给老年人带来许多不适、烦恼和困境，老年人在不同阶段会有不同程度的生理变化，根据这种生理变化我们可以将衰老分为四个阶段，即初老阶段、显老阶段、居老阶段和垂老阶段。

一、初老阶段的生理适应

初老，是指人们进入中年后，但还未到老年的阶段，大致在 40～60 岁。初老的年龄段是一个相对概念，因为不同的人在同样的年龄下，身体状态和生活方式的差异很大，所以初老并不是一个固定的年龄段。但是，一般认为 40～60 岁是初老的典型年龄段。

初老阶段是进入老年期的第一个阶段，相对来说身体各方面机能刚刚开始出现衰老的症状，但并未到达老年的程度，因此，在生理上和心理上都有一些特征。

（1）身体特征。身体开始出现各种初老症状，如皮肤松弛、肥胖、脱发、视力和听力下降等。同时，身体开始出现各种慢性疾病，如高血压、糖尿病、关节炎等。

（2）心理特征。初老的人们开始更加关注自己的家庭和事业，对于未来的规划也更加清晰。同时，初老的人们也更加容易产生孤独感和无助感，需要更多的关注和陪伴。除此之外，一些社会和生活环境的改变，也使这个过渡期变得更加艰难。在部分家庭里，子女由于工作和学业等原因不在父母身边，以致家庭成为“空巢”，初老者就更容易产生孤独、空虚等体验，甚至会产生强烈的无价值感。

但是，由于技术进步、新设备的运用，使原先的劳动强度和速度问题得以改善，初老阶段基本能够适应社会生活。现代专业、技术、艺术、管理主要靠智力经验，较少依赖体力工作，生理的变化不会带来太大的困扰。这个阶段老年人的身体状况具有正常从事职业活动的能力，还能够尝试新职业、新活动，可以单身旅行。

二、显老阶段的生理适应

这个阶段的老年人更适合休闲保健活动，比如跳广场舞、打牌等，因为这些活动比较轻松，不会带来压力，但是考虑到老年个体差异，也需要考虑体力和心智一定程度上的配合。在心理上的主要变化是不愿尝试新活动，不愿接受新事物，逐渐缩小自己的社交圈，畏惧单身长途旅行。

三、居老阶段的生理适应

处在居老阶段的老年人身体状况发生较大变化，无论是外在形体上的变化还是器官机能的变化，都呈现明显的老年人特点。由于受身体状况制约，不方便行走，老年人只能限于室内活动，畏惧单独室外活动。老年人本身更强调“老了”“不中用了”“该歇歇了”，开始拒绝社会和家庭的责任和义务。交往主动性降低，不爱参加社会活动，甚至出现自闭的情况。

四、垂老阶段的生理适应

垂暮之年指老年人快要到或已接近晚年，而晚年是老年人一生中最后的阶段。垂暮之年出自张元干（宋）《醉落魄·云鸿影落》：“年华垂暮犹离索。”

这个阶段的老年人我们常称为“垂暮老人”，身体状态逐渐恶化，随着功能退化直至丧失，生活不能完全自理，病痛缠身，各种慢性病并存，进入意识时有模糊状态，甚至处于“植物人”状态。

第五节 老年人的健康照顾

人口老龄化是社会发展的重要趋势，也是今后较长一段时期我国的基本国情。当前，我国老年人“长寿不健康”问题较为突出，带病生存、多病共存的情况十分普遍。2022 年 7 月 12 日，国家卫生健康委员会发布的《2021 年我国卫生健康事业发展统计公报》中显示，我国居民人均预期寿命由 2020 年的 77.93 岁提高到 2021 年的 78.2 岁，但失能、部分失能老年人约有 4000 万，失智老年人约有 1500 万。“长寿不健康”的生活状态既影响了个人幸福，也给家庭和社会带来沉重负担。实现健康老龄化，是积极应对人口老龄化最核心的问题，也是积极应对人口老龄化的长久之计。老人安则家庭安，家庭安则社会安。家庭、社区、社会实施系统的老年人健康照顾，是应对老龄化的基本措施。

一、老年人健康服务

人口老龄化所带来的卫生健康服务需求及疾病负担急剧增加，给卫生健康工作带来重大挑战。根据老年人健康特点和老年人健康服务需求，构建综合连续、覆盖面广的老年健康服务体系，加快老年健康工作标准化建设，是推进健康老龄化，建设健康中国的重要组成部分。

2016 年，中共中央、国务院印发《“健康中国 2030”规划纲要》，将促进健康老龄化列入重点任务。2018 年，国家卫生健康委员会新设老龄健康司，专门负责组织落实应对老龄化相关工作。2019 年，国家相继出台了《健康中国行动（2019—2030 年）》《关于建立完善老年健康服务体系的指导意见》《国家积极应对人口老龄化中长期规划》。2020 年党的十九届五中全会上正式提出“实施积极应对人口老龄化国家战略”，这是党的历史上首次把积极应对人口老龄化上升为国家战略。2021 年国务院印发《“十四五”国家老龄事业发展和养老服务体系规划》中明确提出，“把积极老龄观、健康老龄化理念融入经济社会发展全过程”。2022 年国家卫生健康委员会等 15 个部门联合印发《“十四五”健康老龄化规划》，全面布局“十四五”时期中国健康老龄化的方案。可见，促进健康老龄化是当前中国政府积极应对人口老龄化挑战的重要顶层战略举措。

2015 年，世界卫生组织在其发布的《关于老龄化与健康的全球报告》中对新形势下的健康老龄化给予了重新界定和阐释，提出“新健康老龄化”概念，其核心理念在于通过提升老年人个体的生理与心理功能，使老年人在与有利的外界环境（既包括家庭、人际关系等微观环境，也包括社会观念、公共政策等宏观环境）互动中充分发挥其功能，并将促进健康老龄化视为投资而非消费。新健康老龄化的提出反映了健康老龄化观念发生了从个体内在能力延伸至外在功能发挥、从被动消费转向主动投资、从老年期健康到全生命周期健康的重大转变。

老年健康服务体系是从全人群全生命周期的角度为老年人提供健康服务的体系。传统的老年健康服务强调了医疗卫生部门提供的服务，随着经济社会的发展和老年人健康需求的变化，老年健康服务体系的总体战略设计、政策措施和实施路径需要动态优化调整。2020 年暴发的全球性疫情对世界各国的老年健康服务体系都是一次体检和“压力测试”。“十四五”时期，中国人口老龄化加速发展并叠加疫情防控常态化，对老年健康服务体系建设将提出更多、更新、更高的要求，优化中国老年健康服务体系建设的战略设计和实施路径迫在眉睫。

（一）中国老年健康服务体系的建设发展历程

20 世纪 80 年代以来，随着我国经济发展水平的不断提升，以及上海等大城市率先逐步进入人口老龄化社会，我国陆续出台了一系列与老年健康服务相关的政策，积极推进老年健康服务的实践探索。根据中国国家统计局发布的《1999 年国民经济和社会发展统计公报》，截至 1999 年底，中国 65 岁及以上老年人口达到 8687 万人，所占比重为 6.9%，标志着中国自 2000 年开始进入人口老龄化社会。[①] 国家统计局 2022 年的人口数据显示，截至 2022 年底，我国 60 岁及以上人口 28004 万人，占全国人口的 19.8%，其中 65 岁及以上

① 国家统计局. 2000 年中国统计年鉴［M］. 北京：中国统计出版社，2000.

人口 20978 万人，占全国人口的 14.9%，中国已经实现向深度老龄社会的转变。自此，中国各级政府对老年健康服务的关注明显增强，老年健康服务体系的建设也从顶层设计、政策完善、实践推进等各方面全方位展开。总结中国老年健康服务体系的建设，大致可以分为以下几个阶段。

1. 1999 年以前，老年医疗卫生工作逐步发展

基于老年人口不断增多以及疾病谱发生变化的形势，1985 年 1 月，《关于加强我国老年医疗卫生工作的意见》提出积极开展老年病防治工作、大力开展家庭病床、改善医院管理、方便老年人就医等五方面意见，特别是提出县级以上综合性医院开设老年病科或组，从而极大地推动了老年医疗服务的发展。[①] 1999 年 7 月《关于发展城市社区卫生服务的若干意见》，明确要求将老年人作为社区卫生服务的重点服务人群，面向包括老年人群在内的社区居民提供有效、经济、方便、综合、连续的基层卫生服务。在政策的支持下，一批社区卫生服务机构逐步建立，满足城市居民日常医疗服务需求，奠定了老年医疗卫生服务工作的基础。

2. 2000—2016 年，老年医疗服务网络和政策支持加快发展

中国自 2000 年开始进入人口老龄化社会，健康政策也更为注重以老年人健康需求为导向，提升健康服务供给质量。2000 年 2 月发布的《关于城镇医药卫生体制改革的指导意见》从加强卫生资源配置宏观管理的角度，提倡卫生资源向社区基层、老年护理领域流动；从改革预防保健体系的角度，强调预防为主，建立综合性预防保健体系，发挥社区卫生服务组织开展预防、保健、健康教育和心理咨询方面的作用。2000 年 8 月发布的《关于加强老龄工作的决定》明确要求健全老年医疗保健服务网络，发展家庭病床，采取定点、巡回、上门服务等多种形式，为老年人提供预防、医疗、保健、护理、康复和心理咨询等服务；开展形式多样的健康教育，增强老年人的自我预防和保健技能。2006 年 2 月发布的《关于发展城市社区卫生服务的指导意见》明确要以社区、家庭和居民为服务对象，以老年人等为服务重点，以主动服务、上门服务为主，开展健康教育、预防、保健、康复和一般常见病、多发病的诊疗服务。

---

① 裴晨阳，胡琳琳，刘远立．我国老年健康服务政策的发展演变与未来建议［J］．中国卫生政策研究，2020，13（11）：77－82.

在城市医疗卫生服务率先取得重要进展的基础上，为实现资源合理配置，推进公共服务均等化和城乡统筹，推进健康公平，中国逐步推进医药卫生体制改革。2009 年 3 月发布的《中共中央 国务院关于深化医药卫生体制改革的意见》明确建设覆盖城乡居民的公共卫生服务体系、医疗服务体系、医疗保障体系、药品供应保障体系，形成“四位一体”的基本医疗卫生制度。中国的医改坚持基本医疗卫生事业公益属性，在加强公立医院建设的同时，着力加强基层医疗卫生能力建设，加快建设分级诊疗体系，推进国家组织药品和耗材集中带量采购使用改革，推动医师多机构执业，支持和鼓励社会办医。随着医改不断推进，国家基本公共卫生服务项目不断丰富，家庭签约医生制度普遍覆盖老年人和残疾人家庭，健康档案电子化管理基本普及，社区基层卫生机构的老年健康服务能力得到有效加强。

与此同时，老年健康服务也逐步从部门各自推进向更高层次综合统筹推进转变，更加注重政策的协同和配套。2012 年 5 月发布的《中国慢性病防治工作规划（2012—2015 年）》明确了慢性病预防控制工作的任务目标，慢性病防治成为老年健康服务的重要内容。2013 年 9 月发布的《关于加快发展养老服务业的若干意见》明确积极推进医疗卫生与养老服务相结合。2015 年 11 月发布的《关于推进医疗卫生与养老服务相结合的指导意见》明确推动建成以居家为基础、社区为依托、机构为支持的，功能完善、规模适度的养老服务体系。2016 年 6 月发布的《关于开展长期护理保险制度试点的指导意见》对长期护理保险的保障范围、参保缴费、待遇支付、护理需求认定和等级评定等作出规定，探索长期护理保险管理服务规范运行机制。

3. 2016 年全国卫生与健康大会后，老年健康服务全方位发展

2016 年 8 月全国卫生与健康大会召开，习近平总书记强调，要把人民健康放在优先发展的战略地位；重点推进普及健康生活、优化健康服务、完善健康保障、建设健康环境、发展健康产业；全方位、全周期保障人民健康。2016 年 10 月发布的《“健康中国 2030”规划纲要》提出把健康融入所有政策，加快转变健康领域发展方式，全方位、全周期维护和保障人民健康。这一规划明确了健康中国的理念目标及顶层设计，老年健康服务也进入了系统整合和规范化发展阶段。2017 年 3 月发布的《“十三五”健康老龄化规划》明确全面实施健康老龄化，优化老年医疗卫生资源配置，构建与国民经济和社会发展相适应的老年健康服务体系。

为适应人口老龄化和老龄工作发展的新形势，进一步加强医养结合和老年健康服务工作，2018 年国家卫健委专门成立“老龄健康司”，为老年健康服务体系建设提供了强有力的组织保障。2019 年 7 月发布的《国务院关于实施健康中国行动的意见》围绕疾病预防和健康促进两大核心，提出开展 15 个重大专项行动，与老年人关系最为密切的是“老年健康促进行动”。2019 年 10 月国家卫健委等部门联合发布《关于深入推进医养结合发展的若干意见》《关于建立完善老年健康服务体系的指导意见》，成为推动医养结合发展和老年健康服务体系建设的指导性文件。2019 年 11 月印发的《国家积极应对人口老龄化中长期规划》从普及健康生活、加大设施供给、优化健康服务三个方面就积极推进健康中国建设，建立健全健康服务体系，提出了任务要求。2020 年 10 月党的十九届五中全会进一步明确全面推进健康中国建设，并将积极应对人口老龄化上升为国家战略。

（二）老年健康工作的难点和存在的问题

我国老年工作与健康服务存在的问题主要有以下几方面。

1. 老年健康服务供给严重不足

国家统计局 2022 年的人口数据显示，截至 2022 年底，我国 60 岁及以上人口 28004 万人，占全国人口的 19.8%，还有 4000 万失能和部分失能老人。我国老龄化快速发展，但是老年医疗机构、康复机构、护理机构、安宁疗护机构数量严重不足，老年服务从业人员数量严重不足，服务能力水平不高，这和老年人的迫切需求差距非常大，这是老年健康工作开展面临的最主要的问题，也是最大的难点。

2. 对高龄或者失能老年人上门健康服务严重不足

一方面是基层医疗服务人员缺乏，不能保证为老年人提供及时、有效的上门医疗服务；另一方面缺乏上门健康服务标准和规范，上门服务存在风险问题，要求必须制定严格的服务标准和具体规范。目前，各地在针对老年人上门健康服务方面缺乏严格、科学的标准与规范，导致健康服务质量不高，与老年人健康需求差距较大。

3. 对失能老年人的长期照护服务严重不足

截至 2018 年，我国已有 1.5 亿老人患慢性病，失能、半失能人数达到

4400 万人，完全失能老人近 1000 万人，[①] 这些老年人对长期照护服务的要求是非常迫切的。如果这些老年人在家里面靠家庭成员护理，对家庭的负担是非常重的。现在的家庭上有老下有小，如果有一个失能老人在家里，压力是非常大的。目前，我国对失能老人的长期照护体系还没有建立起来，特别是对失能老人照护费用支付的稳定机制没有建立起来，所以这方面服务严重缺失。

（三）老年人健康服务的发展

长寿既是工业社会发展的结果，也是现代社会宝贵的资源和财富。我们改变对老年人和老龄化的消极态度，并且尽可能地促进老年人的健康状况。卫生健康事业要从以疾病为中心走向以人民健康为中心，老年健康服务要从医疗服务走向健康服务。我国自进入人口老龄化社会以来，老年健康服务的发展，最重要的价值和意义在于更好地推进健康老龄化、建设健康中国。今后，我国老年人健康服务的发展还需要从以下几个方面展开。

1. 加强老年健康服务顶层设计

将“国家制订并实施老年人健康工作计划”写入《中华人民共和国基本医疗卫生与健康促进法》。组织实施健康中国行动——老年健康促进行动，从个人和家庭、社会、政府三个层面全方位干预老年健康问题，构建包括健康教育、预防保健、疾病诊治、康复护理、长期照护、安宁疗护的老年健康服务体系。

2. 坚持大健康理念，大力促进从“以治病为中心”向“以健康为中心”转变

老年人的健康，应从未病之时就开始“储备”。我们要把健康教育和治疗疾病摆在同样重要的位置，倡导“每个人都是自己健康的第一责任人”的理念，激发老年人热爱健康、追求健康的热情，养成符合自身和家庭特点的健康生活方式，合理膳食、科学运动、戒烟限酒、心理平衡，争取实现“不生病、少生病、晚生病”的目标。要鼓励和引导单位、社区、家庭、居民行动起来，对主要健康问题及影响因素采取有效干预，形成政府积极主导、社会广泛参与、个人自主自律的良好局面，持续提高健康预期寿命。

---

① 严晓静．失能老人社区嵌入式长期照护服务模式研究：以长沙市为例［D］．长沙：湖南师范大学，2020.

3. 建立完善老年健康服务体系，为老年人提供优质高效的整合型医疗卫生服务

要以满足老年人的健康服务需求为导向，着力构建包括健康教育、预防保健、疾病诊治、康复护理、长期照护、安宁疗护在内的综合连续、覆盖城乡的老年健康服务体系。重点关注慢性病的预防和管理，加强健康管理、康复护理、长期照护和精神慰藉等方面的专业服务，全面提高老年人健康水平。实施老年人失能预防与干预项目、老年人心理关爱项目，通过提前介入和预防，避免或延迟老年人罹患失能、失智症等严重疾病，缩短带病生存期。加快老年健康服务体系建设，推动国家老年医学中心、国家老年疾病临床医学研究中心发展，加快二级及以上综合性医院老年医学科建设，推进老年医院、康复医院、护理院和安宁疗护机构建设。

4. 将健康融入所有政策，大力建设老年友好型社会

世界卫生组织将“老年友好”的内容分为 8 个方面，包括交通、住房、户外空间与建筑、社区支持与健康服务、交流与信息、社会参与、尊重与社会包容、公众参与和就业。我们要推动各领域各行业在管理、服务等方面适老化转型升级，逐步健全老年人社会优待制度体系。切实解决老年人使用智能化产品面临的困难，努力消除老年人在出行、就医、消费、文娱、办事等方面的“鸿沟”，让广大老年人更好地适应并融入智慧社会，提升老年人社会参与水平，切实增强老年人获得感、幸福感、安全感。

二、老年人健康饮食

随着年龄增长，老年人的身体功能发生衰退，患上各类疾病的风险增加，对营养的需求也会发生变化。科学的营养摄入是保障老年健康的基石，帮助维持机体功能、延年益寿、预防各类老年期常见疾病、减少不良健康风险的发生、提高生活质量。科学实践证明，许多老年性疾病都是由饮食不当引起的，诸如高血压、糖尿病等。老年人不健康的饮食习惯会给身体带来很大的影响，长期的不健康饮食还会导致免疫力下降，有可能引起更多疾病发生，所以老年人饮食一定要精准，合理搭配，预防出现营养不良现象，保证一个健康的老年生活。

2019 年，英国 BBC 电视台做了一期关于全球健康饮食的纪录片，最健康饮食国家排名中国仅排第 18 名。这也从侧面提醒我们，加强健康饮食是推动老年人健康照顾的基本举措。

（一）老年人不健康的饮食生活方式

2023年4月，由上海市爱国卫生运动委员会办公室、上海市健康促进委员会办公室、上海健康医学院、上海市健康促进中心共同开展的“影响市民健康的不良生活方式”社会调查结果出炉，影响老年人的不良生活方式（前五）包括经常吃腌制食品，贮存不当的隔夜饭菜；烧菜过量添加食盐、酱油和糖；久坐不动，缺乏体育锻炼；吸烟；过量饮酒。据世界卫生组织研究，全球人类死因中由不良生活方式引起的疾病占2/3，不健康生活方式日渐普遍，由此引起的疾病问题日益突出。然而只要及时发现健康危险因素，“生活方式病”完全可防可控。每个人都是自己健康的第一责任人。个人健康管理，最日常也是最重要的策略，就是培养健康的生活方式。

中国老年人不健康饮食生活有哪些呢？比如吃得太多、太饱，一日内进餐次数少，而每顿饭的饭量多，也就是暴饮暴食，致使空腹时间较长，短时间内肠胃负担较重，且易发胖。由于老年人味觉、嗅觉功能减低，喜好口味重的食物，导致摄入过多的油、盐、糖。老年人的做饭过程复杂，喜欢大火炒、油炸、煎烤等，有些老年人经常吃水泡饭、汤泡饭，认为既简单又有助于消化，殊不知吃泡饭不仅不利于食物消化，反而影响正常的消化程序和规律。一些老年人的饮食结构不合理，摄入过多精细米面，碳水化合物过多，红肉多、水产品少，零食吃得过多，水果较少，饮酒较多。还有些老年人胡乱进补，认为“多吃补药，有病治病，无病强身”，这种饮食观念都是错误的。

（二）影响老年人健康饮食的因素

影响老年人健康饮食的因素有哪些呢？

1. 收入水平

收入较高的人有可能摄取充足的营养，而收入较低的人有可能营养不良。一项针对英国和美国成年人的最新研究显示，富有的男人和女人不仅整体寿命更长，而且在50岁以后，他们的健康无残障年龄也要比贫穷者多8～9年。尽管教育和社会阶层对老年人的健康也有一定影响，但是财富更有可能影响老年人的健康。

2. 教育水平

老年人营养不良问题的答案，也许是从儿童就养成的吃喝模式以及与此相关的教育有关。受教育程度较高的老人拥有良好的营养知识和饮食习惯，并且能够制订营养计划。

3. 社会因素

社会上孤独的人比社会上活跃的人更有可能饮食营养不良，部分原因可能是生活孤独的人喜欢吃简单的食物。但是，以上原因也有可能造成营养过剩。收入水平低、营养意识模糊、孤身一人等因素，使得老年人无法保证适量的营养。与身高、体重、年龄相适应的每天一定的维生素、矿物质、蛋白质、脂肪等，在老年人的生活中可能是无法保证的。

（三）老年人的健康饮食生活

2022 年 11 月 21 日，中国营养学会发布的《中国老年人膳食指南（2022）》是《中国居民膳食指南（2022）》的重要组成部分，适用于 65 岁及以上的老年人，分为一般老年人膳食指南（适用于 65 ~ 79 岁的人群）和高龄老年人膳食指南（适用于 80 岁及以上人群）两部分。两个指南是在一般人群膳食指南的基础上，针对老年人特点的补充建议。

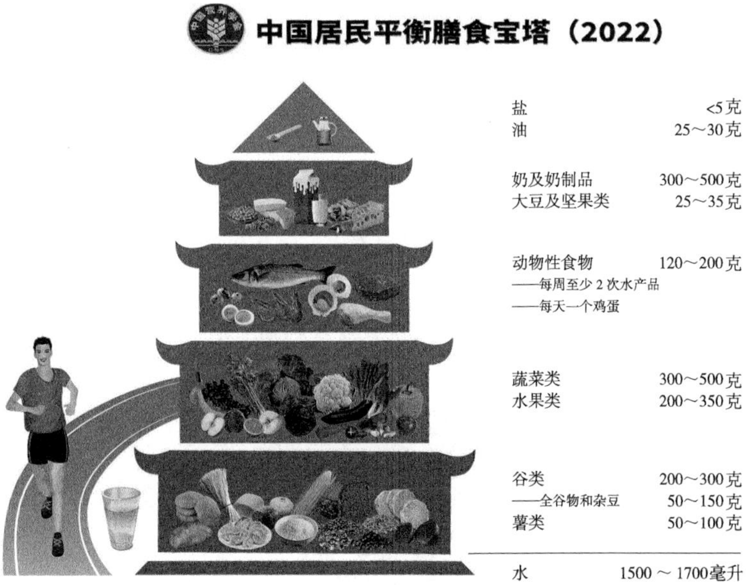

图 3－1　中国居民平衡膳食宝塔

资料来源：中国营养学会编著，《中国居民膳食指南（2022）》。

推荐以下一般老年人科学合理的饮食。

1. 主食多样

小米、玉米、荞麦、燕麦等各种杂粮谷物，土豆、红薯也可作为主食。老年人在食用杂粮或粗粮（如糙米、荞麦、燕麦、薏米等）时，要与细粮进行搭配，全粗粮会给老年人的胃肠道造成一定的负担，粗细搭配对健康更有益。食用杂粮或粗粮时，可以加水浸泡 2～3 小时后再蒸煮，多蒸一会儿，让食物更软。

2. 餐餐有蔬菜

每一餐要有多种类蔬菜，保证维生素的全面性；同时，要多选深色叶菜。

3. 水果要多样

水果种类要多样，这样才能保证维生素等的合理摄入。注意，不应用蔬菜替代水果。

4. 动物性食物换着吃

摄入总量平均每日 120～150 克，尽量选择瘦肉，少吃肥肉。红肉中含有丰富的优质蛋白和铁、锌等微量元素，老年人可以把牛羊肉做成肉丸、肉丝、肉末，以免塞牙，也可以多吃一些肉质细嫩的鱼虾类产品。

5. 多吃奶制品

吃不同种类的奶类及制品和豆类及制品。每天推荐 300～400 毫升或含量相当的奶制品。

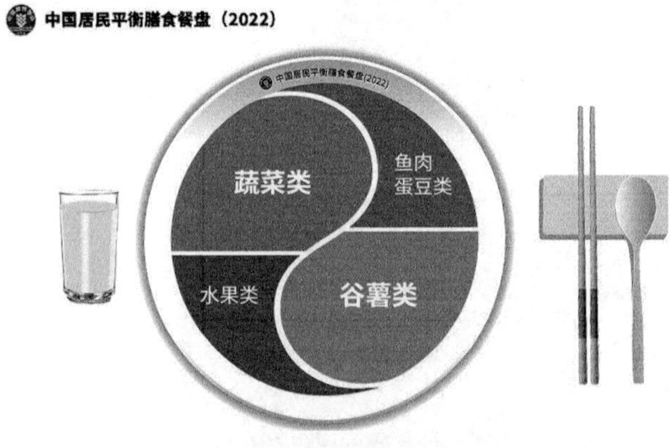

图 3－2　中国居民平衡膳食餐盘

资料来源：中国营养学会编著，《中国居民膳食指南（2022）》。

6. 蛋白质摄入量要合理

一般情况，每日蛋白质摄入量要在每千克体重 1.0～1.2 克。适当的蛋白质摄入量可以保证身体所需，同时不给身体造成负担。

7. 采取不同烹调方式

丰富食物的色泽、风味，建议每天 12 种类，每周 25 种类食物的推荐。家庭烹饪主要注意三点：一是做好餐前准备，把食物切成小块或做软，老年人不要食用过硬的食物；二是不要用太多烘、烤或者油煎、油炸等使食物变硬的方式，多用蒸、煮、炖的方式；三是使用新鲜的食材，尽量不要吃剩饭剩菜等不新鲜的食物。

8. 积极参加群体活动，保持乐观的情绪

减少久坐等静态时间，积极进行户外运动，多晒阳光。同时要加强对老年人健康饮食生活服务管理，如提供健康意识咨询、指导，提供健康膳食营养，开展老年人饮食的专业干预，制定老年人健康饮食地域性规范等。

（四）社会工作干预介入老年人健康饮食服务的案例

案例：王女士，70 岁，独居，患有胆囊疾病，爱吃红烧肉，几乎每星期都要吃一次，但每次吃完都是因为肚子疼而不得不到医院打止痛针。尽管如此，王女士还是坚持每星期吃一次红烧肉。

社会工作干预介入：首先，了解王女士不良饮食习惯的状况、分析判断其不良饮食习惯的原因及不良影响；其次，对王女士进行健康指导，在尊重老年人的基础上提出改善建议，记录饮食习惯及原因；最后，向王女士提出改善建议，是否接受建议，报告家属医护人员。

干预介入过程中有两点注意事项：一是尊重老年人，仅为建议，不可强迫；二是语言要温和，多询问，多讲改善饮食习惯对老年人身体健康的好处，以取得理解和配合。

三、老年人运动及防跌倒干预

（一）老年人积极参与运动的意义

衰老是普遍的、不可避免的，但是保持一定身体活动，进行结构化锻炼，就会带来不一样的老年生活。“身体活动”和“锻炼”是不一样的。身体活动是由骨骼肌参与的任何活动，能增加能量消耗。锻炼则是身体活动的一种，是有计划的、有组织的，而且是反复多次的活动，能够改善或维持身体健康的一个或多个方面，如有氧运动能力、肌肉力量、耐力、平衡、协调和灵活性。结构化体育锻炼和整体身体活动益寿延年，对许多慢性病，比如心血管病、中风、糖尿病、骨质疏松症、肥胖、癌症等的预防都很重要，而且还有助于改善老年人行动能力、心理健康以及生活质量。但是有些老年人对参加体育锻炼并不热情，他们认为体育锻炼更适合年轻人，随着年龄的增大就应该减少剧烈的体育锻炼，对于老年人体育锻炼是危险的，老年人的能力和能量已经不适合许多体育锻炼，但是可以进行一些低强度的活动。

运动对于老年人的好处非常多。

1. 促进躯体健康

随着机体老化、肌力变弱、肌肉萎缩，老年人的体力、平衡感和活动性受到了影响。适当的体育锻炼有利于降低冠心病发病率和高血压的危险性，而这两项是老年人面临的最危险的身体健康问题。

身体活动是维持整个生命过程中生理系统健康和正常运作的关键。与不活动的老年人相比，经常活动的老年人在身体机能和认知功能、运动能力、肌肉骨骼健康、跌倒和骨折风险、抑郁、生活质量和残疾方面都表现出优势。不活动的老年人易生病，如代谢障碍、心血管疾病、癌症和肌肉减少症。对于以往活动少的老年人，有证据表明，通过增加体力活动和运动训练，可以改善多种生理机能。此外，运动可以用来提高身体机能，还可作为治疗疾病和康复治疗的辅助手段。与不活动的老年人相比，终生常活动的老年人具有更高的生理功能水平，这包括代谢、骨骼、心脑血管和免疫系统。

有的老年人以年龄大、不宜高强度体育运动为借口，拒绝任何形式的体育运动。但是，即使较低的运动量和较低强度的运动，对于老年人也有获益，并不是非要达到指南推荐的每周 150 分钟的运动或每周进行剧烈身体活动。然而，在运动量和强度方面存在量效反应。对于老年人，需要制定适宜的身体活动或锻炼的策略，以使获益最大化。久坐是危害老年人健康的独立危险因素，用身体活动取代久坐行为对身心健康有益。

身体活动已证明有益于老年人的认知功能和脑健康。经常进行体力活动可以延缓认知衰退和神经变性。老年人进行短时间（例如持续 10 分钟）的中等强度身体活动会对他们的认知表现和大脑功能性反应产生短期益处。老年人的随机对照试验研究通常涉及每周进行约 3 小时的锻炼或者身体活动，持续时间从几个月到一年不等的老年人。通过试验表明，老年人的大脑结构和功能有改善，包括认知、感知和运动技能。随机对照基础试验研究清楚地阐明了这些获益的分子细胞机制，包括大脑功能和结构可塑性。目前的研究中老年人通常采用有氧类活动，关于其他类型身体活动的证据，包括抗阻训练、平衡、身体控制、主动游戏以及这些活动的组合还有待研究。

2. 促进心理健康

随着退休以及身体机能的衰退，老年人生活面日益狭窄，很容易产生心理上的障碍。通过体育锻炼，有助于老年人情绪的宣泄，从而缓解和释放老年人的心理压力，对于驱除老年人的孤独心理具有积极的作用。

自信心、意愿、抑郁（消极）情绪、个人整体健康状况均与老年人的体力活动相关。对老年人进行体育活动行为改变干预，短期内（最多 6 个月）有改变，但这些体力活动变化的长期可持续性尚未确定。基于行为改变理论对老年人的干预会产生更好的效果，没有一种行为改变理论能比其他任何理论更有效地促进老年人的身体活动。对于老年人，实施结合行为和认知行为改变技术比仅使用一种方法的干预更有效。研究表明，情绪和习惯也是老年人经常进行体育活动的重要相关因素。老年人体力活动行为改变干预措施的有效性在实施干预的方式、环境和专业背景方面有广泛的应用。体力活动是受人际、环境和政策因素影响的个体行为。

3. 促进老年人继续社会化

老年人的继续社会化就是进入老年期的个体需要适应社会发展和环境变化从而不断学习新鲜事物的过程。主要解决的是适应社会角色、社会联系和生活的急剧变化等问题，从而较快过渡到建立新的、适应老年人的社会角色结构和社会联系网络，克服某种失落感和孤独感。体育运动是社会文化的一部分，也是促进老年人社会化的重要手段。老年人通过参与体育活动，一方面增强了体质；另一方面融入了社会，加强了与他人的交往和联系，增加他们的社会认同感，继而可以减少老年人的消极心态，促进老年人健康老龄化。

4. 减轻家庭和社会负担

老年人通过运动，一方面，增强了自身的体质，为社会发挥了余力，减轻其他家庭成员的照顾负担，使家庭成员有更多的时间和精力从事本职工作；另一方面，体育锻炼能增强抵抗力，减缓疾病的发生。老年人医疗费用的下降，会给国家和企业的发展注入生命力，也间接地促进了社会经济的发展。

运动是良方，运动处方也应该像其他医疗手段一样需要量体裁衣、实时调整。运动处方的制定要基于老年人的健康状况，考虑到运动次序以及每一种活动的风险和获益，也要考虑到个人对运动类型的喜好。合适的老年人体育运动生活应该是：遵循循序渐进、经常性运动原则；选择合适的运动项目，老年人在运动锻炼前最好做一次较为全面的身体检查，然后根据身体情况选择合适的锻炼项目。老年人的运动项目，一定要根据健康情况、条件、爱好等进行选择。一般来说，以选择各个关节、各部分肌肉都能得到较好锻炼的运动项目为宜，如慢跑、健步走、游泳、太极拳等，而不应该选择运动强度过大、速度过快、竞争激烈的运动项目，也可以利用运动器材进行锻炼。最后在运动过程中要加强医务监督，以防出现意外。

（二）老年人跌倒的因素和预防

跌倒是指突发、不自主、非故意的体位改变，倒在地面或比起始位置更低的平面上。[①] 跌倒在老年人群中发生率较高，是老年人最常见的伤害。全球范围内，超过65岁的老年人群跌倒率为30%，超过70岁的老年人群跌倒率高达40%。[②] 跌倒是我国65岁及以上老年人因伤害死亡的首位原因，是导致老年人创伤性骨折的第一位原因，也是老年人因伤到医疗机构就诊的首要原因。跌倒可造成老年人骨折、头部损伤等，严重影响老年人的身心健康水平和生活质量，给老年人及其家人造成痛苦，增加照护负担。随着老年人年龄增长，跌倒的发生、因跌倒受伤和死亡的风险均有所增加，年龄越大的老年人越应该重视预防跌倒。

老年人跌倒多数发生在室内，主要是浴室、卧室和厨房内；少数发生在室外，主要是街沿和台阶处。老年人跌倒后轻者可并发软组织损伤、骨折、关节脱臼等，重者可出现肢体瘫痪、意识障碍，甚至丧失生命。

---

① 丁志宏，杜书然，王明鑫．我国城市老年人跌倒状况及其影响因素研究［J］．人口与发展，2018，24（4）：120－128.

② 车正瑶，毕怀梅，张栌匀，等．老年人跌倒危险因素的Meta分析［J］．中国老年保健医学，2023，21（3）：53－58.

1. 导致老年人跌倒的因素

跌倒的发生通常不是单一因素作用的结果，与老年人身体机能、健康状况、行为习惯、药物使用、着装、周围环境等多方面因素有关，我们可以分为内因和外因。内因包括生理因素、病理因素、药物因素和心理因素，外因主要是环境因素。

（1）生理因素。衰老可导致身体平衡能力下降、肌肉力量变弱等机能改变，是增加老年人跌倒风险的重要生理性因素。随着年龄的增长，老年人视觉、本体感觉和前庭感觉功能减退，中枢神经系统和周围神经系统的控制能力下降，下肢肌力量减弱，而易发生跌倒。

（2）病理因素。如心脑血管疾病、神经系统疾病，骨、关节疾病，感官系统疾病等。其他的病理因素还有身体虚弱、贫血、甲状腺疾病、糖尿病等。比如老年人有很多常见的慢性病，其实很多老人并不知道，这些常见的慢性病本身就是跌倒的高危因素。很多老人会有帕金森病，或者是心脑血管病，患有这些疾病的老年人，经常会有活动的不协调，或者活动不灵活，往往就会发生跌倒的事件。患有黄斑变性和白内障的老人，影响他的视力，他看不清楚环境中的障碍物，也会增加跌倒发生的风险。患有心脑血管疾病的老年人，可能会因为血压的忽高忽低导致跌倒的发生。另外，像有心肺疾病，心肺功能不全的这些老人，他的耐受力下降了，活动的耐力下降了，所以在活动的过程中可能突发无力导致跌倒。

（3）药物因素。研究发现，50% 的老年人跌倒与用药不当有关。老年人服用催眠镇静药、麻醉药、镇痛药、抗焦虑药、抗抑郁药、降压药、血管扩张药、抗心律失常药、利尿剂和降糖药时，其神志、精神、视觉、血压、步态和平衡功能易受到影响，易发生跌倒。在所有药物中，以抗抑郁药引起跌倒的危险性最大。此外，饮酒过量也是老年人跌倒的常见诱因。

（4）心理因素。老年人的认知能力和精神状态与跌倒的发生有关。老年人由于某些原因如患病或用药出现认知障碍，或存在不服老、不愿麻烦他人而勉强为之、焦虑、抑郁等心理时，跌倒的危险性明显增加。

（5）环境因素。如地面过滑、潮湿、不平、地毯松脱、不平整，过道有障碍物等地面因素。室内光线过暗或过强，楼梯缺乏扶手，台阶高度不合适、边界不清晰，座椅过高或过低，睡床高度不合适或床垫过于松软，坐便器过低、无扶手，家具不稳、摆放不当等。着装情况，如鞋的尺寸、大小不合适，鞋底不防滑，裤腿或睡裙下摆过长等也会引起老年人跌倒。大多数老年人跌倒发生于行走或变换体位时，少数发生在从事体力劳动或进行较大危险性活动时（如爬梯子、骑车）。

2. 预防和控制老年人跌倒的措施

老年人跌倒有其自身的规律和影响因素，通过采取科学的预防措施，可减少老年人跌倒风险，降低跌倒后损伤的严重程度。应重视跌倒预防，提高预防跌倒意识，主动学习预防跌倒知识，掌握基本的防跌倒技能，养成防跌倒行为习惯。有过跌倒经历的老年人再次跌倒的风险较大，应更加重视跌倒预防。

（1）改善外部环境。家居住宅是老年人跌倒发生较多的场所，适老化的家居环境有助于预防老年人跌倒。地面选用防滑材质，保持地面干燥；卫生间、厨房等易湿滑的区域可使用防滑垫；去除门槛、台阶等室内地面高度差。雨天避免出门，出门穿防滑鞋，穿松紧适宜的衣服。走路注意路面障碍物。室内光照度合适，过暗或过亮均不利于预防跌倒。不使用裸露灯泡或灯管，采用多光源照明。避免大面积使用反光材料，减少眩光。灯具开关位置应方便使用，避免因灯具开关位置不合理导致跌倒，可使用遥控开关、感应开关。摆放坐凳，方便老年人换鞋和穿衣。床旁设置床头柜，减少老年人起床取物次数。常用物品放于老年人伸手可及之处，以避免借助凳子或梯子取物。床、坐具不要过软，高度合适。家具摆放和空间布局合理，保持室内通道便捷、畅通无障碍。淋浴间、坐便器、楼梯、床、椅等位置安装扶手。

（2）调整饮食和营养。骨质疏松是老年人常见的一种全身性骨骼疾病，会增加跌倒后骨折的风险。补充钙质和维生素 D，多晒太阳，天气条件允许时，每天至少 20 分钟日照，促进钙的吸收。营养丰富均衡，保证蛋白质的摄入量，每天 250 ~ 300 克肉类、水产品、豆制品，每天 1 ~ 2 杯牛奶，每天 1 个鸡蛋。多吃海产品，促进肌肉蛋白合成，改善骨骼肌力量。增加维生素 C、维生素 E、硒、锌等的摄入，有利于提高机体抗氧化防御系统能力，防治老年人肌肉衰减，提高免疫力。适当加强体育锻炼，多参加太极拳活动或平衡功能训练。日常生活起居动作要慢，活动能力降低者，要有人照顾，可使用安全的辅助工具，如助步器、轮椅等，有感知障碍者戴老花镜、用助听器等。

（3）合理用药。注意药物的选择和使用剂量，尽量避免药源性的跌倒发生。服用影响神智、精神、视觉、步态、平衡等功能的药物，同时服用多种药物可能增加老年人发生跌倒的风险。就诊开药前，老年人要向医生说明正在服用的药物；如果医生开了新药物，要咨询新药物是否会增加跌倒风险。遵医嘱用药，不要随意增减药物；避免重复用药；了解药物的副作用；使用了作用于中枢神经系统、心血管系统等系统的药物后，动作宜缓慢，预防跌倒。

（4）不要害怕就医。定期体检，积极治疗身体疾病。老年人应定期进行骨质疏松风险评估、骨密度检测，及早发现骨质疏松。一旦确诊骨质疏松，应在医务人员指导下规范、积极治疗，并重视预防跌倒。

（5）增加社会交往。加强社区活动，改善情绪，保持愉悦。体育锻炼对于防治骨质疏松具有积极作用，提倡中速步行、慢跑等户外运动形式；适当负重运动可以让身体获得及保持最大的骨强度。

（6）形成防跌倒习惯。照护者要帮助老年人建立防跌倒习惯，打造安全家居环境。老年人的家人、照护者应主动学习预防跌倒的知识技能，并积极与老年人分享。了解老年人的患病和用药情况，鼓励和陪伴老年人到医疗卫生机构评估跌倒风险。对有跌倒史、行动能力下降、患有跌倒相关疾患等跌倒高风险因素的老年人，加强防跌倒的照护。多与老年人沟通交流，帮助老年人正确认识并积极应对衰老，鼓励老年人科学运动，帮助老年人养成防跌倒行为习惯。为有需要的老年人提供手杖、防滑垫、适老坐便器、适老洗浴椅等辅助工具。对环境进行适老化改造，为老年人打造安全居家环境。

关爱老年人，全社会共同参与老年人跌倒预防。跌倒可能威胁每个老年人的健康，预防跌倒关乎每个有老年人的家庭，涉及所有老年人生活场所，需要全社会共同参与。全社会都要关爱老年人，关注老年人跌倒，广泛开展预防老年人跌倒宣传教育，全面提升预防老年人跌倒健康素养，进行适老环境建设，共建预防老年人跌倒的支持性环境。

【推荐阅读】

[1] 谢培豪，倪进东. 老年学 [M]. 北京：科学出版社，2018.

[2] 邬沧萍，姜向群. 老年学概论 [M]. 3 版. 北京：中国人民大学出版社，2015.

[3] 詹妮弗·R. 萨瑟. 老年学基本原理 [M]. 天津：天津大学出版社，2022.

[4] 于海静，初晓艺，林彬. 老年健康管理实务 [M]. 北京：化学工业出版社，2022.

[5] 杨建芬，张玲. 老年护理 [M]. 北京：科学出版社，2018.

[6] 陆小香. 老年运动与健康促进指导手册 [M]. 南京：南京大学出版社，2014.

[7] 李春梅. 老年运动与健康 [M]. 成都：西南交通大学出版社，2021.

[8] 吴雪萍. 老年人日常健身运动指南 [M]. 北京：科学出版社，2018.

【随堂测试】

1. 多选题

你对老年人参加体育运动有着怎样的认知？（　　）

A. 体育运动更适合年轻人

B. 随着年龄的增长，应该减少剧烈的体育运动，但是可以进行一些轻微的体育运动

C. 老年人也应该和年轻人一样，进行足够的体育运动，如每星期进行长跑、球类等运动

D. 老年人的能力和能量已经不适合许多体育运动

2. 案例分析

王女士，70 岁，独居，患有胆囊疾病，爱吃红烧肉，几乎每星期都要吃一次，但每次吃完都是因为肚子疼而不得不到医院打止痛针。尽管如此，王女士还是坚持每星期吃一次红烧肉。

请问，作为专业的医务社会工作者，应该如何介入对王女士的饮食生活干预?

【课后思考题】

1. 阐述正确的衰老观。

2. 谈谈你对衰老的不同理论假说的理解。

3. 如何引导老年人正确地面对衰老的身体变化?

4. 老年人不同的生理适应阶段各有什么心理上的变化?

5. 社会工作者在干预老年人饮食过程中应该注意哪些问题?

6. 中国传统的饮食文化源远流长，如何有效改变老年人根深蒂固的饮食观念?

7. 老年人的生理衰老会不会明显地阻碍他们去过一种积极而独立的生活?

8. 你认为影响老年人健康饮食的原因是什么?

9. 老年人运动过程中除了预防跌倒之外，还有其他的哪些风险?

10. 家庭中预防老年人跌倒重点应该如何做?

11. 如何正确看待老年人的生物衰老?

12. 区分正常衰老与病理衰老的意义有哪些?

13. 老年人生物衰老的表现有哪些?

14. 不同的衰老理论假说带给我们哪些启示?

15. 老年人衰老身体发生哪些变化?

16. 帮助老年人正确面对衰老的途径有哪些?

17. 老年人生理适应的四个阶段分别呈现什么特点?

18. 结合老年人的生理和心理特点，谈谈四个阶段对应的老年工作的重点分别是什么。

19. 结合身边实际，谈谈老年人饮食存在的问题有哪些。

20. 指导老年人健康饮食管理应该遵循哪些原则?

21. 预防老年人跌倒的意义是什么?

22. 老年人应该树立怎样的运动观念?

23. 从社会、社区、家庭等角度，谈谈如何促进老年人合理运动。

【关键术语】

生物衰老；细胞老化钟；生理适应；健康照顾；健康服务；健康饮食；防跌倒干预。

第四章　老年人心理生活与健康

衰老是生理发展的必然规律。在衰老的过程中，心理因素和生理衰老互相影响，心理对老年人生活的影响在某种程度上比自然衰老更为重要。心理健康是老年人高水平生活的重要标志。

第一节　老年人常见的心理问题与理论分析

2019 年春天，一部电视剧《都挺好》播完后，引起了很多争论。其中父亲的角色甚至引起了“到底是坏人变老人，还是老人变坏了”的讨论。

其实，从心理学角度看，苏大强的“又㞞又作”真不是故意的。

其一是老年人“爱的胆怯”心理。这是因为：一是由于时代的变化，老年人认为自己已退出历史舞台，跟不上现代化气息；二是子女经济独立了，自己未能再给他们作贡献；三是子女长大了，也很少主动与父母沟通。

其二是老人变成老小孩了。心理学上是一种“退行”现象，是渴望被关注。如有的老年人如果上公交车没有人让座，容易像孩子一样发泄情绪。老年人为什么容易与保姆情感融合？是独居的“相伴效应”。老年人，尤其是独居老人，更需要精神、情感上的需求，在心理学上称为“相伴效应”。为什么苏大强非得买三室一厅？是老年人炫耀攀比心理的表现。

随着老龄化程度的加深，老年心理健康问题日渐凸显，引起了社会普遍关注。国家统计局调查显示，截至 2019 年底，我国城市老年人心理健康率为 30.3%，农村老年人心理健康率仅为 26.8%，老年人心理健康者仅占老年人口的不到 1/3。由于社会经济发展、人口流动、文娱活动有限、精神需求得不到满足等因素的影响，老年人心理健康状况不容乐观。

一、老年人心理的变化

老年人退休后的活动范围与工作时期相比大幅减小，其活动中心也从工作单位转变为家庭及小区，社会交往从以同事为主变为以家人、邻居为主，加上生理变化的影响，其心理需求也相应地发生变化。

（一）生理衰退造成的自信心下降

由于受到生理条件的限制，例如短期记忆能力的衰退和思维能力的退化，老年人对新近事物的接受能力比较低，学习和理解一项新事物需要更长的时间，对社会和生活环境的适应能力减弱，也容易产生自卑情绪。

（二）退休易产生社会脱离感

老年人有着特殊的情感态度，退休后老年人的生活社交圈子变得越来越窄，对于社会活动的参与度也越来越低。因此，在精神上会感到孤独和空虚，与社会渐渐有了脱离感。

（三）社会角色转变带来的孤独感、被抛弃感

老年人由于生理机能的退化、社会角色的转变、家人沟通的缺乏以及城市邻里关系的改变，这些因素都使得老年人很容易产生孤独感、疏离感和被抛弃感，并且经常感到自己被忽视，希望得到家庭、社会的关怀和认同。

（四）老年人人格改变

人格是具有一定倾向性的心理特征的总和。老年人人格总体上是稳定而连续的。但是，随着年龄的增长，老年人易形成以“我”为中心的人格，表现为性格趋于内向、自我；适应力下降；灵活性减少；猜疑、嫉妒行为增强；办事谨小慎微。

（五）老年人情感的退行性改变

老年人年龄越增长越呈现出情感的退化，表现为不再倾向于控制自己的感情，人格中本我呈现强势，理性的自我在退化。情绪体验时间较长，尤其是常深陷负性情绪体验中。对自身健康的过分关注常容易导致忧郁情绪。越

来越计较个人得失，怀疑心理加重，老年女性的疑病倾向大于男性。

二、老年人常见的心理问题

（一）焦虑紧张

随着年龄的增长，老年人躯体各器官功能减退，易患许多慢性疾病，由于对身体健康问题的担忧，唯恐自己得了不治之症，给家人带来烦恼，给自己带来痛苦和焦虑，紧张不安，甚至夜不能寐，食欲不振，机体抵抗力下降，更容易患躯体疾病，造成恶性循环。

（二）孤独抑郁

进入老年阶段，孤独抑郁是老年人常见的心理问题。由于生理机能的退化、社会角色的转变、家人沟通的缺乏、城市邻里关系的改变，这些因素都使得老年人很容易产生孤独感，并且容易经常感到自己被忽视，希望得到家庭、社会的关怀和认同。否则，便容易导致郁郁寡欢。

另外，老年人退休后，社会角色的转变，一时难以适应，认为自己对社会、对家庭没有贡献了，成了社会、家庭的负担，也容易导致抑郁。同时，退休后老年人的生活社交圈子变得越来越窄小，对于社会事务的参与度也越来越低，因此，在精神上会感到孤独和空虚。除了以上因素，独居的老人更容易感受到孤独。由于子女忙于自己的事务，对老人缺乏关心、照顾，老人长期生活在孤独与寂寞、单调等待之中，久而久之，便觉得生活毫无意义而导致抑郁，甚至有轻生的念头。还有的老年人长期生活在躯体疾病的折磨之中，感到生活没有希望而抑郁，甚至采取自杀行为。

（三）多疑敏感

许多老年人年轻时并不多疑，但随着年龄增长疑心越来越重，这是为什么呢?

心理学研究认为，首先，是生理改变造成的。由于老年人感觉能力衰减，造成认识外界困难，易于凭主观去猜测，老年人便常常表现出胡乱猜疑、嫉妒、乖僻等行为。其次，是精神方面的多种因素造成的，如离开工作岗位、社会活动的减少、人际关系的疏远，以及家庭中的地位改变和不睦等，均使老年人的自尊心受到伤害，增加了戒备心，从而使老年人总处于紧张的防御状态。

（四）自卑心理

进入老年期后，由于生理机能变差、自我保护能力降低、社会地位减弱、沟通能力下降，容易使老年人产生自尊受挫和自卑感。老年人自卑心理表现为：情绪低沉，郁郁寡欢，减少与人来往，甚至与人疏远，缺少朋友，顾影自怜，甚至自疚、自责；缺乏自信，优柔寡断；常感疲劳，心灰意懒，注意力不集中，做事没有效率，缺乏生活乐趣。自卑心理还容易带来生理的改变，产生各种病症，如头痛、乏力、焦虑、反应迟钝、记忆力减退、食欲不振、早生白发、面容憔悴、皮肤多皱、牙齿松动等，进一步加剧衰老。

（五）固执怀旧

老年人固执心理是指老年人对于已经形成的某种行为方式长期坚持而很难根据新情况予以改变的心理特征。其主要特点是敏感多疑，好嫉妒，自我评价过高，总认为自己“完全正确”，不接受批评，易冲动、诡辩。老年人固执心理的形成，往往与生活中形成的经验、习惯、坚定的信念、固定的行为方式有关。老年人的固执怀旧心理现象又称为“回归心理”，即过分迷恋过去，喜欢沉浸于过去的回忆之中，认为过去比现在要美好。适当地怀旧可以帮助老年人获得心理上的平衡和安慰，有利于疏解身心退化带来的焦虑。但是，过分沉溺于过去则不利于老年人身心健康。

三、老年人心理理论分析

（一）行为学说

行为学说认为，伴随着个体年龄的增长，感觉、知觉、认知功能、精神运动功能、记忆、思考、学习能力、感情以及综合性的适应性等都会发生一定的变化，而这些变化从年龄上看，对人的行为产生一定的影响。即个体的老化可以从其行为的变化表现出来。

此理论认为，当感觉、知觉功能随年龄增长而衰退时，个体从周围获取信息的能力会迅速减退，这给个体带来的影响就是感觉到自己的生活环境变得狭窄，加之老年人学习兴趣、好奇心减退等原因，影响了老年人与环境的互动，容易进一步造成老年人的非活动行为。

（二）脱离学说

脱离学说强调从个体角度观察个体与社会间的相互关系发生变化的状况。该理论认为，随着年龄的增长，老年人在社会中与他人的联系越来越少，关系也越来越弱，最终造成个体与社会的相互脱离。

脱离过程有三个阶段：

（1）日常生活中老年人与他人交往的数量及相互的作用发生了变化，不仅交往人数减少，而且与他人接触的频次和时间也减少。

（2）老年人与他人相互作用的方式和性质发生了变化，造成人际关系变化。

（3）老年人性格变得表面化，如孤独、自我封闭等性格的倾向越来越严重。

老年期的主要变化是人际关系变化，而且老年期是自信心和自尊心最容易受到威胁和伤害的时期。科技进步使年轻人的优势容易被发挥出来；老年人由于年龄增大，生理机能、心理适应能力等的降低，都会对老年人造成不利影响，这也是造成老年人自信心减弱的主要原因。

人际关系“适应”可以有效缓解老年人人际关系改变带来的心理问题。通过增加人际关系会减轻其不安感；从他人那里得到的积极反馈可以增强其自信心与自尊心。

（三）人生回顾理论

该理论认为，老年人已经认识到自己时日无多而接近死亡，因此在心理上产生了“人生回顾过程”，反映在其人格特征上，就是一种怀念往事的现象。

回顾往事的方式包括：与亲朋好友或年轻人谈论往事；怀念自己的家乡，回顾自己童年时期家乡的生活及文化等。适当地回顾人生的美好经历有利于消除老年人的孤独感，纾解孤独、自卑心理，但是，过分沉溺于过去的时光，则容易导致老年人负面情绪的产生。

（四）老年人格类型理论

随着年龄增长，老年人人格呈现出多元类型发展。具体有以下几种类型。

1. 成熟型人格

这种人格的老年人，能够正确认识自己和社会。对于退休和老化等各种问题能泰然处之，不悲观也不退缩，既不过于进取也不过于防卫。

2. 摇椅型人格

这种人格的老年人满足于既成事实，认为老化并不恐惧，退休是一种责任的解脱，正好不为工作烦恼而可以安享晚年，对于社会活动一般泰然处之。这种人格对年老也很适应，但是在物质和情感方面有更多对他人的依赖。

3. 愤怒型人格

这种人格的老年人年轻时没什么事业成就，甚至可能有失败经历。因此，到老年时会时常感到年龄的威胁和悲哀，会将自己的失败原因归咎于环境，对他人与社会满腹怨言，愤世嫉俗，甚至与别人发生冲突，从而导致自己情绪方面失衡和生理方面的疾病。这种人格对进入老年期的生活不是很适应。

4. 自怨自艾型人格

这种人格的老年人常常将年轻时事业没有什么成就或生活不如意的责任归咎于自己，埋怨自己少壮不努力而虚度终生，认为自己是凄凉的失败者，只有死亡才能得以解脱，始终处于一个心理郁闷、沮丧和消沉的心境中。这种人格对老年过程适应性比较差。

第二节　老年意识

你是何时开始感觉到自己“老”了的？是从视力模糊、出现花眼前兆开始的，还是从周围有孩子开始喊你“爷爷”“奶奶”开始的，抑或是突然有一天，自己感觉跟不上科技发展速度了？当一个人有了这样的感觉，其实在其主观意识层面，开始有了“老”的观念。

一、理解老年意识的内涵

老年人的自我概念是与他们的主观感觉相关的。无论是谁，在进入老年阶段后，都会对自己有一个评价——我已经衰老了。这种对自我的评价是建立在自我意识基础上的，即老年人在意识层面对自己的生理、心理以及活动状态的判断、知觉与体验。老年人对自我的评价有积极的，也有消极的，这反映出自我意识的差异。

老年人的自我意识结构包括生理自我、社会自我和心理自我。

生理自我，指对自己的身体、性别、年龄、容貌、仪表、健康状况以及所有物等方面的认识。表现为对羸弱的我/健康的我的自我认知。

社会自我，指对自己在一定的社会关系和人际关系中的角色、地位、名望等方面的认识。表现为对有价值的我/无用的我的自我认知。

心理自我，指对自己的能力、性格、气质、兴趣、信念、世界观等个性特征的认识。表现为对乐观的我/消极的我的自我认知。

老年人对自我的评价有积极的、消极的，有用的、无用的，健康的、疾病的不同表现，这反映出自我意识的差异。

二、老年意识的表现

（一）对病痛的感知更敏感

随着年龄的增长，老年人对疼痛的敏感性会增强。当老年人体验到疼痛时，他们体内的炎症反应会更剧烈、更持久。

某女，45岁，丧偶8年。平时生活中吃得下睡得着，精神也不错，却经常怀疑自己患病，伴随感觉身体无力，浑身疼痛。去医院检查结果都是无恙。尽管如此，还是会经常感觉浑身疼痛。

在排除了生理性疾病后，有些老年人仍然感觉有病，甚至表现出生理的反应，这其实是老年意识的表现。这些老年人在有一些病痛时，在感知上即把自我界定为羸弱的病人，这种自我意识反过来容易加剧病痛，甚至使本来不严重的病症似乎加重了。

（二）行为活动的质量比较

对于一些老年人来说，选择日常活动项目时，常与年轻时的自己甚至与周围的年轻人比较。在比较中作出对自我的认知——羸弱的我/健康的我、有价值的我/无用的我。这种在比较中形成的自我认知一旦作出，不论是否与真实的自我相符，老年人都会按照“这个我”行动。这就是为什么公交车上一些老年人对于青年人不让座表现得那么气愤，甚至会做出一些过激行为的原因。

（三）能力、责任、义务的意识

人最大的活力源于目标、源于梦想、源于责任。一些老年人感觉退休后社会责任减少了，是由于自己生理机能以及社会能力下降。所以，责任减少就意味着义务减少，更强调自己的权利。这其实是一种消极的老年意识。

责任，通俗地讲，就是对自己负责、对他人负责、对社会负责。老年人退休了，儿女成家立业，生活没有了职业责任和目标。这种人生目标的缺失很容易导致老年人生活的无意义状态。因此，家庭责任、社会公益、社会群体责任对老年人来说不是减弱了，而是更应该加强，它可以使老人更快乐，心理更健康，这才是积极的老年意识。

（四）规范的意识

社会的规范是没有年龄标签的。但是，一部分老年人会有规则弱化的意识，规则弱化是一部分老年人对老年意识的界定。一旦有了规则弱化意识，在行为上就会表现出对规范的不敬畏与违反。如果别人指出这部分老年人违反了规范的行为，老年人就会感觉是对自我的侵犯，常常表现出较为激烈的反抗行为。

（五）总体形象的意识

老年人正确认清自我非常重要。“老”意味着羸弱多病、观念陈腐、思维僵化，还是健康、乐观、积极、向上？老年人必须对老年群体形象进行理性认知，在自我分析判断的基础上，作出与社会期待尽可能一致的总体形象认知。

（六）对衰老的反应

美国作家海明威出版于 1952 年的小说《老人与海》，对一位名叫圣地亚哥的老渔夫进行面对失败、永不服输的精彩描述，人不是生来要被打败的，人尽可能被消灭，但是不会被打败①，就像人类面对衰老的态度——我们的肉

① 海明威．老人与海［M］．孙致礼，译．北京：人民文学出版社，2012.

体像老人一样不断衰老，衰老是不可避免的，但是人的精神应该像年轻人一样——永不放弃、充满勇气与尊严。

对老年人来说，面对衰老，可能经历这样的心理路程：从怀疑到求证；从拒绝、否认与掩饰到接受、顺从。伴随从怀疑到接受的心理反应过程，老年人应该认识到衰老的是肉体，即使一个人已经进入老年，精神的成长也是老年人应该具有的意识。

第三节　老年心理适应与健康

进入老年期，拥有健康的心理，不但有益于增强体质，提高免疫力，还可以健康长寿，而且还能愉悦身心，提高老年人的生活品质。

一、理解老年人心理适应

心理适应，是指各种个性特征互相配合以适应周围环境的能力。

老年人的心理适应，既要应对生理机能衰老、退休、社会发展等外在环境的变化与挑战；同时，又要应对内在环境的变化与挑战——老年社会参与的主动性、参与程度与方式等与老年人的主体感受密切相关的因素。

二、老年人心理适应的表现

（一）自身总体价值实现的心理适应

1. 自我实现峰值出现在老年之前的心理适应

如果一个人自我实现的峰值出现在老年来临之前，那么其对于进入老年期伴随着社会角色中断而带来的自我价值的下降则可能有所预期。所以，对自我实现的心理调适一般能够较好地完成，心理适应性较好，心态平和，能够过上一种心理健康的生活。

2. 自我实现峰值出现在临老之时的心理适应

如果一个人自我实现峰值出现在临老之时，包含两种情况：一是个体自我价值实现一直处于上升状态；二是临老个体自我价值实现处于上升之势，但基本处于一个较高的平台之上。这种状态下的老年人基本能够达到心理适应，生活状态较为健康。

3. 自我实现峰值出现在老年后期的心理适应

此种对自我价值实现的认识往往不是来自外界，而是处于个体内在感受中。个体主观认为临老之前应该有自我实现的峰值到来，但是现实却未能达到，“人生断裂”带来的哀怨需要调适，否则，生活处于不健康状态。因此，老年人不要停留在对“人生断裂”的哀怨之上，而应该为迎接峰值的出现做准备而奋斗，表现为对事业和理想信念的追求，是“活到老干到老”的矢志不渝的精神。

（二）社会尊重程度降低的心理适应

随着衰老的加深，老年人能够付出的交换资源在减少、资源支配能力在下降，老年人的社会尊重程度也在相应发生改变。但是，老年人对被尊敬的需求并未减少。如何应对社会尊重的变化，是其适应状态的又一要求。

有一个词叫德高望重。我们之所以尊敬老年人，是因为老年人历经人世沧桑、饱受生活磨砺，思想练达，品德高尚，为人和善；是因为老年人对年轻人真诚关爱、倍加呵护、真诚帮助。尊敬老年人，尊敬的是品德，在尊敬的同时也是一种学习、一种传承。

个体的社会尊重需求是否得到满足是由个人直接感知的，借用“社会交换理论”的观点，老年人在社会互动中能否得到尊重与能付出的交换资源密切相关。在老年人的社会活动范围内，虽然可用于交换的资源数量在减少，老年人能够支配资源的能力在下降，但是，只要老年人以其品德、经验、对年轻人的帮助作为资源就能交换社会的尊重。

（三）交往类型变化的心理适应

人到老年，精力、体力、脑力等都有所下降，有的生活不能完全自理，希望得到更多的关心和照顾。人际交往是老年人克服心理失落、孤单甚至绝望的有效方式。

老年人的人际交往主要有三种类型：个体行为、家庭团聚、简单的社会交往。这三种交往主要活动空间为私密空间、半私密半公共空间、公共交往空间。进入老年期，无论哪种类型的交往，以悦己为目的的互动将成为老年人的主要交往形式。

如何适应这种老年人悦己交往？可以通过以下措施来实现。

1. 自己缩小社交圈。形成主要以情感、地域为主的社会交往圈，减少利益型交往，有利于老年人满足自我的精神需求。

2. 面对面交往的形式有利于老年人情感交流。面对面的邻里聊天、走亲访友、与子女谈天说地等交往形式，更容易实现老年人情感交流，达到精神愉悦的目的。

（四）安全性需求增长的心理适应

老年人在社会环境、自然环境、社区环境、家庭环境中形成的多层次的安全需求，是老年人正常的心理需求。表现为对养老、医疗保障、人身安全保障、居家设施安全、家庭成员照顾、社区服务、养老机构照顾的多元化安全需求，其中家庭环境安全是最为重要的。在安全性需求没有达到理想状态时，老年人关注的焦点是自身的安全受到了威胁——稳定的生活、免遭生理的痛苦和疾病的困扰、精神的健康愉悦、人身的安全等不断增长的需求得不到满足。对老年人来说，在外界条件一定的前提下，更重要的是意识到自我行为作用，通过强化自身能力具备正向的能量，是实现安全性需求满足的基础。

（五）老年人生理变化的心理适应

大部分老年人能够接受年龄增长带来的病痛和健康水平的变化。老年人接受身体的变化，习惯带病生存状态，并随着年龄增长而调整对自己健康的预期。应对疾病无疑是老年人的主要任务之一。老年期作为生命周期的最后阶段，需要解决的问题除了适应退休生活、重建人际关系外，接受身体变化、面对疾病和死亡是大多数老年人都要面对的。适应得好，老年人会获得自我完善感；解决得不好，就可能出现沮丧、疑心、孤独、恐惧、绝望等心理问题。

现实中，很多老年人对待疾病除了主观的认知态度，还有现实的困扰带来的心理担忧，如医疗负担、无人照顾等。因此，提高老年人对疾病的心理适应的社会支持是必要的。

总之，老年人面对疾病不在于患病本身，而在于老年人能够认识到如何更好地带病生存，以及社会、家庭支持带来的心理安全感。

走进老年期生活，死亡是心理适应不可回避的问题。经历了亲人离世、慢性病折磨或者失能的痛苦，老年人对于自己临终和死亡会有怎样的态度？做好心理准备了吗？

受到中国主流价值观的影响，中国老年人不太愿意谈及死亡。即便谈及，大多只讨论死亡之前的事情，包括：担心自己久卧病床既拖累子女，又没有生活质量；希望自己临终少受罪，能够有尊严地离开这个世界等。

所以，中国老年人对死亡的态度，基本上是设想自己在最后时刻都是有尊严、少痛苦、不拖累子女、较平静地离开。老年人只能从生者的角度看待死亡的价值。如果活着的价值大，而死亡意味着价值的终结，这样的死亡是具有负面性的，这是老年人对死亡的禁忌层面。如果老年人认为生命已失去意义，不论是身体的痛楚还是心灵的创伤，死亡可以终结这种痛苦，这样的死亡在老年人看来是具有正面价值的。

三、老年人心理健康的标准及实现

老年人保持年轻健康的心态，生活才会丰富多彩。对于老年人来说，心理健康是身体健康的基础。正如美国心理学家南希·艾森伯格所说："一旦基本生存需要得到保证后，心理健康在决定人们的生活质量中起着重要作用。"那么，如何评判老年人是否心理健康呢？

（一）理解心理健康

心理健康是一种良好的心理状态，在这种状态下，个体有安全感，有良好的自我状态，社会适应性良好，能与外部环境良好沟通。心理健康包括两层含义：一是与绝大多数人相比，其心理功能正常，无心理疾病；二是能积极调节自己的心理状态，顺应环境，建设性地发展完善自我，充分发挥自己的能力，过有效率的生活。

心理健康主要表现为情绪稳定、心理成熟两个方面。情绪稳定指人的情绪状态随外界（或内部）条件变化而产生波动的情况较小。对老年人来说，意味着较易控制自己的情绪。心理成熟是指在不同的环境中，具有作出正确的平衡和选择的能力。一般地，对于老年人来说，具有成熟的心理，意味着面对老年期的变化，具有一定的心理承受力、耐受力和适应性。

（二）老年人心理健康的标准

1. 有正常的感觉和知觉，有正常的思维，有良好的记忆

在判断事物时，基本准确，不发生错觉；在回忆往事时，记忆清晰，不发生大的遗漏；在分析问题时，条理清晰，不出现逻辑混乱；在回答问题时，能对答自如，不答非所问；在平时生活中，有比较丰富的想象力，并善于用想象力为自己设计一个奋斗目标。

2. 有健全的人格，情绪稳定，意志坚强

积极的情绪多于消极的情绪，能够正确评价自己和外界的事物，能够控制自己的行为，具有较少的盲目性和冲动性。意志力非常坚强，能经得起外界事物的强烈刺激。在悲痛时能找到发泄的方法，而不至于被悲痛所压倒。在欢乐时能有节制地欢欣鼓舞，而不是得意忘形和过分激动。遇到困难时，能沉着地运用自己的意志和经验去加以克服，而不是一味地唉声叹气或怨天尤人。

3. 有良好的人际关系，乐于帮助他人，也乐于接受他人的帮助

在家中与老伴、子女、儿媳、女婿、孙子、孙女、外甥等都能保持情感上的融洽，能得到家人发自内心的理解和尊重。在外面，与过去的朋友和现在结识的朋友都能保持良好的关系。对人不求全责备，不过分要求于人，对别人不是敌视态度，而从来都是以与人为善的态度出现。无论在正式群体内，还是在非正式群体内，都有集体荣誉感和社会责任感。

4. 能正确地认知社会，与大多数人的心理活动相一致

老年人能够理性地认识社会，如对社会的看法、对改革的态度、对国内外形势的分析、对社会道德伦理的认识等，都能与社会上大多数人的态度基本保持一致。如果不是这样，可能就存在着对社会接受程度不高，与时代前进的步伐不能同向同步。

5. 能保持正常的行为

能坚持正常的生活、工作、学习、娱乐等活动。一切行为符合自己在各种场合的身份和角色，不倚老卖老，自尊自重。

（三）实现老年人心理健康生活

1. 正确评估老年人的心理状况

掌握老年人心理活动特点和影响因素，正确评估其心理健康状况，对于

维护和促进老年人的身心健康、有的放矢地进行心理健康指导具有重要作用。

老年人心理健康评估的内容主要包括：

（1）认知评估。主要评估老年人的思维能力、语言能力和定向能力。主要通过智力状态评估量表进行评估。

（2）情绪情感评估。主要进行焦虑评估，可以通过询问与观察、汉密尔顿焦虑量表评估；抑郁评估，可以通过访谈与观察、评估量表进行评估。

（3）压力与应对评估。主要通过谈话与观察、评估量表进行评估。哈佛大学教授 Ellen Langer（1989）认为，正念是个体进行信息处理的方式，该方式使得个体对当前所体验的对象保持高度关注和敏锐性。Langer 和 Prison（2012）研究也表明，正念对老年人生理、心理、生活满意度等都有积极影响，其开发的正念量表可用于对老年人应对压力能力进行评估。

对老年人心理健康进行正确评估，首先，要做思想语言的交流，观察老年人认知情况和心理需求以及存在的心理问题。其次，结合评估量表进行心理状况的科学测量。最后，引入正念训练以及与之有关的“禅修”“冥想”练习，提升老年人的心灵健康水平。[①]

2. 了解老年人常见的心理需求

进入老年期，随着年龄的增长、机体的衰退，老年人心理的变化呈现出新的心理需求。

（1）健康需求。这是老年人普遍的心理状态。随着身体机能的日渐衰弱，各种病症逐渐增多，老年人对于疾病预防与治疗、健康生活的心理需求越来越强烈，甚至呈现出恐老、怕病、惧死的心理。

（2）工作需求。现代社会中，退休制导致一些老年人在离开工作岗位后会产生不适应，加之很多老年人身体健康状况良好，希望再次工作以体现自身价值的愿望强烈。因此，老年人再就业成为老年人实现积极老龄化的重要应对举措，也满足了老年人工作的心理需求。

（3）依存需求。进入老年期，人的精力、体力、脑力水平都有所下降，加之疾病的困扰，很多老年人希望得到社会的照顾、亲人的关爱，老有所依、老有所养，实现与社会、与他人积极和谐的相互依存关系。

---

① 郑敏，门成昊，王静．正念型领导与员工知识共享：员工积极情感与团队心理安全的作用［J］．科学学与科学技术管理，2023，44（5）：147－160.

（4）和睦需求。老年人对于家庭和睦、邻里关系融洽的心理需求较为强烈。在家庭中，家人之间和睦相处，子女孝顺；与邻居之间互帮互助，互相支持，老年人就会感到幸福与安全。

（5）安静需求。老年人一般都喜欢安静，怕吵怕闹。许多老年人既渴望与儿女相聚，但是儿孙到来时闹哄哄的情景又是很多老年人惧怕和烦恼的。随着体力、精力的下降，拥有一个安静的生活环境是老年人所期待的。

（6）支配需求。进入老年期之前，很多老年人承担着重要的社会职责，拥有社会支配权。在家庭中，也多为一家之主，掌握着家庭的支配权。但是，随着退休，老年人逐渐失去了社会支配权，在家庭中的经济地位也有所下降，家庭支配地位也受到影响。但是，这并不意味着老年人就放弃了支配权，拥有社会影响力、具有家庭重要地位的支配需求仍然是大多数老年人的强烈需求。

（7）尊重需求。很多退休的老年人可能会情绪低落、悲观，不愿意出门，其主要原因是个体对尊重的需求没有得到满足，长期下去会导致情绪抑郁甚至引发疾病。对于老年人来说，积极体现自身价值，是获得社会尊重和实现自我尊重的重要前提。

（8）求偶需求。随着配偶一方的离去，部分老年人会陷入孤单无依、生活无助的状态。如果子女不能给予照顾，老年人会有求偶需求。这不仅仅是生活上的相互照顾，更重要的是双方精神上的慰藉。

3. 帮助老年人改变观念

（1）保持积极的生活态度。人在其一生的成长过程中，一个阶段一个阶段地走过来，来到了老年，应该是高兴之事。生活中许多高龄老人拥有乐观积极的生活态度，其长寿就是实证。衰老本无法避免，人之暮年造就的种种心理落差亦无可厚非，但是积极的生活态度很重要，它可以让老年人精神愉悦、身体健康、家庭和睦，这是一种健康的生活状态。

（2）正确对待身体的变化与死亡。老年人对衰老要有正确的认识，明确衰老是一种正常的生理现象，没有人能够逃脱生老病死的自然规律。所以，要顺其自然，要以平和的心态对待衰老，不要抱怨。一旦出现病症，要积极寻求医生帮助，不要讳病忌医。面临人生的最后时光，要从恐惧的心理中解脱出来。可以通过回顾自己一生中有意义的事项，积极度过每一天，消除恐惧感。

4. 促进老年人脑体劳动适度

人体长寿的一个重要标志，就是脑力能够进行正常的运动，因为脑神经是否健康，会直接影响人体器官的一切活动。但是有很多老年人随着年龄的增长，很少让大脑进行充分的活动，这样就很容易加快老年人的衰老速度。所以，适当地动动脑，做些益智的小游戏，不仅可以延缓大脑的衰老，而且可以减少孤独感，愉悦心情。同时，老年人根据身体状况，适当地参加一些体力劳动，如做家务、体育锻炼等，可以放松心情，有利于心理健康。

5. 帮助老年人建立和睦的家庭

一个和睦幸福的家庭，一定是家庭关系融洽、家庭成员身体健康，这对老年人心理健康至关重要。对老年人来说，要建立和睦幸福的家庭，首先，要以身作则，以良好的品行做好家庭成员的榜样；其次，不要唠叨，与其他家庭成员相处时要少管闲事，不过于关注子女的事情；再次，性格要开朗，多交朋友，多出去走走，以乐观的态度影响家人；最后，要知足常乐，任何事情都要想开一些，不要过于计较小事。

6. 开展心理知识宣传工作，建立老年人心理档案，推动社区居民对心理健康的认识和重视。通过社区开展一些关爱老年人心理健康的活动，形成关爱老年人的社区氛围，有利于老年人心理问题的及时发现与纾解。

7. 开展团体辅导活动，提升老年人心理健康水平

老年人受慢性疾病、生活方式、家庭社会关系等方面因素的影响，普遍存在抑郁、焦虑、恐惧、紧张、固执、依赖、自闭、寂寞、孤独等负面情绪，严重影响心理健康。团体心理辅导是运用团体心理干预技术，通过团体内人际互动作用有效纠正心理问题。团体心理辅导是一个多向度心理沟通过程，对每位老人来说，存在多个影响源，老人在接受来自团体成员的帮助的同时，也可以成为帮助其他成员的力量；团体心理辅导是在单位时间内对几个老人进行辅导，可以节省大量时间和精力；在团体辅导过程中，老人之间相互支持、集思广益，共同探寻解决问题的方法，更有利于老年人主动性的发挥；团体心理辅导更有利于老年人表达正式生活状态，团体常常成为社区、家庭、生活场所的临时替代物。在充满着熟悉和信任的团体氛围中，通过提供、训练、模仿等方法，老年人可以学着用新的方式建立人际关系，缓解心理焦虑，并迁移到日常生活中。

【推荐阅读】

[1] 罗伯特·费尔德曼. 发展心理学：人的毕生发展[M]. 6版. 北京：世界图书出版公司，2013.

[2] 赵慧敏. 老年心理学[M]. 天津：天津大学出版社，2010.

[3] 向程. 圆满之道：中、老年人心理困惑与自我调适[M]. 重庆：重庆大学出版社，2013.

[4] 方新立. 老年积极心理学[M]. 天津：南开大学出版社，2014.

【随堂测试】

1. 多选题

(1) 你认为人进入老年期后，人格会发生哪些变化？(　　)

A. 疑虑感较重

B. 固执、爱唠叨

C. 怀旧

D. 老小孩

E. 依赖

F. 其他

(2) 老年人控制情绪的正确做法是(　　)。

A. 不过度沉浸于导致情绪变化的因素

B. 培养幽默感，做一个快乐的老人

C. 知足常乐

D. 包容大度

E. 万事讲究一个理，一定要明明白白

(3) 下列观点符合老年人脱离学说的有(　　)。

A. 身体逐渐衰弱是老年人脱离的生物基础

B. 老年人脱离可能由老年人自愿启动，也可能由社会启动

C. 老年人脱离有利于社会继承

D. 老年人脱离具有普遍性和不可避免性

(4) 老年人如何形成更积极的人际关系？(　　)

A. 与他人之间更积极主动地互动

B. 提高社交能力

C. 减少人际紧张体验

D. 将注意力从人际冲突方面转移

E. 强化个人的情感体验

2. 判断题

请回答以下问题，用“是”或“否”判断是否有老年意识：

(1) 记忆力是否比以前变差？

(2) 做事是否有力不从心的感觉且效率严重下降？

(3) 感情是否变得脆弱、容易伤感、常为小事发火？

(4) 是否突然感觉时间过得真快啊，一转眼一年又快过去了？

(5) 是否感觉精力、体力大不如前，体质下降，易得病？

(6) 是否针对一件事反复考虑且忍不住向别人抱怨？

(7) 是否愿意回忆从前的事情？

(8) 是否感觉周围人都不像以前那么重视自己了？

(9) 是否开始注重健康保健、饮食开始自律了？

【课后思考题】

1. 进入老年期后，老年人认知会发生怎样的变化？

2. 老年人具有怎样的人格类型？

3. 你认为导致老年人心理问题的原因有哪些？

4. 何谓老年意识？老年意识包括哪几个方面？

5. 老年人在哪几个方面存在心理适应问题？如何调整这几个方面的心理适应问题？

6. 如何理解心理健康？老年人心理健康的标准有哪些？

7. 如何提高老年人心理健康生活？

【关键术语】

衰老；行为学说；脱离学说；人生回顾；老年意识；心理适应；心理健康。

第五章　老年人社会生活的改变与调适

人口老龄化是社会发展的重要趋势，是人类文明进步的重要体现，也是我国今后较长一个时期的基本国情。老年人群体是社会的重要构成部分，老年期生活呈现复杂化状态，既有一般意义上的家庭生活，也有社会群体生活、组织生活及机构生活。随着老年生理状态、心理状态和社会参与方式的改变，老年人的社会生活也需要随之改变及调适，以适应新环境新要求。

第一节　老年人社会生活的理解

2021 年 11 月 18 日发布的《中共中央 国务院关于加强新时代老龄工作的意见》中，提出促进老年人社会参与——扩大老年教育资源供给，提升老年文化体育服务质量，鼓励老年人继续发挥作用。社会参与作为实现积极老龄化的三大支柱之一，旨在使老年人通过不断参与社会、经济、政治等活动，实现自身价值、提高生活质量。

一、理解老年人社会生活的内涵

老年人通过参与社会活动实现社会生活。老年人社会参与是积极老龄化的三大支柱之一，旨在让老年人融入社会，参与社会、经济、政治、文化、精神和公益事务等活动。联合国颁布的《2002 年马德里老龄问题国际行动计划》把老年人社会参与正式纳入积极老龄化发展战略，并将其作为 21 世纪应对人口老龄化的政策框架。国内学者对于老年人的社会参与进行了诸多研究，老年人的社会参与一般界定为 60 岁及以上人口在家庭、社区、社会层面所参与的有关经济、社会、政治和家庭等一系列正式和非正式的活动，并在参与的过程中发挥作用、实现个人价值①。老年人根据自己的能力和偏好，在一定的权利范围之内依据自身的角色与他人发生互动交流并实现既定参与价值的活动集合②。保障老年人社会参与是老年人力资源开发的重要路径③。老年人社会参与的形式多种多样，不管是实现再就业还是通过志愿服务，都是对老年人力资源的开发利用。

老年人社会生活，是指老年人因特有的生理、心理特点和社会角色转换所呈现的家庭生活、群体生活或组织生活的状态及其变化。这种生活状态受生理衰老、离退休后社会角色和人际交往范围的变化、失去亲人等因素的影响。

生理衰老意味着人体的九大系统会发生与年老有关的变化，比如老年人更容易患心血管疾病，视觉方面通常会有老花眼，肺功能减弱，可能更容易患肺炎。这些变化都会影响老年人的身体活动能力，一些老年人将难以从事重体力劳动，或者无法进行复杂的信息处理，生理衰老带来社会生活状态的不断改变。

按照角色理论，个人在经历老化过程所带来的变化时，会丧失象征中年的社会角色和社会关系。退休老年人从复杂的人际关系转为简单的角色模式，可能带来严重的心理失调。退休是人生的一个转折点，人扮演的角色也会发生冲突。如果不能调整适应角色变化和角色丧失带来的冲击，老年社会生活状态将受到极大的影响。

老年期的心理状态比较敏感，丧亲是老年阶段的重大问题。老年人在面对亲人死亡时更容易陷入抑郁、恐惧等心理状态，会改变老年人的观念和行为习惯。一部分老年人会陷入社会隔离，走向自我封闭，不愿意参与社会活动。脱离社会参与的老年人会面临身心压力，不利于老年人保持健康的生活状态。

---

① 张立媛，刘成斌．再就业对城镇离退休老年人心理健康的影响［J］．人口与经济，2022（3）：56－70.

② 汪然，李挺，李刚．中国老年人的社会参与模式及其对年龄认同的影响：基于2016 CLASS数据的实证分析［J］．人口与发展，2021，27（6）：151－161.

③ 雷晓康，王炫文，雷悦橙．城市低龄老年人再就业意愿的影响因素研究：基于西安市的个案访谈［J］．西安财经学院学报，2020，33（6）：102－109.

二、老年人社会生活的普遍原则

（一）老年人总是以少数群体参与社会活动

即便已经进入老龄社会，老年人在社会总人口中仍然是占少数的。截至2022年底，全国60岁及以上老年人口28004万人，占总人口的19.8%。由此可见，尽管我国老龄化程度不断加深，我国老年人口在人口总量中所占比重仍不超过20%。在全社会范围内，老年人群体仍属于少数人，这是否意味着老年人的生活总是受到占多数的其他群体的影响和控制？

答案是否定的。老年人群体在社会中不具备数量优势，这并不意味着老年人的生活总是受到占多数的其他群体的控制，只是表明年龄是社会成员用以给自己和他人下定义的关键性特征。传统上人们习惯于用实际年龄作为判断个体是否衰老的标准，然而，同一实际年龄的个体无论是在身心健康状况还是在参与社会活动的能力方面都存在较大差异，使用实际年龄作为老年人衰老的年龄标准已不合时宜①。

（二）在老年人口中，女性在数量上超过男性

根据《中国统计年鉴2022》中的数据，老年群体中，60岁及以上的女性数量多于男性，特别是65岁及以上群体中，女性数量明显多于男性。并且随着年龄的增长，性别比（女性=100）数值呈不断下降的趋势，年龄越大，女性相对于男性的数量越多。如表5-1所示。

表5-1 2021年我国老年人口年龄分布及性别比

年龄	人口数（人）		性别比（女=100）
	男	女	
60~64岁	35357	35399	99.88
65~69岁	39951	41394	96.51
70~74岁	27247	28962	94.08
75~79岁	16457	18429	89.30

① 冉东凡，吕学静．退休人口再就业决策的影响因素研究：基于中国健康与养老追踪调查数据［J］．社会保障研究，2020（2）：29-37.

续表

年龄	人口数（人）		性别比（女＝100）
	男	女	
80～84岁	10175	12368	82.27
85～89岁	5066	7252	69.86
90～94岁	1643	2606	63.07
95岁及以上	263	608	43.20

资料来源：《中国统计年鉴2022》。

女多男少的状况，使得老年人生活在面临一种状态——丧偶时，表现出的特点是寡居的老年人比鳏居的老年人多。从国家统计局公布的数据来看，2020年我国人口平均预期寿命为77.93岁，其中男性平均预期寿命为75.37岁，女性平均预期寿命为80.88岁，且女性预期寿命增速相比男性要高，这也导致近年来两者人均预期寿命差距逐渐被拉大，进一步加剧了老年人口中女多男少的局面。

（三）不同社会“老”的标签含义不同，但是，任何社会都有一个老年人角色期望丛，支配老年人社会交往

角色与社会地位相互关联，每个人在社会系统中扮演一定角色，周围的人也应按照一般模式对该角色提出符合其身份的要求和期望，这些要求和期望就是角色期望。每个人不止一种角色，社会学把多角色集中在一个人身上的现象称为角色丛。老年是人一生中重要的一部分，一切社会都承认老年人社会地位跟年轻人不同，这是社会的普遍性原则，是对老年人的普遍认识。

但是，不同社会对待老年人会有不同的特殊反应，“老”的标签是不一样的，老年人自身对“老”的界定和感知也不同。研究表明，实际年龄与老年人的年龄认同呈显著的负相关关系。随着年龄的增长，老年人的年龄认同逐渐降低；相比于受教育程度较低的老年人，受教育程度高的老年人年龄认同更高；与女性老年人相比，男性老年人年龄认同更高；与农村户籍老年人相比，城市户籍老年人年龄认同更高。在健康特征方面，健康状况越好的老年

人年龄认同越高[①]。各个社会都有不同的传统习俗、价值观念、法律规则等以与那些被视为老了的人进行交往。也就是说，支配老年人与其他人交往的是这个社会对老年人角色丛的期待。

（四）老年人的一个普遍性的趋势是转向体力消耗少的、指导性的或顾问性的角色

老年人生活明显的普遍性变化是退休，但是并不意味着社会生活的突然或完全停止，甚至在传统社会中，一些政治、司法和市民领导者的职位是专门留给年长者的，即便在工业社会知识垄断已不再可能，现代化对老年人的地位带来一定的负面影响，但老年人仍然在一些重要社会领域占据重要地位。

日本民间调查公司帝国数据银行从 1990 年起调查各公司社长的年龄情况。最新结果显示，2021 年日本大约 147 万家公司的社长平均年龄 60.3 岁，自开始这项调查以来连续 31 年刷新纪录。这 147 万家公司中，50～59 岁的社长占比最高，为 27.6%，其次是 60～69 岁，比例为 26.9%，70～79 岁的社长占 20.2%[②]。当代中国很多老年人仍然“老有所为”，拥有相当多的社会资源，是社会参与的一股重要力量。《“十四五”国家老龄事业发展和养老服务体系规划》提出，在全社会倡导积极老龄观，引导老年人根据自身情况，积极参与家庭、社区和社会发展。如在教育领域，从搭建优质教育平台，引导退休学者、专家在线授课，到开展高校银龄教师支援西部计划，组织优秀退休教师支教、支研，各地正不断创新参与方式，增加服务平台，帮助老年人实现老有所为，让老龄人口成为经济社会发展的新资源、新财富、新动力。随着老年人口数量的增多，其话语权、决策权也会相应增加。

（五）社会传统的规则规定了老年人与成年子女之间的相互义务，除非在极端情况下，这个总规则才会例外

父母对未成年子女负有抚养、教育和保护的义务；成年子女对父母负有

---

① 汪然，李挺，李刚．中国老年人的社会参与模式及其对年龄认同的影响：基于 2016 CLASS 数据的实证分析［J］．人口与发展，2021，27（6）：151－161.

② 北京日报客户端．老龄化严重！日本公司一把手平均年龄超 60 岁［EB/OL］（2022－04－04）．https://bj.bjd.com.cn/5b165687a010550e5ddc0e6a/contentShare/5b16573ae4b02a9fe2d558f9/AP624a88e3e4b0dd3a6021498b.html.

赡养、扶助和保护的义务。子女对父母履行赡养扶助义务，是对家庭和社会应尽的责任。根据《中华人民共和国宪法》第四十九条的规定，成年子女有赡养扶助父母的义务。《中华人民共和国老年人权益保障法》第十三条规定，老年人养老以居家为基础，家庭成员应当尊重、关心和照料老人。各社会对父母与成年子女的关系要求相差很大，但是即便在扩大式家庭从属于核心家庭的现代社会，也都有某种相互义务。除非在人类社会境况最悲惨的情况下，发生了社会无力处理的危机，如干旱、饥荒、瘟疫等把代与代之间的相互义务减少到最低限度，但这些义务是未被完全忘却的。

2020 年，新冠疫情在全球持续蔓延，截至 2020 年 3 月 19 日，意大利确诊病例达到 35713 例，死亡 2978 例。意大利是一个老龄化程度比较高的社会，所以在治疗上就更加困难一些，能够腾出用于收治新冠肺炎感染患者的床位并不多，最终导致了医疗系统的紧张和崩溃，死亡率开始大幅度飙升。无计可施的意大利医师学会甚至已经给出了最为极端的严重情况下的伦理学建议，就是当医院已经完全无力收治全部患者的时候，就要改变传统上的先到先得的床位占有方式，而应该把床位让给预期寿命更长的患者。因为老年人基础性疾病比较多，治疗起来较为困难，需要的时间会更长，所耗费的人力和物力也更多。由于床位和医疗用品的紧缺，意大利一线医护人员不得不“有选择性地”救助病人，放弃那些重症和占用医疗资源更多的老年患者。虽然这种极端情况在现代社会并不常见，甚至受到多数人的反对，但是在老龄化程度严重的西方国家，老年人作为最脆弱的一个群体，生存空间被挤压，生存机会被剥夺，直至成为社会的边缘人。

（六）大多数老年人能够适应年龄增长带来的变化，如果对生活失去信心，那是因为健康状况恶化、亲人离去或者其他特殊原因，而不仅仅是年龄本身

现代医学一般将 40 ~ 60 岁称为渐衰期，61 ~ 74 岁称为近老年期，75 ~ 89 岁称为老年期。衰老是生命发展的一个阶段，人的衰老是一个相对漫长的过程，人体大部分系统的老化是逐渐进行的，即使是突然发生的现象也是有迹可循的。从生物学规律来看，生命都有大致五个变化阶段，即诞生、成长、成熟、衰老、死亡。衰老是一个人的正常生理现象，每个人都会经历这个漫长的过程，头发会逐渐变白，皮肤渐渐松弛，目光不再那么明亮，记忆力日

渐减弱……就像花开花落一样，这是一个自然规律，任何人都无法改写生老病死的人生历程。老年人对于自己的衰老是有思想准备的，大部分老年人的心态比较平和，能够比较自然地完成从中年到老年的过渡。

但是，一些突发事件可能会对老年人带来巨大的打击，比如突发疾病或遭遇意外使老年人的健康状况急剧恶化，导致生活能力完全或大部分丧失，从健壮生活状态迅速转化为失能状态，加速了衰老进程。还有的老人在面对伴侣或子女遭遇不幸时，一夜之间可能就会满头白发，也是加快了正常的衰老速度。这些突然的变故会导致老年人的生活瞬间失衡，这些变化会引起老年人角色变化及角色丧失，如果不能及时进行角色调整和适应，可能就会让老年生活陷入困境。

三、老年人社会生活的类型

老年人社会生活是人类社会生活系统的重要组成部分。它以老年人的社会关系为纽带，在社会的经济、政治、文化、心理、环境诸因素综合作用下，形成一系列复杂的、多层次的老年人生活体系。

根据老年人社会生活场域的不同，一般把老年人社会生活划分为五个类型。

（一）老年人的家庭生活

家庭是由婚姻关系和血缘关系构成的，是社会上各种社会关系的特殊结合体。伴侣和家人是老年人最重要的支持源，尤其在家庭照顾方面，尽管家庭小型化、女性职业化及年轻人口高流动性等对家庭照顾带来一些挑战，但家庭养老仍是当前重要的养老方式。老年人的家庭生活需要一个宜居环境，而且要处理好家庭成员之间的关系，维护自己的权威和家庭地位，尽量避免代际隔阂。

（二）老年人的社区生活

无论是古代社会还是当代社会，人们总是在一定的地域空间内与他人共同生存与发展，这就是社会学研究中的社区现象。社区是老年人继续社会化的重要场所，也是老年人实现角色转换的重要缓冲地带。老年人可以在社区参与各类文体活动，在社区基层治理方面发挥自己的优势，还可以通过参与社区志愿服务等活动来实现个人价值。尤其在老龄化进程不断加快的背景下，低龄老人在社区助老为老服务方面发挥着越来越突出的作用，不仅提供了养老服务的人力资源，而且丰富了低龄老人的退休生活，提升了身心健康水平及个人价值感。

（三）老年人的群体生活

人类离不开群体生活，群体生活是人类的基本特征。老年人的群体包括老年人因业缘、志缘、趣缘、地缘、亲缘等形成的群体。通过老年基本社群活动，老年人可以满足社会生活的基本需求，比如生理需求、社交需求、个人尊严与价值等；可以调节老年人的精神生活，在社群生活中进行思想交流，参加娱乐活动有助于愉悦身心；社群的稳定对于维护社会稳定具有重要意义，有助于保持和传递社会文化，调节群体成员之间的关系并实现社会控制与社会稳定。

（四）老年人的组织生活

各类社会组织已经成为全部社会生活领域中占据主导地位的群体形式。现代社会中，属于老年人的各类组织更是得到蓬勃发展。老年人通过各类组织参与社会生活是体现老年人生命质量、生活价值的重要标志。比如，我国城市中由离退休老干部、老战士、老教授、老专家、老模范等组成的“五老”志愿者协会，协会成员活跃于志愿服务和公益活动，在关心教育下一代、助力乡村振兴、破解城乡社区治理难题、引领文明新风尚等方面发挥了显著作用。

（五）老年人的养老机构生活

养老机构是指依法办理登记，为老年人提供全日制集中住宿和照料护理服务的机构。老年人在养老机构中能够获得生活照料、康复护理、精神慰藉、文化娱乐等服务。老年人入住养老机构之后，可能会带来生活圈子缩小、远离原来的生活环境及邻里朋友圈子等情况，但是在养老机构中可以结识新的朋友，特别是一些志同道合的老伙伴，就会形成比较亲近的交往圈子。他们可以一起参加各种活动，也可以交流情感，相互陪伴。

第二节 老年人家庭生活

人一生下来就是家庭成员，每天跟家里人生活在一起。随着年龄的增长，家庭的情况会发生很大的变化，我们可以从学校毕业，但是我们永远不可能是家庭的毕业生；我们可以退休，但是我们却不能退离家庭。

家庭是我们社会生活相对稳定的情境之一，当然它也在不断地变化着。一方面，随着年龄增长，我们在家庭中占有的位置在不断变化；另一方面，家庭成员的构成也在持续地变化。尽管家庭中的亲属位置在变换，但是，在某些方面的家庭关系是保持不变的，如基本的亲属位置（父亲、母亲、儿女等）是相对不变的。随着家庭位置的改变，老年人的家庭生活也在发生着变化。

一、老年人家庭类型

家庭是社会的细胞，同时，家庭又是个人休养生息的场所。老年人家庭，是指以老年人为主的家庭。根据不同的划分标准，老年人家庭可以划分为不同的类型。

（一）按照家庭结构和规模划分

家庭结构是家庭中成员的构成及其相互作用、相互影响的状态，以及由这种状态形成的相对稳定的联系模式。家庭结构涉及两个方面的内容：一是家庭由多少人组成，即家庭规模大小；二是家庭成员之间怎样相互联系。不同家庭结构下的家庭生活具有不同的特质。

1. 核心家庭

核心家庭是指由老年夫妇（或一方）与未成年（未成家）的子女所构成的家庭。一个人生下来就进入了“家庭取向”，取向通常是由父亲、母亲和孩子构成。这种核心家庭的显著特征之一是其相对的短暂性。一般地，当一个典型的人达到了成年就会离开“家庭取向”的最后一个阶段（也就是原生家庭），通常不久就会进入“繁殖家庭”的第一个阶段，成为一个新的核心家庭的父亲或母亲。

但是，如果一对夫妻到了老年仍然与未成年或未婚子女组成核心家庭，实际上是一种家庭生命周期不正常的延长，未能实现由一个核心家庭向另一个核心家庭的转变。

老年人核心家庭包括过渡性核心老年人家庭和持续性核心老年人家庭两种状态。过渡性核心老年人家庭中，老年夫妇（或一方）仍为家庭主导，这类家庭的主要问题是子女的成家立业问题，老年人的养老反而不是最重要的问题；持续性核心老年人家庭，是老年夫妇（或一方）一直与未婚的子女生活在一起。如果未婚子女经济条件好或有自理能力，这类家庭将成为老年人的善终之所。①

2. 主干家庭

老年父母（或父母一方）与已婚子女及其他成员组成的家庭，家庭规模大于等于 3 人，包括完全主干老年人家庭和单老主干老年人家庭。完全主干老年人家庭生活主要是指老年夫妇双方健在，与一对已婚子女夫妇及其子女所构成的家庭，分为子从父母居、女从父母居、父母从子居、父母从女居四种情况。单老主干老年人家庭主要是指老年夫妇一方逝去，只有一人与一对已婚子女夫妇及其子女所构成的家庭，分为子从父（或母）居、女从父（或母）居、父（或母）从子居、父（或母）从女居四种情况。②

3. 联合家庭

以老年父母为主的多代家庭，家庭中有两个以上老年人和其他成员所构成的家庭。比如兄弟们各自结婚之后不分家，仍然与父母住在一起形成的大家庭。这种家庭类型是核心家庭同代横向扩展的结果，它突出表现为人口较多，关系较为复杂。

（二）按照家庭生命状态划分

1. 新婚期家庭

一对老年夫妻处于新婚状态的家庭，特点是初建、稳定、家庭关系较为简单。

---

① 蒋传和．当前中国老年家庭类型新探及问题指向［J］．安徽农业大学学报，2007，16（6）：72.

② 同①.

2. 育儿期家庭

一对老年夫妻与抚育的子女组成的家庭，与新婚期相比，育儿期的家庭成员增加，抚育子女的过程充满了挑战。特别是对于老年夫妻来说，体力、精力及心理方面都面临较大压力，家庭成员之间的关系更为复杂，老年父母在子女成长及教育等方面需要投入更多时间及精力。

3. 空巢期家庭

一对老年夫妻组成的家庭。此时孩子们逐渐长大并离开家庭，共同完成了抚育子女的任务，夫妻间的关系更为稳定，随着家庭成员的独立，夫妻二人有更多的时间和空间发展个人兴趣爱好。子女独立之后，家庭经济压力减轻，但是进入老年阶段，夫妻退休之后，家庭收入可能会减少。随着年龄的增长，老年人身体机能下降，空巢期家庭需要得到更多的关爱和照顾。

（三）按照家庭婚姻关系划分

1. 单亲家庭

年老的父亲（或母亲）一方与未婚子女组成的家庭，由于丧偶、离异、分居等原因导致构成家庭主体的成员不齐全的家庭。单亲家庭的类型，一般认为有丧偶式、离婚式、未婚式、分居式和独身式。丧偶式单亲家庭是因家庭内部配偶一方去世，另一方与未成年子女共同生活所形成。离婚式单亲家庭是夫妻双方经法定程序解除婚约，父母一方与未成年子女共同生活的家庭。未婚式单亲家庭是在未婚男女未办理法律手续同居后，所生的子女与父母一方共同生活，这种形式的单亲家庭以未婚母亲同非婚生子女共同生活较为常见。分居式单亲家庭是指仍保留夫妻名分，在一定程度上夫妻的权利、义务得以保留，但夫妻不共同居住在一起的家庭。①

2. 双亲家庭

老年父母与子女组成的家庭。《中华人民共和国民法典》（2020）规定，夫妻双方平等享有对未成年子女抚养、教育和保护的权利，共同承担对未成年子女抚养、教育和保护的义务。

3. 重组家庭

各自带着子女的老年男女组成的家庭。老年重组家庭关系比较复杂，关

① 刘鸿雁．单亲家庭研究综述［J］．人口研究，1998（2）：63－67.

于家庭财产分配、赡养方式等问题比较敏感，容易引发矛盾，父母与子女及继子女之间要加强沟通，相互尊重，充分信任，家庭关系才能比较和谐。

（四）按照家庭代际数划分

1. 一代家庭

只有老年夫妻（或只有老年夫或妻）组成的家庭，包括因故未能养育子女的家庭、丁克家庭、失独家庭及独居老年人家庭等。随着经济社会的发展，我国同一辈人居住或单身居住落户的情况日益增多，“一代户”比重不断上升。

2. 二代家庭

老年夫妻（或夫或妻一方）与子女组成的家庭。二代家庭包含两种类型。主干家庭，即父母（或父母一方）同一对已婚儿女组成的家庭；核心家庭，老年父母及未婚子女组成的家庭。

3. 三代家庭

老年夫妻（或夫或妻一方）与子女、孙子女组成的家庭。包括直系多老人家庭、旁系多老人家庭及“421”家庭。直系多老人的老年人家庭，是指各位老人之间具有直系关系的家庭。旁系多老人的老年人家庭，是指某些老人之间具有旁系关系，是男性老人或女性老人的鳏寡孤独的兄弟姊妹。“421”家庭，是指一对独生子女夫妇，生育一个子女，与各自的父母而形成的家庭。①

二、老年人家庭生活的时代变迁

家庭生活变迁主要是指随着社会发展进程，家庭生活不断发生变化，表现出一些新的趋势和特征。

伴随着中国工业化进程的老龄化和低生育率，中国家庭户老化速度快于人口老龄化速度，有老年人家庭户和纯老年人家庭户均明显增多。2000—2020 年，有老年人家庭户由 6839 万户、占 20.1% 增至 1.3 亿户、占 26.9%（具体数据参见表 5－2）；20 年间，纯老年人家庭户、独居老人家庭户和空巢

---

① 蒋传和．当前中国老年家庭类型新探及问题指向［J］．安徽农业大学学报，2007，11（6）：73.

老人家庭户分别增加了2.7倍、2.8倍和2.6倍①。

表5-2 家庭户老化趋势（2000—2020年）②

家庭户特征 / 普查年份	家庭户数量（户）			家庭户占比（%）		
	2000年	2010年	2020年	2000年	2010年	2020年
A. 有老年人家庭户	68393572	88036310	132865245	20.1	21.9	26.9
B. 纯老年人家庭户	15616371	27970195	57871437	4.6	7.0	11.8
B1. 独居老人家庭户	7835140	14439685	29938548	2.3	3.6	6.1
B2. 空巢老人家庭户	7781231	13530510	27932889	2.3	3.4	5.7
C. 全部家庭户	340491197	401934196	494157423	100.0	100.0	100.0

注：老年人是指年龄65岁及以上人口。

随着老年人家庭户的增多，老年人家庭生活开始受到社会关注。随着中国社会转型，传统社会结构分化带来家庭结构松散、人际关系疏离、传统家庭伦理迷失。但是，家庭生活仍然是老年人生活世界的中心，与家人的关系是决定老年人生存状态和生活质量的最重要因素。家庭生活的变化既是空间的、人际的变化，更是价值的、意义的变化③。

1. 传统家庭结构改变对老年人生活的影响

传统农业社会中，老年人常常生活在联合家庭中。在一个庞大的家庭中，老年人一般具有权威性，是家庭生活的控制者，其他家庭成员对老年人是服从和尊重的。当老年人生活不能自理时，一般由家庭成员进行赡养照顾。但是，在城市化和工业化的推进过程中，年轻人开始向城市、大城市流动，使得家庭规模变小。1953年，第一次全国人口普查数据显示，中国平均家庭户规模为4.33人，1982年为4.41人，1990年，中国平均家庭户规模首次降到4人以下，为3.96人，这种下降趋势一直持续到2014年，平均家庭户规模降至2.97人。2020年，第七次全国人口普查数据显示，中国平均家庭户规模为2.62人，相较于2010年第六次全国人口普查时的3.10人减少了0.48人，中

① 王磊．中国家庭结构变化及其政策意涵：对“人口规模巨大的现代化”的思考［J］．人口与发展，2023，29（1）：118－122＋111.

② 同①.

③ 李晶．老年人的生活世界［M］．北京：商务印书馆，2019.

国的家庭规模日益小型化。[①] 伴随着家庭规模缩小，家庭结构开始简化，原有的单一联合家庭开始表现出多样化，老年人家庭户类型更加多样化。具体地，老年人家庭结构类型有以下几种类型：核心家庭、直系家庭、独居家庭、残缺家庭、空巢家庭等。

现代工业社会发展，使得传统家庭制度在改变，老年人生活也受到较大影响。在传统的联合家庭中，子女承担着赡养父母的责任。但是，随着子女流动性加强，依赖子女生活的状态被打破。同时，传统的家庭伦理也受到挑战。老年夫妇之间相互依赖、彼此照顾成为主要的生活方式。而女儿在承担赡养老年人责任方面具有与儿子同样的义务，甚至发挥的作用越来越大。家庭小型化对家庭内部养老能力产生了明显的削弱作用。子女数量减少是家庭小型化的主要原因，这从一定程度上削弱了家庭养老能力。家庭多样化也表明存在一些养老能力相对较弱的家庭类型，特别是一些夫妇核心家庭、单人户家庭、单亲家庭、隔代家庭等。家庭空巢化表明越来越多的老年人处于空巢阶段，身边没有子女的照料。家庭流动化和分离化意味着家庭养老支持力量与老年人之间的分离。家庭变迁对家庭养老的冲击反映了家庭继续承担主要养老功能已经力不从心，迫切需要社会化的制度安排来为老年人提供养老支持，不断推动养老社会化。[②]

2. 新的家庭伦理观念改变着老年人家庭生活

与传统家庭伦理观念相比，现代社会家庭伦理的一个重要变化是个体独立意识的增强。在现代社会家庭中，老年人被寄予更大的独立生活的期望。由于子女与父母居住地的分离，加之工作和生活压力较大，子女能够为父母提供的照顾越来越少。同时，由于现代生活保障制度逐步完善，老年人经济上的独立性日益增强，老年人在身体健康状况较好时是可以独立生活的。当然，更多的老年人可能会选择到养老院生活。养老院生活看似与家庭生活关系不大，但是家庭成员关系也会影响到老年人的心理健康和精神生活，老年人与养老院中其他老人、护理员之间的关系也是家庭关系的映射。所以，老年人选择养老院生活既是家庭养老观念的转变，也是另一种新型的家庭生活方式。

---

① 麻国庆．当代中国家庭变迁：特征、趋势与展望［J］．人口研究，2023，47（1）：43－57.

② 林宝．中国家庭变迁与养老社会化［J］．人民论坛，2021（36）：62－65.

3. 夫妻关系将成为老年人家庭的主要关系

现代社会子女为老年人提供生活照料变得越来越困难。如果父母一方去世或因高龄、患病、失能而独自生活困难时，虽然大部分子女还是能够承担起照顾父母晚年生活的责任，但是配偶将成为他们的主要依靠。此时，老年人在家庭中常常扮演着老伴角色。老伴在经济支持、日常生活照料和精神慰藉等方面发挥着子女无法替代的作用。

总之，随着时代的变迁，老年人家庭生活无论在居住地、生活方式、家庭伦理观念还是家庭角色扮演上，都在经历着变化。

三、不同类型老年人家庭生活的适应

（一）单身老年人家庭生活

1. 单身老年人家庭的含义

单身老年人家庭，也称为孤老家庭，由单身老人独立支撑的家庭类型，是家庭结构演变的残存形式。随着老龄化进程的加快，单身老年人家庭的绝对数量也在增加，但是从相对数量来看，呈现出下降的趋势。浙江省的第七次人口普查统计数据显示，60 岁及以上的老年人口中，有配偶的比重为 77.86%，比浙江省第六次人口普查的 72.06%增加了 5.80 个百分点，丧偶比重为 19.54%，比浙江省第六次人口普查的 25.57%减少了 6.03 个百分点。这表明随着时代的发展、生活水平和医疗水平的提高，老年人口的晚年生活更趋美满。另外，男性老年人口有配偶的比例为 86.91%，高于女性老年人口的 69.02%，而丧偶比例为 9.02%，低于女性老年人口的 29.82%。究其原因，一方面是女性平均寿命较高，另一方面是因为男性老年人口再婚相对女性较为容易。[①]

2. 三种状态的单身老年人家庭生活

（1）绝对单身的老年人家庭

绝对单身的老年人家庭，是由未婚老人或无子女的离异或丧偶老人所维持的家庭。绝对单身的老年人，在生活中遇到困难或者身体出现不适的时候，

---

① 浙江省统计局．浙江省第七次人口普查系列分析之四：婚姻与家庭［EB/OL］（2022－07－22）．http://tjj.zj.gov.cn/art/2022/7/22/art_1229129214_4956145.html.

心理往往会更加脆弱，抗风险能力较弱。

在长春市湖西社区有一位80多岁的老人，老伴去世得早，没有儿女，独自一个人生活，身体还算硬朗。一次去医院探望朋友，看到老友因病痛苦不堪的情形，印在心里久久不忘。从那以后，老人每天郁郁寡欢，常感觉自己胸闷、喘不上气，怀疑自己的心、肺都出了毛病，到医院检查也没有大毛病。但是他寝食难安，身体也越来越差。

老人平时很少与邻里沟通，邻里们看老人家可怜，就时常帮助老年人买些菜，送一些生活用品。可是有一段时间邻居们几天都没有看到这位老人，以为老人出门了，直到邻居们发现老人家的门口传出恶臭味道才报警，原来老人已经死在家里几天了，因为独居没有被及时发现。

以上案例表明，在绝对单身的老年人家庭中，老年人面临着缺乏生活照顾、心里孤单等问题。老年人在提高自己独立生活能力的同时，也要主动寻求社区、邻里、政府的帮助与照顾。

（2）相对单身的老年人家庭

相对单身的老年人家庭，是指有子女甚至有配偶的老年人，因为关系严重不协调、生活习惯差异较大，或因其亲属在异地就业、居住，并因住房面积、位置、楼层等问题难以解决，而自撑门户所保留的家庭。

日本老年夫妻的“卒婚”生活是一种典型的相对单身的老年人家庭生活。所谓“卒婚”，就是维持着婚姻关系，但是夫妇二人相互不干扰对方、各自独立生活。在日本，人们的生活方式有越来越喜欢“孤独”的倾向，当出现这种情况时，人和人之间的关系形态就会变得很微妙。当一对夫妇迈入“熟年”，也就是中年、老年的阶段，人生的后半期里，孩子已经养大，迎来了退休的时候，他们会回顾自己前半生，并认真地思考剩下的日子，还要以家庭和对方为中心继续生活下去吗？有这种“反省”的日本人不在少数，因此出现了“卒婚”这种说法——从婚姻生活中毕业。日本一项调查结果显示，53%的女性和32%的男性都认同这种新的婚姻形态。

“卒婚”状态下的老年人生活面临一些困境：①生理照顾困难。一是患有慢性老年病的老人数量不断增加，慢性疾病有不可逆的并发症，需要终身治疗及护理。但是，“卒婚”状态下的老年人却无法获得来自配偶一方的照顾。二是老人行动迟缓或不便，常引发伤亡事故，如上下楼梯跌倒、用煤气时烧伤烫伤等。独自生活的老人在解决这些问题时只能依靠自己。三是日常起居需要有人提供卫生清扫、购物、洗衣、做饭等帮助。②心理问题。“卒婚”状态下的老年人常面临如下的心理问题。一是行为偏离，缺乏交流沟通使得性格病态处事认真的老年人变得固执生硬、急躁、孤僻；文雅清高的老年人变得不爱交际；性格随和的老年人发展成任性粗野等。二是孤独抑郁，独居老人有可能会出现孤独、压抑之感，情感日渐脆弱，会产生衰老和死亡的联想，导致自卑、烦躁、焦虑、多疑。三是失落依赖，生活单调、注意力无法转移时会产生内疚、负罪、失落和依赖，常常因为小事而抱憾终身。③经济困难。部分独居老人，因为个人的经济收入低，缺少家庭及子女给予的物质支持，对社会依赖性很强。

（3）形式单身的老年人家庭

形式单身的老年人家庭，是指那些只保存单身户籍形式，而老年人本身已经进入新的生活共同体的老年家庭。

“保姆式”同居是近几年比较流行的形式单身的老年人家庭类型之一。因为没有生育问题，老年人同居成本相对较低，而且正是因为在法律关系之外，反而减少了因结婚而带来的子女财产继承等纠纷。但是，同居的老年人也会产生新的纠纷与矛盾。为此，老年人在同居期间自己出资购买的物品要保留好相关的票据；购买比较贵重的物品，比如房子、车子时，要注意登记在自己名下。老年人最好能够提前立好遗嘱，避免出现遗产纠纷。

“结伴式”养老也是一种比较受老年人欢迎的家庭形式。由于市场需求可观，政府可通过社区老年公寓的建设满足老年人的需求。为了让老人不离开原地就能实现结伴养老，可以对一些老年人的原有住宅进行适老化改造，在改造时留出一间公共会客厅。在结构设计上要征求老年人的意见，并对那些愿意建老年公寓的建筑商提供税收优惠。

（二）空巢老年人家庭生活

1. 空巢老年人家庭

空巢老年人家庭，是指老年夫妇有半年以上不能与子女同吃同住的家庭，这是老年家庭衰变的过渡形式。随着家庭规模小型化、家庭结构核心化、家庭代际关系简单化，以及人口年龄结构的老龄化，老年家庭“空巢”现象明显。浙江省第七次人口普查数据显示，浙江省只有一对65岁及以上老人夫妇的家庭户为144.59万户，比2010年的74.13万户增长95.05%。65岁及以上的单身老人户为 147.52 万户，比 2010 年的 95.85 万户增长 53.91%。[①] 夫妻空巢主要发生在低龄老年人中，高龄、女性老年人面临更加严峻的独居空巢形势。当前，中国空巢老人规模近 1.5 亿，高龄独居空巢老人达 772 万人。2020 年，独居空巢老人约 67.79% 处于丧偶状态，近两成的独居空巢老人处于已婚状态，却没有和配偶同住，这可能是老年夫妻仅一方与子女随迁所致；另有约 5.54% 的独居空巢老人处于离婚状态，7.45% 的独居空巢老人处于未婚状态。当前，家庭赡养、社会保障和劳动收入已成为保障空巢老人晚年生活的三大支柱。空巢老人健康状况整体良好，夫妻空巢老人和独居空巢老人中分别有 89.89% 和 82.10% 自评健康状况为健康或基本健康，夫妻空巢老人自评健康状况整体更好，但仍有 235 万空巢老人生活不能自理。[②]

2. 三种状态下的空巢老人家庭生活

（1）绝对空巢的老年人家庭生活

绝对空巢的老年人家庭，是指由无子女的老年夫妇所构成的家庭。

绝对空巢的老年人家庭生活状态表现为：老年夫妇在生活上的相互照料、精神上的相互慰藉，使家庭生活表现出相对的和谐和安宁，而老年人所关注的问题则集中在丧偶之后的依靠问题。

丁克家庭就是一种典型的绝对空巢的老年人家庭。20 世纪 80 年代，丁克第一次传入中国，就受到一些知识分子的追捧。他们不想有孩子束缚自己的生活，尤其是年轻女子不想经历生育的痛苦，就选择成为丁克家庭。当时，他们不被人们所支持。如今 30 多年过去了，这批丁克家庭已步入晚年生活。丁克家庭不用抚养子女，他们具有更强的储蓄能力，及早进行规划能够为自我养老打下较坚实的物质基础。但是，丁克家庭也面临着家庭保障不足的困境，他们的晚年生活需要引起全社会的关注。

（2）相对空巢的老年人家庭生活

相对空巢的老年人家庭，是指拥有共同子女（亲子女、养子女、继子女）的老年夫妇所构成的家庭。

---

① 浙江省统计局．浙江省第七次人口普查系列分析之四：婚姻与家庭 [EB/OL]（2022-07-22）. http://tjj.zj.gov.cn/art/2022/7/22/art_1229129214_4956145.html.

② 陶涛，金光照，郭亚隆．中国老年家庭空巢化态势与空巢老年群体基本特征 [J]．人口研究，2023，47（1）：58-71.

相对空巢的老年人家庭生活状态常表现为：共同子女是老年夫妇的依靠对象，当老年夫妇在生活照料上可以相互扶持的时候，面临的最突出的问题是对共同子女的关注和要求子女对自己的精神、心理的支持；至于经济上的帮助，只有在老年夫妇缺乏基本生活保障的时候才会上升为第一位的问题。

相对空巢的老年人家庭不仅反映的是家庭养老功能弱化，而且反映了居住偏好、居住条件、代际关系等的变化。而这些变化终究反映的还是经济发展、社会进步综合作用的结果。相对空巢老年人的家庭生活有如下变化：

①居住距离。改革开放后，城市化的加速，人口流动加快，独生子女家庭的增多，居住分离使得空巢家庭成为迫不得已的选择。

②居住条件。随着经济发展，经济条件好的老人有自主支配权，有自己独立的居住环境，会选择与子女分开居住。

③代际关系。现代社会代际关系内在的伦理责任对子女的约束力在下降，老年人与子女共同居住的意愿与现实的反差是存在的。

④居住偏好。“有距离的亲密”是现代社会生活的时尚观念，反映了现代人独立、自主、自由的价值观。选择空巢家庭，是一种文化现象，是养老制度的一部分，是老年人追求生活质量的表现，也是经济自立、生活自理的证明。

总体来看，相对空巢老年人的家庭虽然不等于问题家庭，但是却属于风险家庭，必须建立起家庭预防风险机制。首先，把生活在相对空巢家庭中的老年人群体当作困难群体，尤其对高龄老人、病残老人、丧偶老人提供更多的环境支持，将他们作为重点人群给予人道主义关怀。其次，要针对这类家庭建立社区服务机制，通过社区提供家政服务、应急服务及情感服务。

（3）再生空巢的老年人家庭生活

再生空巢的老年人家庭，是指由非共同子女的老年夫妇所构成的家庭。再生空巢的老年人家庭生活状态表现为：此类家庭或由单身老人的再婚而构成，或由其他家庭形式分离转化而成，往往以协调与子女的关系为主要问题。甚至，一方亡故之后，另一方能否重回原来的家庭都是难以预料的。由于情感纠葛的存在，从子女中得到精神慰藉的需求将受到严重的压抑，老年再婚的家庭制约主要在此。

无论哪种类型的空巢老年人家庭，都意味着家庭代际关系发生了重要变化，就是父母与子女在居住空间上开始分离。这种分离不可避免地会导致老年人在生活上普遍存在经济供养、生活照料、医疗照护、精神孤独等问题。

（三）核心老年人家庭生活

1. 核心老年人家庭

核心老年人家庭，是指由老年夫妇（或一方）与未成年（未成家）的子女所构成的家庭。

一个人生下来就进入了“家庭取向”，取向通常是由父亲、母亲和孩子构成。这种核心家庭的显著特征之一，是其相对的短暂性。一般地，一个典型的人达到了成年就会离开“家庭取向”的最后一个阶段（也就是原生家庭），通常不久就会进入“繁殖家庭”的第一个阶段，成为一个新的核心家庭的父亲或母亲。但是，如果一对夫妻到了老年仍然与未成年或未婚子女组成核心家庭，实际上是一种家庭生命周期不正常的延长，未能实现由一个核心家庭向另一个核心家庭的转变。

家庭生命周期的概念很重要，因为它是研究老年人家庭关系变化的一个视角。

表 5－3 家庭生命周期

阶 段	起 始	结 束
①形成	结婚	第一个孩子的出生
②扩展	第一个孩子的出生	最后一个孩子的出生
③稳定	最后一个孩子的出生	第一个孩子离开父母家
④收缩	第一个孩子离开父母家	最后一个孩子离开父母家
⑤空巢	最后一个孩子离开父母家	配偶一方死亡
⑥解体	配偶一方死亡	配偶另一方死亡

家庭生命周期的计算是以孩子的年龄为中心的。每一个人一般在第二个阶段进入家庭取向，到第四个阶段离开家庭。如果一个人从“家庭取向”出走与其结婚的时间相吻合，那这个人会立即进入“繁殖家庭”的第一个阶段。这是假定一个人在家庭生命周期的运动情况和经历每一个阶段的生物年龄大体一致。如果在某一个阶段出现运动异常，就会导致家庭结构脱离生命周期的一般状态。

2. 两种状态的核心老年人家庭生活

（1）过渡性核心老年人家庭生活

此类家庭中，老年夫妇（一方）仍为家庭主导。老年夫妇若与未成年子女年龄相差过大，也会带来抚育问题以及代沟问题。其主要问题是子女的成长问题，而不是最终养老问题。比如，2019 年 10 月 25 日，山东省某市妇幼保健院内，67 岁高龄高危产妇田玲（化名）剖宫产下一个女孩。其丈夫黄先生表示，两人退休金很高、身体也不错，虽然已成年的一儿一女反对，他们有信心自己把孩子养大。其实，这对老年夫妻在高龄时孕育下一代并且组成核心家庭，这种家庭存续面临着更大的风险。老年人与未婚子女年龄相差过大，会带来家庭生活更多的问题。

①家庭矛盾激化。原有儿女的心理压力，担心自己的老父母是否能够抚养年幼的妹妹，多半这种生活上的压力都会放到他们身上，甚至是他们孩子身上，导致原有子女与老年人家庭产生矛盾。

②孩子抚养方式问题。现代社会不比过去，以前孩子都是放养，现在孩子都是圈养，珍贵得很，带孩子的方式远远不是几十年前那种有孩子一口饭就可以的年代了。社会信息更替飞快，老人们在教导孩子的方式上有可能脱离现代社会。

③老人体力和心力不足。年龄大的老年人带孩子出去玩，或者半夜孩子生病的时候动身去医院，在育儿过程中会出现各种情况，岁月不饶人，老年人力不从心。

④孩子成长过程中面临的巨大压力。当年幼的孩子上幼儿园的时候，甚至上中学、上大学的时候，别人的父母都是年轻充满朝气，而自己的父母是两位年迈的“爷爷奶奶”，可能会受到来自同学的压力。另外，可能年幼的孩子还没有成年，就可能承受对两位老人的养老问题。孩子在很小的时候就需要反过来替老两口操心了，其压力也很大。

（2）持续性核心老年人家庭生活

在持续性核心老年人家庭中，难以成家且难以自理的子女始终是老人的忧虑重点，最终需要社会帮助；有不再成家且有自理能力子女的家庭，将成为老人的善终之所，相对来说老年人养老的后顾之忧较弱。但是，不成家的子女将是老年人生活中最大的忧虑问题，老年人可能会干涉子女的生活，想方设法为子女“脱单”奔走。比如，城市公园的“相亲角”成为老年人社区新空间。许多老年人明知道相亲角为儿女相亲效率极低，却风雨无阻地坚持着。说明为子女找对象可能只是出外活动的理由，他们实际上需要的是社交。在相亲角可分享信息、生活经验、结交朋友，在这个层面上，相亲角的功能如同广场舞或政府的社区项目，能将家中老人“拉出来”活动。许多老人从相亲角得到相亲之外更大的社交满足，为儿女相亲已成为老年人私生活的一部分。

第三节　老年人社会群体生活

社会群体是人们通过直接的社会联系和心理沟通所结成的社会共同体。社会群体的特征包括群体成员交往活动的社会性、直接性、经常性或持续性及规范性。[①] 群体生活是人类的基本特征。群体可以满足人类生产、生活、安全、精神等方面的需要，人类必须结群而居。我们每个人都生活在一定的群体里。对于每一个人来说，不管他是年轻人，还是老年人，都有属于自己的群体，群体有大有小、有熟悉的有不熟悉的、有关系密切的有关系不密切的。研究老年人生活，我们就需要从老年人最了解的、最熟悉的、最密切的群体入手，研究老年人是怎样进入群体并在其中生活的。

一、老年人社会群体的辨析

（一）统计学和社会文化意义上的老年人群体

老年人群体，是指从全社会的角度探讨的全部老年人群，这具有人口统计学意义和社会文化学意义。以全部老年人口作为对象的研究将在人口老龄化问题中进行。据国家统计局发布的数据，截至 2022 年末，我国 60 岁及以上人口 28004 万人，占总人口的 19.8%；65 岁及以上人口 20978 万人，占总人口的 14.9%[②]。从统计学角度看，目前我国老年人群体规模占到总人口的近

---

① 刘祖云．论社会学中的群体范畴［J］．社会学研究，1986（3）：96－103.

② 国家统计局．中华人民共和国 2022 年国民经济和社会发展统计公报［EB/OL］（2023－02－28）．http://www.stats.gov.cn/sj/zxfb/202302/t20230228_1919011.html.

20%；从社会文化角度看，表明我国老龄化已经达到中等程度。

（二）不同规模的老年群体具有的统计学意义和社会文化意义

1. 老年群体数量及在总人口中的占比表明老龄化的程度

2007年，60岁及以上老龄人口达到1.53亿，表明我国已经进入老龄社会。据测算，预计“十四五”时期，60岁及以上老年人口总量将突破3亿，占比将超过20%，进入中度老龄化阶段。2035年左右，60岁及以上老年人口将突破4亿，在总人口中的占比将超过30%，进入重度老龄化阶段。[①] 我国老龄群体数量呈现不断增长趋势，老龄化程度在不断加深。

2. 老年群体数量与规模的增大造成社会问题

老年群体数量增加使得家庭养老、社会养老问题日益突出，社会经济负担加重。伴随人口老龄化进程加速，有老年人家庭户及纯老年人家庭户规模不断扩大，家庭及社会养老压力日趋明显。老年人口抚养比是指某一人口中老年人口数（指65岁及以上的老年人口）与劳动年龄人口数之比，用以表明每100名劳动年龄人口要负担多少名老年人。截至2021年末，老年人口抚养比为20.8%，[②] 比2012年的12.7%提高了8.1个百分点。从老年人口抚养比的统计数据看，我国老年抚养比急剧攀升，需要被照料的老年人规模不断扩大。

3. 中国传统孝文化受到挑战

随着老年人口的数量增加，家庭养老功能弱化，养老模式逐渐向社会化养老模式转变。家庭养老服务提供功能趋向弱化，家庭养老服务资源提供基础被削弱，老年人养老服务需求多元化，家庭养老功能变化生活照料功能弱化，基本医疗、康复护理难以提供，老年人精神关爱需求难以满足。[③] 随着家庭变迁，养老社会化是一个必然趋势，实现养老责任社会化、经济支持社会

---

① 网易．国家卫健委：“十四五”时期，60岁及以上老年人口将突破3亿占比超20%，进入中度老龄化阶段［EB/OL］（2023－02－28）．https://www.163.com/dy/article/HHN4DQUS0514A42S.html.

② 中华人民共和国政府．2021年度国家老龄事业发展公报［EB/OL］（2022－10－26）．https://www.gov.cn/xinwen/2022－10/26/content_5721786.htm.

③ 黄健元，常亚轻．家庭养老功能弱化了吗：基于经济与服务的双重考察［J］．社会保障评论，2020，4（2）：131－145.

化、养老服务社会化、社会环境适老化。[①] 随着工业化和城市化的飞速发展，年轻人正越来越多地流动到大城市，作为老年人扶持、赡养亲属的传统家庭的功能在弱化。同时，社会上对待年龄的态度也在改变，老年人的影响力在下降，其在家庭中的地位在降低，中国传统的以“孝”为中心的家庭文化正受到挑战。

4. 银发产业得到发展

社会产业结构发生调整，老龄产业将蓬勃发展，老龄产业的研发、运营和服务等将改变现有的产业结构。中国养老行业具有较为辽阔的发展前景，iiMedia Research（艾媒咨询）数据显示，2018—2027 年中国养老产业市场规模将呈现稳健增长态势，2018 年中国养老产业市场规模为 6.6 万亿元，2021 年达 8.8 万亿元，预计 2027 年将达到 21.1 万亿元。[②] “银发经济”拉动了众多行业的发展，包括乳业、服装、居家用品等方面，都将迎来新的发展。

5. 社会保障制度改革

社会保障制度调整，如实施延迟退休制度。2021 年 3 月 12 日公布的《中华人民共和国国民经济和社会发展第十四个五年规划和二〇三五年远景目标纲要》明确提出，按照“小步调整、弹性实施、分类推进、统筹兼顾”等原则，逐步延迟法定退休年龄。随着老龄化的日益加深，健全多层次社会保障体系，建立以长期护理保险制度为核心的基本养老服务制度，为老年人提供基本服务保障，是今后社会保障制度改革的方向和重要举措。

（三）社会意义上的老年人群体

1. 社会意义上的老年人群体的含义

社会意义上的老年人群体，是指与特定个体老年人社会生活相关的老年人群，也可以被称为“同辈群体”或“同侪群体”。同辈群体是由大体相同的社会地位且年龄相仿的一群人自发组织形成的关系亲密的首属群体，其成员通常在年龄、家庭背景、人生经历、经济地位、志趣爱好、文化程度等方

---

① 林宝．中国家庭变迁与养老社会化［J］．人民论坛，2021（36）：62－65.

② 搜狐．养老产业行业数据分析：2027 年中国养老产业市场规模将达 21.1 万亿元［EB/OL］（2023－01－10）．https://www.sohu.com/a/627684244_120205287.

面比较相近，他们交往频繁、自由、广泛，彼此间有着很大影响。[①]

2. 社会意义上的老年人群体的特点

（1）群体的目标以满足精神需求为主。老年人的精神生活不可缺少，友谊、情感、归属感等精神需求只有通过人与人的互动才能获得，通过参与同辈群体的各种活动，能够丰富老年人的生活，有助于满足老年人的精神需求。

（2）群体成员关系密切。群体共同语言以家庭、子女、养老、健康等话题为主。他们以生活中的彼此吸引为基础而结成关系紧密的同辈小群体。群体成员彼此有很深的感情和很强的人格吸引力，在一起能够相互愉悦，互相信任，互相尊重。

（3）交往形式以面对面互动为主。群体成员交往多通过面对面交往的形式进行，如聊天交流、跳舞、绘画、旅游等。老年人基于共同的兴趣爱好，通过参加一些兴趣团体或其他活动团体频繁互动，由此形成关系紧密的同辈群体。

（4）群体成员相对固定。比如距离邻近型同辈群体，主要是基于居住地点毗邻而结成，一般出现在同一个社区、同一个村落或者同一个街道。比如老街坊、老邻居等，他们以地缘为基础，可以结成关系密切的朋友圈或小群体。

3. 社会意义上的老年人群体的功能

（1）生活上的支持与帮助。当下，面对养老机构中照护人员不足、市场上照护服务人员专业化水平低、家庭中子女繁忙无暇顾及等问题，老年同辈群体会起到有效的弥补作用。当老年人身边缺乏家人陪护时，一旦疾病突发，同辈群体可以及时发现并提供帮助与支持。

（2）精神生活的调节器。老年人空闲时间多，参加同辈群体组织的团体，比如棋牌小组、广场舞团体等，都可以帮助他们充实生活，远离寂寞。在与同辈群体的相处中，老人不仅可以交流养生知识、健康信息，缓解身心压力，还可以收获情感体验，收获友谊、尊重与社会信任，从而重建自身的安全感。

（3）社会秩序的稳压阀。促进老年人再社会化，实现角色顺利转换。一方面，通过同辈群体内部互动，老年人能够更好地自我认知，较快地进行价值定位并找到自己的心理归属，平稳心态，接受自己地位的变化，从而实现角色的顺利转换；另一方面，与同辈群体的接触、交流和沟通，可以帮助老

---

① 赵立新．老年同辈群体对养老的支持范式［J］．广西社会科学，2017（9）：172－176.

人们跳出家庭的小圈子，学会到外部大环境中扮演新角色，实现老有所为，找回价值感。同时也有助于促进老年人融入社会，增强社会融入感。[①]

（四）生活意义上的老年人群体

1. 生活意义上的老年人群体的含义

生活意义上的老年人群体，是指与特定个体老年人生活有关的包含着非老成员的社会群体，如家庭、邻里。

作为生活主体的老年人，不仅处于个体生命历程之中，而且也处于家庭再生产过程之中。当个体逐渐由特定阶段的青年人、中年人转化为老年人，其所属的家庭会发生功能的改变和新形式的补充。

2. 老年人家庭功能的改变和新形式的补充

作为生活主体的老年人，不仅处于个体生命历程之中，而且也处于家庭再生产过程之中。老年人是由特定阶段的青年人、中年人逐渐转化而来，随着家庭再生产的展开，其作为家庭成员的身份逐渐更替。因此，“老化”不仅是随着个体自然生命推移的时间过程，而且深深地嵌入在家庭再生产的具体脉络中。

在传统社会中，父代“老化”的过程也是其逐渐走向家庭中心地位的过程，且随着子代形成新的家庭，老年人所属的家庭规模扩大，老年人家庭权威地位得到强化。

在现代社会中，父代“老化”的过程则是其逐渐走向底线生存、边缘地位和价值依附的过程。即扩大化家庭再生产不再以父代及其“老化”为核心，而是以子代家庭的成长和发展为核心，家庭再生产重心的转换意味着父代“老化”的过程在本质上成为其“学会做老人”的过程。也就是说，老年人“老化”的过程意味着新的核心家庭分离出原有家庭，而正是这种家庭再生产塑造了老年人角色和地位从中心到边缘、从主动到被动、从主导到依附的状态。

3. 生活意义上的老年人群体的特点

（1）老年家庭的特点

①老年家庭规模伴随着个体老化出现变小、扩大的趋势。老年家庭人口

---

① 赵立新. 老年同辈群体对养老的支持范式［J］. 广西社会科学，2017（9）：172－176.

规模伴随老龄化加深而变小，但是，随着老年人年龄增长规模也会有所增大。1990 年，65 岁及以上老年家庭人口规模为 3.96 人，到 2001 年下降至 3.42 人，随着老龄化进程的加快，老年家庭人口规模是逐渐缩小的。[①] 随着老年人年龄的增长，身体健康状况的下降，原本可以独立生活的老年人可能会选择重新与子女或者孙辈共同生活，家庭规模反而会扩大。

②老年夫妻关系较中年夫妻更为融洽，但也有争吵。在几十年的时间里，夫妻共同抚育子女、赡养老人，完成了许多人生大事之后，夫妻之间的感情会更加深厚。人到老年后，身心都发生可以理解的变化，如男性容易失眠、健忘，而女性则易怒、情绪不稳定等，如果双方能够相互包容和理解，老年夫妻关系会更为融洽。也有的夫妻会继续着年轻时的吵吵闹闹，相互嫌弃，到了老年阶段夫妻关系更加恶化，近年来老年人离婚率不断攀升，甚至八九十岁的老年人也有提出离婚诉求的。

③老年家庭中的代际关系互动减少，家庭养老观念转变。老年家庭结构的变化带来代际关系的新变化，如父代对已婚子代的过度扶持问题，独生子女家庭子女与父代的关系问题，以及单亲家庭、再婚重组家庭中的子女关系和代际关系等问题，有些老年人在处理婆媳关系、岳婿关系以及孙辈教育问题方面感到有压力，可能会造成家庭关系不够融洽。传统的孝亲观念淡化，随着工业化发展以及子女受教育程度的提升，老年人在家庭中的权威和地位有所下降，在家庭重大事项的决策方面，老年人的话语权有限，家庭关系趋向民主化。

④老年家庭功能萎缩，显性功能减少。老年家庭结构变化引发家庭教育、养老等功能的变化。随着经济社会的发展，已退休人员基本养老金不断提高，新型农村社会养老保险为农村老年人提供了稳定的养老金，老年人群体的收入普遍增加，老年人对子女物质援助的依赖性明显下降，家庭的经济功能下降；社区居家养老、互助养老等养老社会化发展也使家庭赡养老年人的投入减少，家庭养老功能也在弱化。当前老年家庭存在的主要功能有：一是相互照顾功能和娱乐功能；二是对孙辈的抚养、教育功能。

---

① 田雪原，等．老龄化：从“人口盈利”到“人口亏损”[M]．北京：中国经济出版社，2006.

（2）邻里的特点

①城市居住格局带来的邻里群体功能的弱化。城市社区居民的居住格局更注重个人隐私，“高楼冷漠症”比较普遍，邻里关系比较疏离，与传统乡村生活相比较，城市社区的邻里群体功能明显弱化。

②邻里互动以面对面为主。老年人之间的互动交流更倾向于面对面的交流而不是借助互联网实现，通过共同参与社区事务，加强与邻里之间的互动交流。

4. 未来生活意义上的老年人群体的发展趋势

（1）家庭的结构趋于小型化、核心化，老年人从其家庭中获得扶养的可能性下降。第七次全国人口普查数据显示，中国家庭户均规模为2.62人，比2010年减少0.48人。家庭户规模继续小型化，主要受我国人口流动日趋频繁、居民住房条件改善、户籍制度改革不到位、年轻人不婚不育观念等因素影响。

（2）家庭生命周期缩短，老人与子女互相依赖的经济关系弱化。家庭生命周期指一个家庭从其建立起，经过运动、变化，直到分裂出新的家庭，而本家庭灭亡的全过程，一般把家庭生命周期划分为形成、扩展、稳定、收缩、空巢与解体六个阶段。晚婚晚育、育龄妇女总和生育率下降等导致家庭生命周期缩短，老人与子女互相依赖的经济关系弱化。

（3）社区邻里群体的互助功能将得到发展。传统家庭养老功能的弱化，导致养老责任更多地转移到社区层面。社区居家养老已成为许多老年人首选的养老模式。特别是一些身体健康、家庭经济条件较好的低龄老人、空巢独居老人等特殊群体，可以发动政府、社区居民、社会组织等构建社区支持网络，通过自助互助提供社区照顾服务。

二、老年人既有社会群体生活

（一）老年人既有业缘群体生活辨析

1. 老年人既有业缘群体的定义

老年人既有业缘群体，是老年人基于职业和劳动形成的社会群体。在职业群体中，老年人一般具有权威性与职业经验丰富性。但是，如果退休后再就业，老年人一般很难正式加入劳动群体，其在群体中常常处于边缘化。

2. 老年人既有业缘群体的退出

由于退休或者劳动能力下降而从既有业缘群体中退出。退出意味着从原来熟悉的场景中脱离，可能会由于环境、节奏、任务目标的改变而带来生活的不适应，但更重要的是由于心理落差而导致的心态问题。人一旦退休，即失去声望的基础。首先职业角色中断，其原有的权利、义务、社会地位丧失；其次社会联系中断；最后社会对老年人合法权利的漠视。

退休之所以是个问题，并不是退休后生活质量变差，只是从原来熟悉的场景中脱离出来会产生诸多的不适应。尤其是从领导岗位上退下来，巨大的心理落差自然令人一时难以接受。不能适应的并不是环境、节奏、任务的转变，而是心态。

3. 退休是否意味着老年人既有业缘生活的终结

当个体进入老年、从职业岗位退出时，实际上是退出既有的业缘群体。但是，业缘关系在某些方面还可以存续，对老年生活还能起到支持作用。如同伴、师徒、战友、上下级等。但是，这些关系的支持作用，需要从原来的情感基础加以分析，同时受到空间距离、活动规律的制约。

在我国传统文化中有“一日为师，终身为父”的教导，有同生死共患难的患难之交。在计划经济体制下，实际的“单位所有制”，由于经济（供给）关系的持续，老年人与业缘群体的联系比较密切。而在市场经济条件下，职业流动性较大、养老保障社会化程度较高，对业缘群体依赖较少。

（二）老年人趣缘群体生活辨析

1. 老年人趣缘群体的定义

趣缘群体既是社会发展的产物，也是人们追求精神生活的结果，存在于各个年龄段的社会成员中。老年人趣缘群体，是因兴趣爱好相同而结成的老年人群体。

2. 老年趣缘群体的作用

人们因共同的兴趣爱好而聚集在一起，共同学习感兴趣的知识技能，在培养爱好中感受快乐、充实生命。老年人趣缘群体生活，由于趣缘群体的形成主要在于自发性和参与的娱乐性，因而这类群体里的生活外在约束较少，趣缘群体受到老年人的欢迎程度较高。参加趣缘群体可以显著地提升老年人精神需求的满足。比如，老年人参加社区舞蹈队、象棋小组等活动，不仅能够学到更多知识，提高自己的专业技能，而且能够结识更多志趣相投的老年朋友，丰富老年生活。

（三）老年人地缘群体生活辨析

1. 老年人地缘群体的定义

老年人地缘群体，是由于老年人居住地接近而形成群体。一般说来，老年人地缘群体中最基本的就是邻里、社区关系。地缘群体一般都有自己的行为规范，这对维持群体内部秩序的稳定有一定的权威作用。

2. 老年人地缘群体的城乡差异

城市和乡村中，老年人地缘群体生活有着较大的区别。在我国的社会生活中，农村的邻里比城市的邻里发挥着更重要的社会功能。

我国农村地区是典型的熟人社会，存在广泛的生产互助和生活互助。社区居民之间的关系多是由血缘、姻缘、地缘等相互叠加，互动频繁且深入，天然形成了邻里之间守望相助的情感、社会基础，传统的乡土观念和差序格局的社会结构为开展互助式的养老活动带来了先天便利。①

近几年，随着城市社区建设的推进，邻里之间关系淡化的现状有所改善。其中表现为老年人社区参与的回归趋势，主要是因为随着家庭关系和社会关系的逐渐后退，近距离的社区关系的重要性上升。从我国社会“差序格局”式的信任结构、城市居民对生活隐私的保护与社区邻里关系和谐之间的平衡动力来看，社区居民之间的交往和互动属于一种非亲密性关系式的“浅交往”。②

（四）老年人亲缘群体生活辨析

亲缘关系是人类在社会中建立的一种基本关系，通常是指人与人之间的血缘关系、婚姻关系和收养关系。亲缘关系是人与人之间最原始和最重要的联系，对个体和社会的发展具有至关重要的作用。老年人亲缘群体，包括由于血缘、姻亲、宗亲等关系形成的群体。其中与老年生活最直接、最密切的是家庭。

---

① 杨静慧．农村老人互助养老意愿及政策启示：基于江苏的实证研究［J］．兰州学刊，2020（4）：188－198.

② 张雪霖．城市社区邻里关系性质研究［J］．经济社会体制比较，2020，212（6）：83－91.

（五）老年人健缘群体生活辨析

1. 老年人健缘群体的定义

老年人健缘群体，主要是指由于老年人因为治疗保健等活动而结成的群体。它既包括因治疗而与一些医护人员结成的群体，也包括因康复与同类病友结成的群体。这是近些年在城市首先出现的新型群体类型。

2. 老年人健缘群体生活

由于老年人生理衰老、认知能力下降等原因，健缘群体对于老年人生活影响巨大，同类病友可以结成互助关系，能够相互帮助提供信息及情感支持，但是一些不良的健缘关系可能会带来危害，甚至会导致老年人生活的畸形发展状态。比如近年来经常见诸报端的各类保健品诈骗事件。2022 年 6 月，河北省衡水冀州警方成功破获利用“保健品”诈骗老年人钱财的系列案件，端掉 3 个窝点，抓获犯罪嫌疑人 14 人，查明衡水市桃城区、冀州区被骗老人千余名，涉案金额 600 余万元。此案也是河北省破获的首例利用“保健品”诈骗老年人的案件。[①]

不少老年人由于在健缘群体中重建了自己的社会关系，进而获得了积极的情绪，所以在自我评价中，会错觉自己因为保健品比从前更为健康，进而推动他们进一步购买。保健品消费并不应该仅仅被视为一种纯粹经济行为，这种消费行为的社会属性既是我们探索老年人保健品消费根源的重要因素，也是理解当代老年人生活现状的窗口。倘若无法解决庞大老年群体在社会中的隐形问题——感情无所依靠、人际关系薄弱、社会角色缺乏……他们或许还将继续捧起那些琳琅满目的药丸。

（六）老年人利缘群体生活辨析

1. 老年人利缘群体的定义

老年人利缘群体，主要是指通过互利关系而形成的群体。

2. 老年人利缘群体生活

在利缘群体中，老年人生活主要通过提供服务和接受服务形成互利，从而形成对老年生活的支持作用的互惠关系。

---

① 光明网，https://m. gmw. cn/baijia/2022 - 06/17/1303001927. html.

3. 老年人利缘群体类型

（1）提供供养和生活料理服务的利缘群体。如敬老院、福利院、老年公寓、老人日托站、老人食堂。

（2）提供医疗保健和康复服务的利缘群体。如老年人社区医疗保健服务中心、心理健康咨询机构。

（3）提供教育服务的利缘群体。如各类老年学校、老年大学。

（4）提供社会参与服务的利缘群体。如关心下一代组织、老年人协会、老年志愿者组织等。

（5）提供文体娱乐服务的利缘群体。如老年活动中心、各类文体机构、老年人旅游机构。

（6）提供其他方面服务的利缘群体。如老年人婚介所等。

上述分析的各种老年生活既有群体（业缘、志缘、趣缘、地缘、亲缘、健缘、利缘群体），对老年生活的全范围、全过程、全满意的支持是不可能的。各类群体在老年人生活内容、过程、程度、调节机制等方面各有自己的优势，发挥各自的影响作用。但是，又都有局限性。各类既有群体的影响以不同程度、不同范围的展现，丰富着老年人生活。

第四节　老年人组织生活

现代社会是高度组织化的社会，各类组织已经成为全部社会生活领域中占主导地位的群体形式。老年人社会组织生活既有别于老年人其他群体生活的特点、形式与内容，也有许多其他组织生活不同的特色。本节将围绕老年人参与组织这个主题来探讨老年人的生活。

一、老年人社会组织概述

老年人社会组织是多个不同学科领域共同关注的议题。在老年社会学领域，老年人社会组织更是老年人组织生活、老年人生理与健康、老年人心理与健康研究中重点关注的话题。

（一）社会组织与基本社群的区别

老年人社会组织作为本章节研究老年人组织生活重点关注的话题，在理解社会组织的基础上对老年社会组织进行精准概述，需要将与社会组织容易混淆的基本社群进行严格区分。

社会组织是人们为了达到特定的目标按照一定的制度、宗旨、系统建立起来的共同活动集体。其有着清楚的界限、明确的目标，内部实行明确的分工并确立了旨在协调成员活动的正式关系结构，比如政党、政府、企业、商店、工厂、公司、学校等。基本社群则是指基于统一的价值观，有着共同理想、共同追求和共同兴趣的人聚集而成的共同活动集体。社会组织与基本社群都作为共同活动集体，虽说有着很多的相似之处，但从两者的定义看，存在以下几点本质区别。

1. 目标不同

在目标上，基本社群目标往往不明确规定，且经常发生变化，具有不稳定、灵活性的特点；而社会组织有特定的目标和宗旨，一经制定不轻易改变，具有稳固性的特点。

2. 规模不同

在人数规模上，基本社群规模相对较小，一般情况下人数较少，其成员可以经常面对面互动交流；社会组织规模一般比基本社群大，更多的是选取代表进行交流互动。

3. 界限差异

在界限上，基本社群的界限往往模糊不清，常依赖于成员的情感认定；社会组织则有清楚的界限，成员的进出要履行一定的手续，且有明确的识别标志。

4. 分工不同

在内部分工上，基本社群内部分工不发达，且多为初级关系；社会组织内部分工发达且专业。

5. 内部结构不同

在内部结构上，基本社群内部结构相对不稳定；社会组织内部存在着稳定的关系结构。

（二）老年人社会组织

1. 老年人社会组织的定义

根据社会组织的定义，老年人社会组织是指依法设立的以老年工作为主要内容，以满足老年人需求为主要活动目标，或以老年人为参与主体的各类共同活动集体组织。如中国老龄问题全国委员会、各类老年社团、老年服务机构等。

2. 当代中国老年人社会组织的特点

在党和政府的大力支持及当前老年人社会需求不断上升的趋势下，当代中国老年人社会组织在不断地向前发展，在此过程中形成了政府的主导性、市场的导向性、管理的行政性、参与人员的不平衡性等特点。①

（1）政府的主导性

中国老年社会组织以“政府主导、政策扶持、社会参与和市场推动”的形式运行与发展着，其更多的是依靠政府的支持，例如由政府部门主办的社会福利院、敬老院、老年康复机构、护理院等，服务对象是“三无”老人、低收入老人、经济困难的老人，给予这类老年人免费养老服务。同时，基于中国庞大的老年人口基数，解决我国老年人生活日益出现老年社会生活需要与老年社会组织发展不平衡不充分的矛盾，政府的主导性发挥着巨大的作用。因应人口老龄化、社会民主化以及老年人社会生活发展的需要，老年社会组织在政府的主导下随之不断发展，促进社会发展的同时也大大提升了在社会中的影响力，越来越受到党和政府的高度重视。于2023年初印发的《党和国家机构改革方案》中就明确提出完善老龄工作体制，实施积极应对人口老龄化国家战略，推动实现全体老年人享有基本养老服务，将国家卫生健康委员会的组织拟定并协调落实应对人口老龄化政策措施、承担全国老龄工作委员会的具体工作等职责划入民政部。随着我国进入老龄化快速发展的阶段，国家日渐重视老年社会组织建设，老年社会组织在新时代这十年中取得了重大成就。虽说政府在老年人社会组织中具有主导性，但政府对老年人社会组织的政策支持力度不够大，我国政府仍旧对老年社会组织的发展心存顾虑，对老年社会组织的支持力度依旧不足，设立的准入标准高，大部分的村（居）

---

① 李伟旭．老年社会组织的发展状况及其路径［J］．新视野，2015（3）：112－116.

一级老年协会因经费问题，无法通过在民政部门注册来取得合法地位，一般只能以备案的形式挂靠在村（居）委会，为村（居）委会的内设组织，服务于老年人。

（2）市场的导向性

中国老年社会组织的市场导向性这一特点是由中国的国情所决定的，20世纪70年代以后，全世界人口老龄化加速，1999年中国进入老龄化社会，成为世界上老年人口最多的国家。[①] 但我国的老年社会组织还没达到市场化和规模化，这是由于我国老年社会组织不同于西方发达国家主要依靠市场并已发展成熟，形成了一套完备的老年服务市场体系。我国的老年市场社会组织起步低，政府提供的部分产品和服务不以市场规律运行，定价偏低，进一步压缩了老龄产业从业者的利润空间，使得老龄产业市场生存进一步困难，民间市场老年组织发育动力不足，较难在短时间内达到市场化、规模化。

（3）管理的行政性

老年社会组织在管理上具有浓厚的行政色彩，[②] 这是由于很多全国性的老年社会组织都是由退休的领导担任要职，省、市、县级的分支机构也是如此，处理事务的方式也与政府无异。老年社会组织过度行政化管理侵害了老年社会组织的自主性地位，遏制了社会组织的创新积极性。基于此，我国的老年社会组织在不断地推进法制化建设，以法制化思维代替行政化思维，推动老年社会组织的法制化进程。

（4）参与人员的不平衡性

老年人社会参与观念不强，实际参与老年社会组织活动的，主要是精英层面的老年群体，广大老年群众依旧游离于社会组织之外。即使是在媒体宣传层面也是强调老专家、老知识分子等少数老年人参与社会、服务社会，忽视广大老年人的集体参与。导致在老年社会组织的参与人员出现不平衡性，这一不平衡性也是由于老年社会组织的活动缺乏吸引力，广大老年群众不愿参与老年社会组织所形成的。[③]

---

① 郭清，黄元龙，汪胜．老年服务与管理概论［M］．杭州：浙江大学出版社，2015.

② 李伟旭．老年社会组织的发展状况及其路径［J］．新视野，2015（3）：112－116.

③ 同②.

（三）老年人社会组织的分类

老年人社会组织类型多种多样，下面将从老年人参与、资源类型、老年人工作类型、养老服务机构的性质及老年人工作团体的文化特性等五个方面对老年人社会组织进行分类。

1. 以老年人参与与否划分

可将老年人社会组织分为两类：一类由老年人为老年人服务，同时也为社会服务的社会团体；另一类由老年人之外的群体为老年人服务的社会组织。①

2. 以支持老年人的资源类型划分

可将老年人社会支持群体分为政府组织、非政府组织、企业。

（1）政府组织

政府组织支持老年人社会组织的资源主要是由政府提供，在政府的主导下运行与发展的社会组织，在中国老年社会组织中占多数。政府提供资源建立的老年人社会组织主要集中在老年人社会保障、养老、法律咨询与援助、心理咨询等领域。

（2）非政府组织

非政府组织支持的老年人社会组织主要包括研究机构、慈善团体、老年人活动团体、医疗机构、新闻媒体、老年志愿者团体等。这类组织可以为老年人提供的社会资源包括资金、知识、人力、社会舆论、个性化服务等。这些资源可以创造和改变老年人的日常生活。比如广东省广州市具有非政府性质的老年人社会组织有善爱老年人协会、老科技工作者协会、老教授协会、中国老龄事业发展基金会、中国老年协会等。

（3）企业

企业是以营利为目的的社会组织，但是其中一些企业仍然承担相应的社会责任。由企业支持老年人资源的社会组织相较于其他的老年人社会组织具有较强的营利性，也是企业通过以企业为单位对老年社会组织进行慈善捐款、提供资源来提高企业社会形象的途径。企业通过发展银发产业，不仅可以获利，还可以为老年人提供多元化的服务，满足老年人的需求，弥补政府资源

---

① 邬沧萍．社会老年学［M］．北京：中国人民大学出版社，1999.

的不足。如企业兴办各类养老机构，通过市场化经营，满足不同群体老年人的养老需求；企业兴办各类老年兴趣学习班，满足老年人的学习兴趣与要求，丰富老年人的精神生活。

3. 以老年人工作类型划分

可将老年人社会组织划分为四类：

（1）老年社会行政组织

老年社会行政组织是指各级各类对老年人工作进行行政指导与管理的社会组织，如全国老龄委、民政部门、老干部局、离退休职工管理委员会。

（2）老年社会团体

老年社会团体是指以老龄工作为主要内容，以老年人需求为主要活动目的，或以老年人为活动的参与主体的非政府性质的社会组织。[①] 如各类专业协会、各类公益组织、经营性组织、文体组织。

（3）老年社会服务组织

老年社会服务组织是指为老年人提供各类服务的社会组织。如福利院、敬老院、干休所、老年公寓、老年康复中心、社区老年活动中心。其为老年人提供服务，既有市场化服务形式，也有社会福利服务形式。

（4）专业技术和自我服务性质的老年组织

专业技术和自我服务性质的老年组织，既包含老年人自我组织、自我管理的自治组织，如各类协会；也包含自发组织起来的服务性组织和专业性组织，如科技推广协会、法律咨询服务、医师志愿服务等。

4. 以养老服务机构性质划分

以养老服务机构性质划分的老年社会组织有老年福利院、养老院、老年公寓、养护院、敬老院、医养中心、托老所、老年服务中心等，本章的下一节会详细阐述。

5. 以老年人工作团体的文化特性划分

可将老年人社会组织分为：

（1）志愿团体（如社会工作机构、心理咨询机构等）。

（2）治疗团体（如治疗小组：医生、社会工作者、成员）。

（3）社交康乐教育团体。

---

① 邬沧萍．社会老年学［M］．北京：中国人民大学出版社，1999.

（4）服务团体。

（5）护老者团体（如家庭成员与社会工作者成立的团体）。[①]

二、老年服务类经济组织及其对老年人生活的影响

自人类社会产生开始，老年服务就已存在，以满足老年人物质生活和精神生活的基本需求。随着全世界人口老龄化的加速，我国成为世界上老年人口最多的国家，老年服务社会需求量大增。在社会分工不断细化的背景下，老年服务类经济组织得到快速发展，产生老年餐桌和家政服务、医疗卫生服务、康复护理服务、精神文化服务等服务类经济组织，以满足老年人日益增长的物质生活和精神文化生活。下面将详细阐述这些不同服务类经济组织对老年人生活的影响。

（一）老年餐桌和家政服务类经济组织对老年人生活的影响

老年餐桌和家政服务类经济组织已经成为高龄老人，特别是高龄空巢老人的生活管家。

1. 保证老年人生活上衣食无忧

中国老龄科学研究中心的调查数据显示，城市老年人需要家政服务和老年餐桌的比例分别高达58.0%和49.0%，明显高于农村地区。特别是城市空巢老年人对家政服务和老年餐桌的需求比例更高，北京空巢老年人需要上门送餐的比例达44.6%，需要家政服务的比例达56.1%。在这样的国情下，老年餐桌和家政服务是城市家庭，尤其是居家养老家庭的迫切需求，同时伴随高龄、独居空巢、失能半失能等弱势老年人的快速增长，居家养老领域必将产生更多的老年餐桌和家政服务需求。老年餐桌和家政服务类经济组织在老年生活中扮演着日益重要的角色，让老年人的一日三餐能够得到保障。例如，北京什刹海居家养老配餐中心，十年坚守，让失能、半失能老人也能吃到营养套餐。

当前，在“互联网+”的推动下，老年餐桌与家政服务类经济组织积极从传统模式转型，推动了居家养老服务业的发展。一方面，家政行业领军企业整合上下游资源，采用线上和线下结合的O2O模式为老年人提供服务，如

---

① 邬沧萍．社会老年学［M］．北京：中国人民大学出版社，1999.

北京95081家庭服务中心推出家政O2O平台——管家帮，整合“家政服务”、“营养服务”和“健康服务”三大品类，推出“一站式”养老服务解决方案，获得市场的认可；另一方面，新兴互联网家政服务平台也开始在养老服务领域进行积极探索，在信息技术支持下，许多线上服务产品也在不断地将老年人作为重要的消费对象，把服务和在家老人、居住在机构的老人需求衔接起来，以提高服务的有效性和针对性。[①] 如北京同和居饭店在外卖上也考虑到老年人的需求，为腿脚不便或有需求的老年人提供适合老人的外卖餐饮服务。

2. 保证老年人获得丰富、充实的精神世界

家政服务类经济组织的服务人员持有效健康证明，接受相关专业知识和技能培训后持有行业认证的证书上岗，为老人提供助行服务、相谈服务。[②] 所谓助行服务是指陪同客户散步和陪同外出，相谈服务顾名思义就是跟老人谈心交流和为他们读书读报等，能够有效地舒缓老人的心情、排解孤独，使老年人不再由于行动不便困在自己的房间里，有效地帮助老人丰富、充实精神世界，获取精神慰藉，形成健康的精神状态。

（二）医疗卫生服务类经济组织对老年人生活的影响

医疗卫生服务类经济组织主要包括社会化医疗机构、社区医疗中心、医疗机构、健康保险机构、健身俱乐部、体检中心等。通过发展各类医疗卫生服务类经济组织，形成老年人健康服务组织系统化发展，逐渐成为老年人身边的健康管家。

1. 帮助老人预防提前衰老，降低疾病风险，养成健康的生活方式

中国发展研究基金会“北京市老龄产业发展状况”项目的调查数据显示，86.2%的受访者认为体检对健康有正面影响；60.3%的受访者在2011年进行过体检，平均体检次数为1.06次；在体检花费上，老年人计划花在一次体检上的费用平均为641.7元。2020年，北京市50岁以上的中老年人体检市场规模为91亿元左右。如果推算至全国，中老年人体检的潜在市场规模将更加巨大。体检是预防提前衰老、降低疾病风险、养成健康生活方式的有效途径。这是因为老年期衰老所带来的健康变化，老年群体对医疗服务资源的依赖性

---

① 郭清，黄元龙，汪胜．老年服务与管理概论［M］．杭州：浙江大学出版社，2015.

② 同①.

比任何年龄组群体都要大。一方面，老年期身体衰老本身会削弱老年人的身体健康素质，老年人所带疾病数量比其他任何年龄群体都要多且较难医治；另一方面，随着当前“将老未老”人群逐步进入老年阶段，未来一个时期，老年人的医养需求不仅将快速增长，而且越来越趋向多元化。较之当前的老年人，“将老未老”人群在生命周期中生活环境变化更加剧烈，疾病风险更加复杂，不健康的生活方式更加普遍，加上社会压力增加，环境污染加重，面临着较为严峻的健康风险①。为了防范健康风险，人们通常通过体检来了解自身的健康状况，老年人对于体检的需求更大。医疗卫生服务类经济组织满足老年群体对医疗服务资源的依赖性，通过体检中心每年进行体检，获得体检报告，获取健康的生活方式，可以有效地降低疾病风险。

2. 全方位保障老年人生理健康，获得健康的精神状态

为了满足老年人日益增长的对医疗卫生服务类经济组织的需求，我国的医疗机构在不断扩大规模的同时，也在积极改革传统医疗服务方式，借助互联网、大数据等新技术，建立新型的医疗卫生服务类经济组织模式。如社区医疗机构主要采取线上线下同步的方式，通过签约医生护士、专业护理师，联系志愿者或实习生、老年人子女，为老人提供健康护理、基础医疗、精神慰藉、体检在线咨询等医疗保健服务。科技赋新能，大力提升老年生活医疗机构服务质量，保证老年生活医疗服务数量与质量同步发展，保障老年人在身体上与精神上获得健康发展。

（三）康复护理服务类经济组织对老年人生活的影响

康复护理服务类经济组织是指为老年伤残人士或可能伤残人士提供的以达到、恢复或维持最佳的身体、感官、智力、心理和社会功能水平的康复服务以及为需要长期照护患者提供的以减轻疼痛、减少健康状况恶化的专业化护理服务的社会组织。这类组织将逐渐成为老年人中的特殊人群不可缺少的生活保障。

1. 帮助特殊老年人恢复自我生活能力，重新走向社会，提高生活质量

康复是指综合地、协调地应用医学的、教育的、社会的、职业的各种方

---

① 葛延风，王列军，冯文猛，等．我国健康老龄化的挑战与策略选择［J］．管理世界，2020，36（4）：86－96.

法，使功能性障碍者已经丧失的功能尽快地、尽最大可能地得到恢复和重建，使他们在体格上、精神上、社会上和经济上的能力得到尽可能的恢复，使他们重新走向生活，重新走向社会，提高生活质量。[①] 研究证明，通过感觉刺激、功能康复训练及学习可修复大脑相应皮层代表区的功能，也可对脑损伤的适应性进行调整。康复治疗是经医学证实的降低致残率最有效的方法之一，建议老年伤残人士或可能伤残人士应尽早进行康复治疗，并且需要全程、全面、系统地持续进行。对于疾病急性期，尽早开始康复治疗服务，可预防相关并发症。如防止脑卒中偏瘫后出现的肩痛、肩关节脱位、关节挛缩、骨质疏松，避免卧床后的失用性综合征等。对于疾病恢复期，即使某些疾病已造成残疾，亦可采用综合康复治疗服务措施，帮助老人发挥自身潜力，进行病残的代偿训练以增强功能，避免因运动减少而造成的并发症或继发障碍，从而改变无功能生命状态，降低残疾程度，减少社会和家庭的经济和人力负担。对于急症期后的老年人或长期卧床的老年人，养老护理人员、照护者或家属对其进行被动运动训练，防止发生废用性萎缩，使老人尽可能恢复自我生活能力。

2. 帮助老人预防老年疾病与残障，提高失能、半失能老人生活自理能力

基于我国人口结构发展趋势预测，2022 年我国老龄化率将达到 14%，进入深度老龄化社会；到 2030 年前后老龄化率将达到 20%，进入超级老龄化社会。随着人口老龄化和老年人口高龄化不断上升，我国失能、半失能老人规模及其比例将由 2020 年的 4564 万人和 17.11% 上升到 2030 年的 6953 万人和 17.44%，至 2050 年进一步上升到 12606 万人和 22%[②]。基于这样的国情，提高失能、半失能老年人对养老机构生活照料、康复、护理和紧急救援等社会组织服务的依赖，以减少其对家庭带来的经济和人力负担。随着老龄化的加剧、人均寿命的延长，高龄人群罹患疾病和丧失生活能力的概率也会随之提升，康复治疗服务的需求也将不断上涨。基于此，为了提高老年人的生活自理能力，提升生活质量，预防老年疾病和残障，需要政府加大资金投入，完

---

① 江苏民康老年服务中心．养老机构服务与管理实务［M］．南京：东南大学出版社，2017.

② 李建伟，吉文桥，钱诚．我国人口深度老龄化与老年照护服务需求发展趋势［J］．改革，2022（2）：1－21.

善康复治疗服务相关政策；将康复治疗服务引入市场，增添市场活力，保证康复产业市场化、规模化发展；建设好一支高质量专业康复护理人员队伍，以切实保证老年康复护理的专业性。

（四）精神文化服务类经济组织对老年人生活的影响

精神文化服务类经济组织在这里主要是指依法设立、生产、销售满足老年人精神文化需求产品的独立经济组织，例如旅游公司、老年文体学校等。这类组织提供的服务与产品对于缓解中老年人更年期综合征症状，改善睡眠，促进中老年人身心健康，疏解退休失落感，丰富精神生活发挥着重要作用，正在逐渐成为孤独老人、追求更高精神文化生活老年人的精神文化服务管家。

1. 增强老年人的生活满意度

现代社会中，越来越多的老年人与子女分离，长期处于缺乏子女的陪伴与关怀状态，导致他们孤独寂寞进而对生活产生不满意。相较于非空巢老人，空巢老人的生活满意度更低。旅游公司为老年人提供适合的旅游产品与服务，让老年人具有了逃离、休息、陪伴和回忆以及失去配偶后重新找回自我认同的机会，同时愉悦的旅游体验可以提高老年人的生活满意度。中国发展研究基金会“北京市老龄产业发展状况”项目的调查数据显示，有40.2%的被访老年人在受访年度外出旅游过，有超过60%的老年人表示以后还会去旅游。可见，绝大多数的老年人是喜爱像旅游这类的精神文化经济类组织的。它让老年人的生活从家庭及周围的环境这个小圈子扩展到老年文体组织、老年旅游团等较大圈子中，让老年人的生活重新焕发光彩，丰富晚年生活。精神文化服务类经济组织在各个方面满足老年人的精神文化需求，提高了老年人的生活满意度。

2. 拥有更高水平的老龄幸福感

老年人群体在经济能力、休假需求、身心健康等条件下，适当参与户外休闲或旅游活动，不仅能放松身心，还可促进老人们的身心健康。拥有积极的旅行体验比被动地应对衰老更加重要，旅游活动帮助老年人培养年轻的精神，建立有魅力的群体形象，获得和谐情感的亲密关系，拥有更高水平的老龄幸福感。老年人在旅游中可以获取新知识和建立新的人际关系，在晚年生活中有了新的生活方向，不再拘泥于成为子女家庭的边缘群体，或者每天重复着买菜、煮饭、接送孙辈等琐碎事务，或是由于上述事务而加快或加剧老年人慢性疾病的发生，从而降低老年人生活幸福感。

三、老年人所属组织及其对老年人生活的影响

（一）老年人所属组织定义

老年人所属组织是指保留和接纳老年成员的组织，在其定义上范围较大，主要有政治组织、学术专业组织、文化组织、企业等。

（二）老年人所属组织对其生活的影响

1. 增强老年人的凝聚力

老年人生活状况如何，在一定程度上受到他们所属的组织的影响。如果老年人把自己视为某一组织的成员，团结组织其他成员共同支持某项事业或和自己有关的事情，那么他就会更有力量。如老年人政治组织通过开展各类政治活动，不但让老年人保持政治敏锐性，而且让老年人能够更好地融入社会。

2. 改善老年人的心理状态

老年人在属于自己的组织里能够自在地与周围的人交流沟通。大家有着差不多的年龄、忧愁、生活方式、兴趣爱好等，遇到麻烦在所属组织里可以自由地交谈，获取一些建议，在这种环境下能够积极改善老年人的心理状态，养成健康的心理。例如学术专业组织里大家都是某方面的老学术专家，有着丰富的学识，可以畅所欲言，甚至可以一起合作再创造，互帮互助一起进行学术研究。在这里所进行的学术研究更多的是兴趣，不受工作的束缚，能碰撞出更好的火花。再如文化组织，尤其是在乡村地区所组成的文化组织能更好地排解农村老人的孤独感，重新唤起农村老人生活的热情。比如在村里建设一个老人文化活动中心，里面具备相应的运动器材、阅读书籍、艺术设备等，可以满足农村老年人的文化需求。

3. 提高老年人的社会归属感

现代化的力量就像一把巨大的铁锤，无所顾忌地砸向所有旧的社区机构——氏族、村庄、部落、地区……[①]以血缘、姻缘和地缘为基础的纽带被割

① 大卫·雷·格里芬. 后现代精神［M］. 北京：中央编译出版社，1998.

断，情感化的交往被代之以中立化的契约关系。生老病死于其中的温情脉脉的共同体被代之以具有高度陌生感的社会乃至世界。[①] 在现代化社会里，老年人尤其是农村的老年人与子女的血缘、地缘的纽带不断地被割断。许多年轻人涌向大城市，老年人成为空巢老人，不断削弱老人对家庭、社区等的归属感。而老年人所属组织将这些老人聚集在一起，形成一个新的团体，通过各种各样的社会活动或组织活动，如娱乐、体育、旅游等，有助于身心健康，丰富社会交往，切实增强老年人的社会归属感。[②]

四、老年人自组织及其对老年人生活的影响

（一）什么是自组织

自组织，在社会科学中也被称为自发秩序，是一种起源于初始无序系统的部分元素之间的局部相互作用所产生出某种形式的整体秩序的过程。简单地讲，就是在没有外部控制或命令的条件下，组织内部各要素依靠某种相互默契协同配合、各尽其责，能够自动地由无序走向有序、由低级有序走向高级有序的过程。

（二）老年人自组织的类型及其影响

老年人自组织的类型有很多，下面将从政治、经济、文化、休闲娱乐保健等四个方面进行划分。

1. 政治性自组织

政治性的老年人自组织，是指老年人自发组织起来的、关注社会发展的社会组织。这类组织对于老年人医疗事业和全国健康医疗规划、消除年龄歧视，改革教育、收入保障计划等较为关注，并通过积极参与，在推动实现国家层面对老年人权益保护等方面发挥着巨大作用。过去，传统社会的政治是老人政治，现代社会曾经有所消解。但在老龄化日益严重的今天，老人政治重新进入我们的生活。我们注意到：老年人集体锻炼身体、练气功、跳广场

---

① 吴玉军，李晓东．归属感的匮乏：现代性语境下的认同困境［J］．求是学刊，2005（5）：27－32.

② 张镇，张建新，孙建国，等．离退休人员社会参与度与主观幸福感、生活满意度的关系［J］．中国临床心理学杂志，2012，20（6）：865－867.

舞、旅游等，这个现象说明老年人更易于组织起来，他们的组织成本低，他们更关心国家政治，部分原因是他们有时间、有思想。他们在变老的过程中强化了对政治及对未来命运的关注，逐渐产生出了与老年权利相关的政治意识并形成了他们的政治表达。我国环保、关心下一代等活动案例显示，老年人的参与比例在显著提高。

2. 经济性自组织

（1）生产经营性的老年人自组织。主要是在一些企业、街道、农村，由老年人自己组织、经营的经济实体。

（2）企业退休人员自组织。在企业，一些已退休的老职工自动组织起来，参与开发新产品、技术攻关、修旧利废、维修设备、职工技术培训、咨询服务。这给企业带来经济效益的同时，也实现了老年人的社会价值与个人价值的统一。一方面，企业自组织让老年人的丰富的经验和知识储备得到最大限度的发挥，不因退休而流失，让企业的利益得到最大化；另一方面，老年人也在丰富自身的生活，提高老年生活满意度和主观幸福感，较为缓慢地向社会边缘群体过渡。

（3）农村老年人自组织。在农村，有些老年人从事适度规模经营，如从事种植、养殖业；有些老年人带头学习科学技术，成为种植、养殖专业户。这些组织积极发挥了农村老年人的长处，减轻农村空巢老人的孤独感，积极投入乡村建设中，为乡村振兴贡献出自己的力量。

3. 文化性自组织

（1）专业技术自组织。主要是由老年人自己组织、自我管理、自我服务、自我教育的各种管理组织和各类专业协会，如退休工作者科技协会、退休教师协会、退休医生协会、退休法律工作者协会、老年体育协会、老年大学等组织、老年学术组织（老年书画研究会、老年历史研究会、老年摄影学会）。这些组织为发挥老年人的作用提供了平台。它们还组织老年人从事社会服务活动，在老年人之间开展互助互济活动。

（2）老年技术咨询服务组织。如咨询委员会、咨询小组、宣讲团、老年读书会。这类组织通过引导老年人为政府、学校提供参谋咨询服务，发挥老年人特长，丰富了老年人的退休生活。

4. 休闲娱乐保健性自组织

老年休闲娱乐保健性自组织主要包括：老年体育协会、老年合唱团、老年艺术队、老年秧歌队、老年太极拳学习班。参加老年文体活动已经成为老年人生活的重要组成部分。不但有助于消除老年人的孤独感，增加交际机会，还能促进老年人思维的活跃、记忆力的增强，实现有质量的积极老龄生活。

第五节　养老机构生活

目前，我国老年人养老方式以家庭养老为主，入住养老机构的老年人只占少部分。老年人如何看待机构养老这种养老模式？他们选择机构养老的原因是什么？在养老机构中，他们过着怎样的生活？他们与家人、养老机构中其他老人以及护理员之间的关系如何？本节将从老年人的角度，探讨他们入住养老机构的决策过程以及他们在养老机构中的日常生活。

一、机构养老的选择

在我国，人们受到传统观念的影响，对于养老机构的认识仍然停留在这样的刻板印象中：只有没有家庭、没有儿女照顾的孤寡老人才会选择到养老机构养老。当然，人们对于养老机构的负面印象除了传统观念的影响，还源于大部分养老机构还处于为入住者提供吃穿住等基本生活保障的低水平养老阶段。随着老龄化的不断加深，社会化养老需求越来越强烈，加之社会化养老服务事业也得到不断发展，老年人对机构养老的选择已经由被动转向主动、由排斥转向接受，入住意愿有了明显提高。

目前，选择政府和集体组织投资和运营的福利性养老机构养老的老年人明显多于经营性养老机构养老的老年人。而选择福利性养老机构养老的老年人中，选择干休所的老年人又明显多于选择农村敬老院和老年福利院的老人。这主要是因为不同性质的养老机构保障程度不同，导致老年人获取的照顾质量差异较大。总体来看，农村敬老院、城市福利院、干休所中老年人的生活质量呈现出逐步递增的状态。但是，决定老年人入住养老机构的原因不仅仅是机构养老质量问题，还与入住老人和机构依从关系成立与否、老年人的主观支持度、年龄、婚姻状况、是否患有慢性病和文化程度等因素相关。因此，提高机构养老水平，不仅要考虑养老机构的硬件设施建设，还要从增加院内交流、组织活动、提升老人依赖性等方面来改善入住老年人的生活质量，从根本上让老年人实现从被动、无奈选择到主动、愉快选择的转变。

二、不同类型养老机构里的生活

养老机构在我国古代社会就存在，一直到计划经济时代，养老机构都是作为救济、福利性的机构而存在。改革开放以来，特别是党的十八大以后，政府出台一系列政策，经营性的养老机构如雨后春笋般地快速发展。同时，在对外开放的大背景下，国外的养老机构也开始涌入我国，如临终关怀机构等。下面主要介绍福利性、经营性及临终关怀等三大较为普遍的养老机构类型，以及呈现出的不同类型养老机构里老年人的生活情况。

（一）福利性养老机构中的生活

1. 福利性养老机构的概念

福利性养老机构即政府主办的社会福利机构，又称公益性养老机构，是指在事业单位管理登记机关办理登记手续的养老服务机构，抑或是由政府和集体组织投资和运营的养老机构。[①] 福利性养老机构不以营利为主要目的，享受国家提供的相关优惠政策，不需要上缴税收，但利润不能分红，只能用于养老机构的滚动发展。

2. 福利性养老机构的类型

（1）农村敬老院

农村敬老院是由农村集体组织集中供养孤寡老人的机构。

接纳对象：孤寡老人即没有子女的老人，又称“五保”老人，即享受“保吃、保穿、保住、保医、保葬”保障的农村老人。

（2）老年福利院

老年福利院是由国家出资兴建与管理，接待城市老年人安度晚年而设置的社会养老服务机构。

接纳对象：“三无”老人（城镇居民中无劳动能力、无生活来源、无赡养人和扶养人，或者其赡养人和扶养人确无赡养或扶养能力的60周岁及以上老年人）、自理老人（城镇居民中生活完全可以自理的老人）、介助老人（城镇

---

① 江苏民康老年服务中心．养老机构服务与管理实务［M］．南京：东南大学出版社，2017.

居民中需要借助轮椅、扶手等设施的老人）、介护老人（城镇居民中需要依赖他人护理的老人）。

（3）干部休养所

干部休养所又称军队干部休养所，是指军队管理的离职干部休养所和军职以上退休干部休养所。

接纳对象：军队离退休老干部（团级以上）；在战争和国防建设中，以及因公丧失劳动能力或工作能力的军队干部；在战争和国防建设中，以及因公战残伤达到特级或一级的军人；离退休军队老干部的遗孀；已故离休军队老干部的父母（孤老）。

3. 福利性养老机构中的老年人生活

（1）入住意愿

老年人对福利性养老机构的入住意愿受到个人特征（主要包括健康状况、经济情况、文化程度、个人观念、晚年生活满意度）、家庭特征（主要包括婚姻状况、居住模式、代际关系）、养老机构的特征（主要包括硬件设施、服务质量、地理位置）等多种因素的影响。其中我国农村敬老院入住意愿最低，干休所入住意愿最高。

（2）福利性养老机构中的生活

福利性养老机构中的膳食水平、活动安排、照护管理、同伴关系等决定着入住老年人的生活质量。

福利性养老机构中的生活设施一般是按照无障碍建设要求设置，配置必要的附属功能用房，满足老年人的穿衣、吃饭、如厕、洗澡、室内外活动等日常生活需求；同时具备开展康复、护理和应急处置工作的设施条件，配备相应的康复器材，帮助老年人在一定程度上恢复生理功能或减缓部分生理功能的衰退。只有具备上述条件，才能为开展机构养老活动、发展老年人之间良好的同伴关系等提供保障，切实提高入住老年人的生活质量。

院内同伴关系对老年人生活质量有着明显的影响。如何判断养老机构内老年人同伴关系如何以及对其生活质量具有影响呢？可以通过询问老年人以下问题判断影响程度：①你是否每天与大家一起活动？②你有几个可以一起聊天的好朋友？③你对自己与他人的关系满意吗？④你与同屋的老年人在生活习惯、卫生习惯等方面差异大吗？通过分析老年人对以上问题的答案，我们基本可以判断老年人在机构内与同伴的关系状态——同伴关系的亲密度、是否具有交往障碍以及在哪些方面具有问题。一般来说，院内同伴关系较为亲密、有至少一个以上的聊天好友、人际关系较和谐的老年人，其在养老机构中的生活质量较高，对养老机构较为满意。

（二）经营性养老机构中的生活

1. 经营性养老机构的概念

经营性养老机构又叫营利性养老机构，是指向老年人提供集中居住和照料服务等有偿专业性养老服务的机构。经营性养老机构需要向工商行政管理部门办理登记手续后，依法向民政部门申请行政许可。[①] 经营性养老机构可以追求利益最大化目标，在完成税收征缴后，所得利润可以分红。近年来，为吸引更多社会资本培育和扶持养老机构发展，政府出台一系列政策给予扶持。

2. 经营性养老机构的类型

（1）老年公寓

老年公寓是专门为老年人建造的生活设施齐全、公用设施配套完善、可供老年人长期居住的养老机构。一般为非营利性机构，但可向入住老人收取一定的基本费用满足机构运行成本的需要。

接纳对象：有的老年公寓仅接收生活能够自理的老人，有的则可以接收生活部分自理或完全不能自理的老人。

（2）养老院

养老院主要是为老年人提供集体居住，并具有相对完善的配套服务设施，是专为接待自理老人或综合接待自理老人、介助老人、介护老人安度晚年而设置的社会养老服务机构。

（3）托老所

托老所是指近几年来在西欧、日本等国兴建的各种类型的“老人之家”。大体分为三类：一是收容身体健康、生活能自理的老人；二是收容生活可部分自理，还需要部分照顾的老人；三是收容生活上完全不能自理，患有各种慢性疾病或者残疾的老人。

（4）护老院

护老院是指专为接待介助老人（生活行为依赖扶手、拐杖、轮椅和升降

① 江苏民康老年服务中心．养老机构服务与管理实务［M］．南京：东南大学出版社，2017.

设施等帮助的老年人)，帮助其安度晚年而设置的社会养老服务机构。

（5）护养院

护养院又称为“护理养老机构”或“护理院”，专为接收生活完全不能自理的介护老人安度晚年的社会养老服务机构。

（6）护理院

护理院主要收治患有慢性病如老年痴呆、中风偏瘫等的老年人。除了为入住老人提供看护照料服务，还要对老人进行康复治疗。护理院的收费远低于住院治疗，此类机构对于患有慢性病且长期需要获得医疗服务的老年人具有巨大的发展潜力。

3. 经营性养老机构中的老年人生活

（1）老年公寓

老年公寓，既体现老年人居家养老生活，又能享受到社会提供的各种服务项目，是为具有一定经济实力的老年人提供个性化居住条件和人性化服务内容的养老生活方式。是一种收费的集中养老生活模式，具有“福利性事业、市场化经营”的特点。

老年公寓有三种形式：自住型老年公寓，向老年居住者提供任何与日常生活、药物服务有关的协助，提供环境优美、生活配套设施完善的居住社区，适合老年人独立生活；陪住型老年公寓，向居住老人提供与日常生活有关的各种服务，如做饭、帮助洗浴、喂饭、洗衣、喂药等，生活具有一定的照护性；特护型老年公寓，除了上述两种类型的服务，还可以提供特殊的医疗服务等。

（2）养老院

养老院，主要是为老年人提供集体居住，并具有相对完善的配套服务设施，提供生活起居、文化娱乐、康复训练、医疗保健等多项服务的社会养老服务机构。我国经营性养老院主要有三种类型：公办养老院、公办民营养老院、民办养老院。

老年人在养老院中的生活，由于养老院性质不同，可以获取的照顾质量存在差异。所以，照顾质量是大部分老年人最关心的事。相对来说，公办养老院、公办民营养老院、民办养老院照顾质量依次降低。近几年来，民办养老院时有发生的虐待老人事件越来越引起全社会的关注。美国国会政府改革委员会 2001 年发表的一份调查报告表明，美国有 30% 的养老院存在着不同程度的虐待老年人问题。报告说，1999 年 1 月至 2001 年 1 月，美国有 5283 家养老院发生了虐待老年人事件，总数高达 9000 起左右。养老院发生虐待老人事件，有人说大多发生在经济状况较差、政府监管不到位的民营养老院。但是，实际上在公办养老院也存在护理员虐待老年人，尤其是更可能发生在失能、高龄老年人身上。

养老院虐老现象产生的原因与全社会对待院中老人的态度有关。依赖他人生活的老年人生活地位很低，使他们进入本来社会地位就很低的养老院，尤其是民营养老院。养老院中的护工工资福利待遇不高，受到的教育程度较低，他们的工作得不到专业方面的承认，这使得他们的职业目标很难或根本不可能实现。

所以，尽管养老院虐老现象是个别人员行为，甚至从心理学角度看，只是个别的恃强凌弱现象，但是我们更应该看到，虐老现象正是老年人社会地位的反映。只有从社会层面提高老年人的社会地位，才能从根本上杜绝养老院虐老现象的发生。

（3）托老所

托老所，是指近几年来在西欧、日本等国兴建的各种类型的“老人之家”，即不留宿式的老年人集中照顾方式。

2017 年，本着“希望老年人能够像孩子们一样受到悉心照顾、安享晚年”的初衷，托老所项目由俄罗斯切博克萨雷市综合社会服务中心推出，模式是在一个区域集中建立一所托老所，面向全社会开放。

日本的托老所，发展比较成熟，一般在每一个社区建立一所以小型为主、功能较多的托老所，招收本社区老年人，一般 20 人的托老所配有 6 ~ 7 名工作人员，老人在这里可以接受膳食管理、康复训练、洗浴护理等全方位照顾。目前，托老所已经超过 4. 3 万间，未来还在继续增加。

北京市自 2009 年起陆续建设了 2000 家“托老所”，但由于服务内容单一，布局不均衡，目前只有 70 家留存下来。广州首创的日托“托老所”，其护理模式借鉴我国香港地区，从康复、社交及发展性活动等方面为老人提供服务。

托老所中的生活模式，白天到托老所，晚上回家仍可享受天伦之乐，容易为老人接受，也能为社会上主流观念所接受。

（三）临终关怀机构中的生活

1. 临终关怀机构的概念

临终关怀机构是专注于患者在将要去世前的几个星期甚至几个月的时间内，减轻其疾病的症状、延缓疾病发展的医疗护理机构。主要以减少入住老人的身体和精神痛苦、进行姑息支持治疗为服务目标。

2. 临终关怀机构的类型

（1）供养型

这是基于家庭的临终关怀，临终患者居住在自己家中，由医生、护士、康复理疗师等组成的临终关怀团队，到患者家中为临终患者及其家属提供指导以及所需的各种临终关怀服务。

（2）医院式

医院式临终关怀主要包括独立的临终关怀院和附设的临终关怀病房。独立的临终关怀院不隶属于任何医疗、护理或其他医疗保健服务机构的临终关怀服务机构，规模一般不大，所设置的床位一般为 30～50 张。附设的临终关怀病房是指在医院中划出一个病区、一个病房或一间医室用来收治临终患者，可以利用医院原有的设施、专业人员、医疗设备等，根据我国目前的经济发展状况主要以附设的临终关怀病房来开展临终关怀服务。

3. 临终关怀机构的服务团队

临终关怀机构的服务团队一般主要包括以下人员：医生、护士、心理学医师、社会工作者、营养师、药剂师、理疗师及灵牧人员、法律顾问、志愿者（义工）和病人家属。所有人员都是经过临终关怀培训的专业人士，可以为临终患者及其家属提供 24 小时全天候服务。

4. 临终关怀机构的服务内容

（1）解决基本的生理需要

主要是对老人的日常护理，例如清理房间、卫生间，整理床铺，换洗被罩、床铺及枕巾，换洗衣服、毛巾，帮助老人进食。如果老人不能自理，需要为老年人翻身、清洗等。

（2）给予相应的心理照护

鼓励老年人之间进行相互交流和沟通，给予老年人心理支持、心理安慰。在保障老年人隐私的前提下提供关爱，充分倾听老人谈话，在精神上给予支持。采取各种有效的方法使病人正视现实，缓解对死亡的恐惧，勇敢地面对死亡。同时临终关怀没必要限制在药物上帮助老人摆脱心理疾病。许多临终患者对侵入性治疗和现代药物的不良反应非常敏感，[①] 他们希望转向代替治疗法，如音乐疗法、语言疗法、想象疗法等可以帮助其减轻疼痛，给予其心理照护。

（3）尊重病人的生命、人格和权利

临终关怀的目的是为处于绝症晚期的患者提供姑息照护来支持患者，以便他们在生命的最后旅途中感到最大的满足和舒适。[②] 据此，团队服务人员应维护老年人的个人权利，保护隐私，尊重个人生活方式，鼓励其乐观生活、勇敢面对现实。

（4）对病人家属的关怀

临终病人家属往往承受着巨大的痛苦和压力，需要对病人家属给予支持和关怀，帮助其减轻悲痛。如进行悲伤疏导、生命认知教育等。

5. 临终关怀机构中老年人如何应对死亡

长期以来，人类一直在寻求着长寿的秘方，死亡是人们比较避讳的话题。今天，死亡作为身体和社会的事实不再完全是一个禁忌的话题，但是，社会更愿意把它与老年人联系起来，老年人被分配了死亡的任务，似乎年轻人不必过多地关心、担负死亡和垂死过程的责任。实际上，对待死亡的态度不仅仅是老年人的事情。社会发展出对死亡的社会意义并建立起各种有关死亡的礼节仪式，反映出整个社会对这一人类终极命题的人性化关注。帮助老年人面对死亡，是临终关怀机构的职责之一，也是临终关怀机构中老年人最后生活的一部分。

临终关怀机构一般通过专业人员对老年人进行临终关怀，并引导老年人面对死亡。

（1）专业人员指导老年人、家属正确认识死亡阶段

人类与所有动物一样，死亡是不可避免的。面对死亡，美国社会学家伊丽莎白·库布勒·罗斯提出了人类态度的变化：

否定→愤怒→讨价还价→压抑→接受。

---

① 利平科特．老年专业照护［M］．程云，译．上海：上海世界图书出版公司，2016.

② 同①.

临终关怀机构的专业人员在老年人进入垂死阶段后，应该根据老年人的状态作出专业判断，根据情况与老年人、家属沟通，疏导他们的情绪，帮助他们对死亡事实的接纳。

（2）专业人员帮助老年人、家属克服对死亡的恐惧心理

人类为什么对死亡有恐惧心理？首先，专业人员要有正确的认知。从社会学角度看，一种可能是学来的。在个人社会化的过程中，如果被教育死亡的恐怖过程，那么，当个人面临死亡时，社会化的成果便会显现出来。从生物学角度看，对死亡的惧怕可能是自然的一部分，是与生俱来的。所以，有时候人类会产生出一些礼仪和信念来对付这种惧怕。其次，帮助老年人和家属克服对死亡的恐惧心理。专业人员可以通过一些仪式或发展一些信念，帮助老年人、家属克服惧怕感。

（3）专业识别濒死的体征和症状

当患者即将死亡时，会产生可识别的变化（见表 5－4）[①]。

表 5－4　濒死的体征和症状

身体系统	体征与症状
呼吸	· 呼吸短促 · 咳嗽 · 黏液分泌
胃肠道	· 恶心和呕吐 · 口腔疼痛 · 食欲下降，体重降低 · 便秘或腹泻
肌肉骨骼	· 明显的退化 · 虚弱 · 懒散、倦怠、缺乏活力
皮肤	· 刺痛或干燥 · 凹陷性压痕 · 压力性溃疡（可能） · 黄疸、苍白或灰白 · 体重下降造成皮肤松弛 · 讨厌被触碰，包括盖毛毯

① 利平科特．老年专业照护［M］．程云，译．上海：上海世界图书出版公司，2016.

续表

身体系统	体征与症状
泌尿生殖	·泌尿道感染 ·恶臭、混浊或者尿液浓缩 ·膀胱挛缩 ·尿潴留
心脏	·四肢水肿（可能出现） ·腹胀（可能出现）
神经心理	·对家庭事务兴趣减少 ·对家庭事务关心减少或者不想听到 ·更加关注个人需求 ·没有能力去关注他人的需求或感受 ·毫无原因的烦躁，包括对盖被或衣服进行挑剔（可能出现）

资料来源：[美] 利平科特主编，程云主译，《老年专业照护》。

这时，患者觉得时间不多了，而他的家庭成员也会觉得是“放下”的时候了。这时专业人员不仅需要教会患者正确对待死亡，也要教会患者家属了解濒死的体征和症状，帮助其缓解焦虑，安然、放松、平静地离开。比如我国西安某疗护中心重病老人在安宁室里接受疗护；美国新泽西州临终关怀医院设置回忆室，让老年人在回忆中安详地走完最后阶段。

三、中外养老机构中老年人生活比较

在老龄化程度较高的发达国家，机构养老已经发展得较为完善且深入人心。中国作为一个“未富先老”的国家，养老服务体系发展严重受到资金不足的制约，其中养老机构硬件设施差、护理人力资源短缺等影响了养老机构中老年人的生活质量。针对中外养老机构老年人生活质量的差异，下面将从老年人在养老机构中的心理活动、生理活动、社会生活、教育生活等方面进行比较。

（一）中外养老机构中老年人的心理活动比较

中外老年人养老观念的差异造成了老年人进养老机构的心理差异。首先，中国老年人的养老观念深受传统思想的影响，认为陪伴亲人是老人颐养天年的主要方式。晚年生活以子女后代为中心，将自己的精神和生活依托在子女身上。据此大多数中国老年人不愿意进养老机构养老，将其认为是子女的抛弃，会受到周围人的轻视、嘲笑。但随着社会生活节奏加快，越来越多的家庭没有充沛的精力去照顾老人，预计到2050年，独居和空巢老人将占比54%以上。西方国家老人的养老观念更受个人主义与独立精神的影响，以美国为例，美国老人习惯独立的养老方式，只有10%的老人和子女同住，多数选择在自己家中安享晚年，住进老年公寓和养老院是流行的养老方式。虽说国外的老年人家庭基本上是“空巢”，但他们的“空巢生活”非常充实，注重提高自己的生活质量，热衷于自身的“二次开发”。所以，中外老年人在进养老机构生活从心理上就存在着明显的不同。其次，在进入养老机构后，中外老年人的心理活动也有着差异，主要表现在以下几点。一是中国老年人存在被家庭边缘化的孤独感比较强烈，外国老年人在心理上能比较好地融入养老机构的老年群体中。二是中国养老机构的老年人心理需求较难得到满足。根据心理学家的研究成果，老年人的心理需求一般包括以下内容：奉献的需求、健康的需求、亲情的需求、尊重的需求、支配的需求、情趣的需求和和睦的需求等[①]。较之外国老年人的心理需求，其中中国老年人对亲情的需求较高，而在养老机构则较难满足，这也是部分老年人不愿意到机构中养老的原因之一。

（二）中外养老机构老年人的生理活动比较

国外的养老机构更趋向产业化、专业化、人性化。它们会根据不同体质、不同收入的老人提供不同类别、不同层次的服务，真正做到了以人为本、提供全方位的护理。例如在美国，要求养老机构全天必须有具备执业资格的护士值班，要求护理人员必须受过培训并持有证书[②]。我国未富先老的现状给我国养老机构的发展带来了巨大的挑战，在产业化、专业化、人性化方面比较薄弱。基于此，我国养老机构中老年人生理生活方面的质量会低于外国养老机构，这是由中国当前养老机构的现状决定的。

（三）中外养老机构老年人的社会生活比较

中外养老机构中老年人的社会生活虽然都向着高品质、高质量、高标准

---

① 王晓瑞．养老服务机构中老年人心理需求调查［J］．社会福利，2008（3）：35－36.

② 孙建萍，周雪，杨支兰，等．国内外机构养老模式现状［J］．中国老年学杂志，2011，31（7）：1264－1266.

的方向发展，老年人都能够在养老机构中获得丰富的社会生活，但是二者仍然存在质量上的差异。例如美国的太阳城中心是世界闻名的老年人专业社区，它接纳55岁以上的老年人。那里不仅有独立的邮局、超市、医疗机构、银行、教堂，还有各种室内外游泳池、网球场、高尔夫球场、保龄球场、健身娱乐中心等，是老年产业的发展基地。比如中国的临沂康复护理中心，它作为市政府重大民生工程，是临沂城投集团投资的重要医养产业板块，是一所医、养、康相结合的大型养老机构。其中设置康养床位1000余张，为失智、失能、半失能、高龄慢性病长者提供入住评估、医疗护理、康复理疗、生活照护、营养膳食、文化娱乐、心理疏导、安宁疗护等专业化、标准化、高品质的养老服务。通过中外养老机构老年人的社会生活比较，可知二者在提供生活基础设施方面的差异在缩小。但是，在为老年人提供成员交往、社会活动等方面，我国的养老机构还有提升的空间。

（四）中外养老机构老年人的教育生活比较

中外养老机构的养老需求都不再停留在满足生活基本需求层面，文化娱乐、精神慰藉、康复医疗、休闲旅游等高层次的服务也进入养老必需清单，鼓励有条件的养老机构为老年人提供更高质量的养老服务。2018年，养教结合养老服务悄然兴起。养教结合是终身学习理念的延伸，狭义上指的是在民政部门和老年教育部门的牵头下，将养老机构和老年教育服务进行有效结合，共同促进老年教育事业的发展；广义上指的是在养老机构中有计划、成规模实施的老年教育活动。上海等地率先在养老机构进行“养教结合”实践，根据主导机构的不同可分为两种模式：一是养老机构立足自身资源优势自主开展的“内生型”老年教育活动；[①] 二是社区学校或老年学校送教上门与养老机构合作开展的“外植型”老年教育活动，为养老人群提供了较为丰富和成熟的老年教育服务。国外养老机构中“教育养老”发展较早，比较成熟，较之中国有比较标准、完善、专业的教育养老模式，如法国和英国的第三年龄大学是当前国际上非常成功且具有代表性的一种教育养老模式，老年人有优质的教育生活；再如美国非营利性教育养老机构有老人游学营、退休学习学院、

---

① 黄江虹．养老机构老年教育资源建设探析［J］．广西广播电视大学学报，2021，32（2）：69-72.

老年人服务与信息系统、老年大学等，有着丰富的学习资料与灵活多样的学习途径。① 比较而言，我国养老机构老年人的教育生活发展模式与法国比较类似，总体而言发展还不成熟，需要国家投入大量资金及引入市场来不断发展我国的“教育养老”，丰富老年人的教育生活。

四、机构养老的未来方向

养老机构未来会有怎样的发展？老年人在养老机构中应该有怎样的生活？结合当前老龄化日益严重的趋势，机构养老应该走向何方？

1. 综合化的老年社区

未来，养老服务机构将向综合性大型养老社区发展。其中，“养老主站+养老卫星站”模式将会成为主流模式。通过规模不断增大的养老主站，发展大量卫星站深入社区。

2. 医养结合仍然是最受欢迎的养老机构模式

医疗服务将成为养老机构的竞争核心和主要门槛。未来能够获得市场认可的养老服务机构不会延续以单纯养老住宿搭配简单照料的模式，而是把竞争的重点放在服务上，尤其是医疗服务。未来养老服务机构的医疗服务产品设计，应该以医疗机构整体服务包的形式参与养老机构运营。

机构养老作为老年人未来主要的养老模式，未来会怎样发展？以高质量的福利机构为核心、市场化的养老机构为主的机构养老体系将是未来的发展趋势，并会得到大力发展。

【推荐阅读】

［1］陈涛．老年社会学［M］．北京：中国社会出版社，2009.

［2］梅陈玉婵，等．老年学理论与实践［M］．北京：社会科学文献出版社，2004.

［3］张仙桥，李德滨．中国老年社会学［M］．北京：社会科学文献出版社，2011.

［4］魏太星．现代老年学［M］．郑州：郑州大学出版社，2002.

［5］李晶．老年人的生活世界［M］．北京：商务印书馆，2019.

---

① 贾敏．国外教育养老模式发展研究及启示［J］．世界教育信息，2017，30（19）：29－35.

【随堂测试】

1. 多选题

老年人的社会生活有哪些类型？（　　）

A. 老年人的家庭生活

B. 老年人的社区生活

C. 老年人的群体生活

D. 老年人的组织生活

E. 老年人的养老机构生活

2. 案例分析

（1）长春市湖西社区有一位80多岁的老人，老伴去世得早，没有儿女，独自一个人生活，身体还算硬朗。一次这位老人去医院探望朋友，看到老友因病痛苦不堪的情形，印在心里久久不忘。从那以后，老人每天都郁郁寡欢，常感觉自己胸闷、喘不上气，怀疑自己的心、肺都出了毛病。到医院检查也没有查出毛病。但是他寝食难安，身体也越来越差。

老人平时很少与邻居沟通，邻居们看老人家可怜，就时常帮助老人买些菜，送一些生活用品。可是有一段时间邻居们几天都没有看到这位老人，以为老人出门了，直到邻居们发现老人的家门口发出恶臭味道才报警。原来老人已经死在家里几天了，因为独居没有被人及时发现。

请分析：A. 绝对单身的老年人家庭生活会面临哪些问题？

B. 老年人应如何应对？社会应如何帮助这类绝对单身的老年群体？

（2）王大爷，82岁，原配去世后，子女忙于工作，无法抽出时间照顾老人，日常饮食起居都成了问题，每天都在楼下的快餐店解决一日三餐。于是子女提议把老人送去养老院，王大爷心里不乐意，就想找一个能照顾自己的老伴。但是，子女担心再婚会带来财产、养老等后续问题，建议找一位保姆照顾老人生活。之后在家政服务中心找到一位60岁的李阿姨，约定李阿姨作为住家保姆全面照顾王大爷的生活，每月支付李阿姨工资3000元。后来王大爷与李阿姨同居了，两人互相照顾，生活幸福。但是，王大爷仍然每月支付李阿姨工资。

请分析：A. 你如何看待老年人这种“伴而不婚”“同居式养老”的新的共同体生活形式？

B. 这种生活方式对国家养老事业发展会产生怎样的影响？

（3）跟随子（女）居住的父（母）单亲主干老年人家庭中，很多老年人觉得“儿女的不耐烦，是其最大的磨难”，对于他们来说，每天不是生活，而只是活着。而儿女们觉得自己什么事都不用父（母）操心，父（母）只要照顾好自己、愿意干什么自己就干点什么，这样的生活还有什么不满足的呢?!

请分析：A. 你认为跟随子（女）居住的父（母）单亲主干老年人家庭中，老年人的生活面临哪些问题？

B. 应如何调整？

【课后思考题】

1. 设计题

在我国，老人的家庭生活是他们主要的社会生活方式之一。如何提高老年人家庭生活满意程度，对于他们的身心健康，对于他们发挥余热的热情，都有重大影响。请大家结合所学内容，进行如下老年人生活项目研发设计（任选一项）。

（1）生活困难老年人的家庭适老化改造项目。

（2）独居老人的智慧家庭系统开发项目。

（3）失能老人的社会长期照护保险项目。

2. 简答题

（1）你如何理解老年人的社会生活的含义？

（2）老年人的社会生活应遵循怎样的原则？

（3）老年人家庭有哪些类型？

（4）请分析以下四种老年人家庭生活状态：单身老年人家庭生活、空巢老年人家庭生活、核心老年人家庭生活、主干老年人家庭生活。

（5）“421”家庭结构中老年人生活面临怎样的问题？如何破解独自养老的困局？

（6）如何理解老年人群体？

（7）何谓老年人既有群体？包括哪些类型？

（8）老年人业缘、志缘、趣缘、地缘、亲缘、健缘、利缘群体生活各有何特点？

(9) 银发产业专业在老年人群体生活方面可以进行哪些方面的专业研究?

(10) 老年人如何适应养老机构生活?

【关键术语】

老年空巢家庭;老年社区生活;老年业缘群体生活;老年志缘群体生活;临终关怀。

第六章　老年人继续教育生活

人口老龄化成为大多数国家尤其是发达国家的普遍趋势，要成为一个“成熟”的老龄化社会，不仅需要在医疗护理等物质领域照顾好老人，而且需要为老人提供充分的再教育机会，满足老人的精神与文化需求。作为社会的重要主体之一，接受教育是老年人的权利。在国外，各类老年大学、老年培训项目与组织由此而生。其中不仅包括老年大学，还有在开放大学、社区学院以及其他传统大学教育资源基础上开发出来的各种老年人教育项目。这些教育方式使老年人学有所得、学有所乐。

老年教育和义务教育、高等教育、职业教育等一样，都属于“终身学习”的概念范畴，都应纳入国民教育体系之中。现代社会的教育是对人的终身教育，不同年龄、不同阶段、不同专业有其相应的教育内容和教育形式，形成不同的教育门类。《成人教育大辞典》中老年教育是指那些因年龄关系不再把劳动、工作作为脑力、体力消耗主要途径的公民开展的教育活动[①]。

第一节　老年人继续教育的意义

受教育是基本人权，老年人受教育的权利受国家保护。《中华人民共和国老年人权益保障法》第七十一条规定，老年人有继续受教育的权利。国家发展老年教育，把老年教育纳入终身教育体系，鼓励社会办好各类老年学校。目前，我国的老年教育主要是实施非学历教育的老年学校教育和其他形式的老年教育活动，其中老年大学是我国最重要的老年教育形式。很多人把老年人的一些行为表现看作是老年化的结果。事实上，老年人某些行为退化、思

① 齐高岱，赵世平．成人教育大辞典［M］．东营：石油大学出版社，2000.

想观念的转变有可能与其接受的教育有关。对老年人的刻板印象是人老了就失去了学习的能力，接不接受教育对老年人意义不大。但是，随着年龄的增长，人的语言能力、判断力及学会的各种技能等所谓的晶体智力并不减退，只有知觉、记忆、运算速度等流体智力有所减退。之所以出现差异，是由于不同年龄阶段的人生活在不同的环境之中。所谓人的老年化是由于老一辈人与新一代人具有不同的教育情况、社会背景及文化特点，因而他们之间具有不同的生活习惯和价值观念。事实上，人到老年仍有较大的学习潜力，假如能不断地适应新的社会思想，及时地把握新技能，追随时代潮流，则必然会延缓“朽迈”进程。随着社会的老年化，老年人的继续教育将成为适应社会发展的必要手段。

教育对老年人生活具有积极意义，因而也受到社会的重视。1983 年，我国第一所老年大学在山东成立，此后，在全国范围内建立了大批老年大学，使老年教育得到了快速发展①。目前，全国共有 1891 所各类高校举办学历继续教育，在学人数占高等教育本专科学生数的 46.8%，有力提升了国民受教育年限和素质。教育部大力推进社区教育、老年教育建设，确定国家级社区教育实验区 129 个、示范区 120 个，建成 30 所老年开放大学和老年教育专门机构。

总之，老年教育是让老年人继续学习而进行的教育活动，它是整个教育事业的一个组成部分。老年教育不是为职业生涯做准备，也不是职业培训，既不同于普通教育，也不同于职业教育和专业进修教育，而是根据老年人的生理和心理特征进行的一种特殊教育。其目的是使老年人增长知识、开阔视野、丰富生活、增强体质。老年教育的对象是各个层次的老年人。

一、老年人继续教育的概念

（一）老年人继续教育的概念

老年人继续教育是现代终身教育体系的重要组成部分，它是以改善老年人生理和心理素质、培养老年人兴趣爱好、提高老年人生活质量和文化品位为主要目的的教育。

---

① 温亚男．老年教育的社会化问题的思考［J］．才智，2016（3）：19.

老年人继续教育，也称老年人教育、老龄教育或老年公民教育、第三年龄教育。目前，国内对老年人继续教育的概念尚无统一的界定。吴忠观的《人口科学辞典》对老年人继续教育的定义表述为：让老年人继续学习而进行的教育活动，它是整个教育事业的一个组成部分①。老年人继续教育的类型多样，像老年大学、高校或职业学校开设老年课程或老年课堂可以称之为学校老年人继续教育；其他还有社区老年人继续教育、基于互联网技术的远程老年人继续教育等类型。

纵观有关专家学者对老年人继续教育的定义，梳理比较有代表性的观点，可以归纳为对象说、性质说、目的说、形式说等几种。

1. 对象说

对象说主要指的是“针对老年人”的教育。如中国老年学家熊必俊对老年人教育的定义为，“老年教育是以老年人为对象的教育体系，它融普通教育、高等教育与职工教育于一体，是成人教育的一个组成部分，是终身教育的最后阶段”。上海老年大学高峰认为，老年教育是以老年人为教育对象，通过科学的教育内容、途径与方法，全面提高老年人的整体素质，提升老年人的生活质量、生命质量，进而形成学习型社会并以此为最终目标的一种教育活动。

2. 性质说

叶忠海从教育的属性出发，认为老年教育是按老年人和社会发展的需要，有目的、有组织地为所属社会承认的老年人所提供的非传统的、具有老年特色的终身教育活动。学者张洋、韩俊江认为，老年教育是以老年人为实践主体，满足老年人精神文化需求，提升老年人生活质量的一种综合教育，它又被称为“第三龄教育”。

周德荣在其专著中指出，老年教育是以老年人作为学习对象的教育活动，以满足老年人求知、进取、自我价值体现的需求为教育目的，使老年人健康快乐地学习和生活。狭义的老年教育是指老年学校教育，根据社会要求和老年学习者需求，有目的、有计划、有组织地对老年学习者施加的教育；广义的老年教育是指老年群体自发地或是有组织地开展的一切扩大老年人知识、技能、精神生活、增进身心健康、改变老年人思想意识形态的活动，也称老

① 吴忠观. 人口科学辞典［M］. 成都：西南财经大学出版社，1997.

年社会教育[①]。叶乃滋认为，老年教育是一种社会文化和生活教育，是改善老年人生理和心理素质、更新知识和技能、提高老年人生活质量的教育，是现代社会终身教育的一个特殊组成部分[②]。

3. 目的说

这一类的定义比较多，如中国老年大学协会会长张文范对老年教育的界定为，“老年教育是老年人在新的社会化过程中自我完善、超越自我的有目的的学习活动，是老年人提高自身生命质量和生活质量，适应时代和社会需求的素质教育活动”。李旭初等主编的《新编老年学词典》将老年教育表述为，“由教育者按照一定的社会要求，向老年人施加有目的、有计划、有组织的影响，以使他们的身心发生预期变化的活动”。中国台湾学者黄富顺将老年教育称为“高龄教育”，系指向年满 55 岁以上的人提供有计划、有目的、有组织的学习活动，其目的在于知能的增进、情感与态度的改变，以达成自我的实现。

学者岳瑛认为，“老年教育是一种按照社会和老年人自身的需求去培养老年人，使其接受继续教育实现继续社会化的社会活动”。王英认为，“老年教育是指以老年人为主体开展的旨在满足老年人需求，保障老年人受教育权利，增强老年人生存发展能力，提高老年人生活质量，最终推动老年人家庭、社区和社会和谐发展的为老教育活动”。

4. 形式说

学者杨咏梅认为，“老年教育是向老年人提供的、促进其终身全面发展的，且具有老年特色的教育活动”。苏迪认为，“老年教育是终身学习的体现，是教育本质的回归，是老年人实现再社会化的有效途径”。

从字义上看，“老年教育”可以是“针对老年人”的教育，也可以是“关于老年”的教育。从上述对“老年教育”不同的定义，我们可以认为，老年人继续教育应是以老年人为教育对象，根据社会和老年群体的需求，采取多种形式，帮助和指导老年学习者不断完善自我、提升自我，以提高生命质量的非学历教育。在概念界定上有广义与狭义之分。广义的老年人继续教育一般被认为是老年社会教育，而目前大多数人对老年教育的认识也属于广

① 周德荣．老年教育的理论与实践［D］．上海：华东师范大学，2004.

② 叶乃滋．老年教育是现代社会的一种特殊教育［J］．老年学杂志，1988（5）：258－260.

义的范畴，即通过电视、广播、书籍报刊等帮助老年人增知益智；通过博物馆、科技馆等公共场所向老年人开放，提高老年人的素质。狭义的老年人继续教育，一般是指老年学校教育，指教育者根据老年学员的各种需求，对老年人身心施加有目的、有计划、有组织的影响，使其达到全面、和谐、主动发展的活动，包括各地区有关行政部门、机关、企业、事业、社会团体、社区和其他组织举办的各种教育活动。

目前理论界对狭义的老年人继续教育的概念界定还没有统一的看法。一般认为，绝大多数老年人退休后参加的主要是老年社会教育，其实质是“人人参与教育，人人接受教育”的社会教育。

老年人继续教育更多的是建立在老年人自我成长原则和生命有限原则基础之上的一种教育。同时，它也是终身教育体系的重要组成部分和构建学习型社会的重要途径。因此，我国现阶段的老年人继续教育在教育体系中是终身教育的一部分，在老龄工作体系中是老龄社会服务的一部分。在人口老龄化大背景下，开展老年教育是使老年人再社会化的有效途径，可以帮助解决老年人的社会适应问题，包括适应社会环境、提升身心健康、实现社会价值、完善精神文化生活等方面。因此，老年人继续教育主要应是生活教育和社会教育，其主要目标是帮助老年人适应老年期的社会生活，满足他们老年期的社会参与需要、精神文化生活需要。其具体目标应包括：充实生活，适应社会，增进交往，摆脱孤独感，明确生命意义，积极应对衰老、病痛和死亡等。

（二）我国老年人继续教育的特点及现状

1. 老年人继续教育的特点

关于老年人继续教育的特征，张维华分析了老年人继续教育所具有的自身的独特性，其表现为：接受教育的非强迫性和老年教育事业的福利性；教育内容的多样性、趣味性；组织形式的灵活性和教学方式的开放性；管理工作的服务性和效果评价的社会性。

学者张惠指出，老年人继续教育既属于社会教育范畴，又属于继续教育和成人教育范畴，其最大特点是无门槛、开放性、福利性和灵活性，它对提高国民素质、建设学习化社会都有着重要的作用。

叶忠海分析了老年人继续教育的特性：教育对象具有老龄性；教育宗旨

是促进积极老龄化；教育过程是学、乐、为结合整体化；教育原则是弹性和自愿性；教育模式是教与养结合一体化。

总体来说，老年人继续教育具有组织管理的社会参与性和福利性，教育目标的多向性和内容的多样化，组织形式的灵活性、群体性和活动性，教育范围的区域性等特点。与未成年人教育相比较，也具有共同的特性，如教育领域的社会开放性、教育过程的终身性、教育内容的丰富性、教育组织方式的灵活多样性等。同时，老年人继续教育有鲜明地区别于其他类型教育的特点，如教育的对象主要是离退休的老年人；老年人继续教育是属于终身教育体系范畴的非学历教育，具有明显的自愿性、自主性、选择性、多样性；教学内容上表现出丰富灵活、自主选择、有益康乐的特点。

2. 我国老年人继续教育的现状

（1）老龄化导致老年人继续教育供不应求

根据中国老年大学组织编写的《中国老年教育发展报告（2019—2020）》，2019 年底我国老年大学（学校）数量超过 7.6 万所，其中县级以下占比超过 93%，在校学员超过 1088 万人。与此同时，随着人民群众的学习需求日益增长以及党和国家对老年人继续教育发展提出更高要求，“一座难求”“求学无门”等现象显示我国的老年人继续教育在管理体制、供需匹配、教学内容上存在一定的局限性，[①②] 老年大学的稀缺性开始被各界关注。一些城市的老年大学对入学提出了极为严格的资格审核，比如北京多家公立老年大学要求入学者有北京户口；在成都，老年大学的招生数预计是两千多人，实际报名的却有两万多人；在上海，个别老年大学办学点出现老年人凌晨三四点钟排队报名的现象。

（2）中央和地方政府日益重视

自 1996 年《中华人民共和国老年人权益保障法》中明确规定“老年人有继续受教育的权利”以来，老年人继续教育的概念在我国逐渐明晰，地位逐步提高，但是老年人继续教育的发展仍然相对被动。2016 年国务院办公厅发

---

① 吴遵民．当前中国终身教育面临的重大理论与实践问题研究［J］．广东开放大学学报，2017，26（1）：11－20.

② 张红兵，张淑莲，靳荣莉，等．新时代我国老年教育的嬗变与跨越：客观趋势、发展定位与路径选择［J］．成人教育，2021，41（12）：38－44.

布《老年教育发展规划（2016—2020年）》，标志着我国首部老年教育全国性行政法规的诞生。上海、辽宁、四川、河南等多个省市陆续发布本地支持老年人继续教育的发展规划，将以各种形式参加老年人继续教育活动的人口占当地老年人口的比重普遍提高至20%以上，其中北京市在2019年最新出台的政策中提出力争在3～5年内将该比例提升至40%左右。2021年11月发布的《中共中央、国务院关于加强新时代老龄工作的意见》，首次在中央文件中提出将老年教育纳入终身教育体系，明确表示要扩大老年教育资源供给，依托国家开放大学筹建国家老年大学，搭建全国老年教育资源共享和公共服务平台。

（3）老年人继续教育模式较为单一

我国老年教育办学模式的法律保障还停留在纲要、通知、意见、规划等指导、鼓励、号召等层面，强制力和威慑力不足，缺乏对老年教育宗旨、原则、发展模式、发展步骤、职能、教育内容和模式、运作等一系列落地问题的认定，忽视了老年教育的整体性。

（4）政府办学为主，民营资本开始聚焦

老年大学由于学费便宜，资金运营严重依赖政府补贴与企业赞助。民营老年教育机构补贴较少，因此收费较高，很难让老年人买单，导致民营老年教育机构盈利困难，发展规模受限。非老年教育机构开始涉足老年教育，如地产项目将老年教育作为增值服务以提升竞争力；而民营老年教育机构不再仅仅依靠课程盈利，而是开拓产业链下游，通过游学、衍生品销售等多元化盈利模式获得收入。

但是，目前我国老年教育发展仍然存在较明显的问题，如资源供给不足、管理体制不成熟、认知偏差、师资严重匮乏等。随着我国基础设施加快建设、管理体制与人才培训布局趋于明晰与完善，与终身教育体制相适应的老年教育制度体系逐渐建立，老年教育行业中社会参与度越来越高，吸引各个赛道的企业前来布局。

二、老年人继续教育的意义

随着老龄化的加速发展，要成为一个“成熟”的老龄化社会，不仅需要在医疗护理等领域照顾好老人，而且需要为老人提供充分的继续教育机会，以满足老人的精神与文化需求。通过老年人继续教育，使老年人学有所得、学有所乐。

（一）帮助转变观念

扭转“人老不学艺”的故步自封观念，尤其是老年人逐步缩小社会活动范围，最终退出社会，对继续教育有普遍的抵触。通过继续教育能够使老年人形成终身学习的理念，同时，可以使老年人的知识和技能得以更新、拓展和提高，增强老年人的自信心，提高其继续就业或再就业的能力。

（二）帮助社会融入

继续教育是社会适应的基本要求，它可以帮助老年人实现继续社会化，使他们更顺利地适应退休生活和新的社会角色。老年人是最怕孤独的一个群体，老年继续教育的开展，可以增加他们与外界交流互动的机会，排解他们郁闷的情绪，间接促进身心的健康。教育就是通过向个人传授一定的价值观念、文化规则、生产技能和知识来促进人们实现社会化的一种活动。每个人都是通过教育来完成自己的社会化过程的，老年人通过继续教育，不断学习新知识、接受新事物、了解新规范、承担新责任，有利于实现老年人的继续社会化，以便更好地适应社会、融入社会。

（三）促进全面发展

老年人通过课程学习、社会活动参与等丰富多彩的继续教育活动可以获得智慧的发展。课程的学习使其认知更加丰富，各种活动的参与使其在兴趣爱好领域获得成功的发展。根据老年人的心理需求与智力特点设计的继续教育课程内容与教育方法，可以完善老年人的性格特征，使其思想更加开放、判断力更加良好、移情能力不断提高。随着庞大的群体进入老年，面对空巢、离职等生活变化的挑战，他们需要智慧来解决，而智慧是长期伴随那些长寿并有很多经历的老年人的品质，它意味着老年人积极发展的潜能。① 通过继续教育开发老年人人力资源、智力资源等，实现个人价值，促进人的全面发展。同时，还能够创造良好的文化消费环境，提供多元丰富的文化产品，让老年人的晚年生活快乐幸福。

---

① 李洁．老年教育理论的反思与重构：基于西方现代老龄化理论视野［J］．开放教育研究，2015，21（3）：113－120.

（四）延缓衰老

随着年龄的增长，我们的大脑会出现衰老，这是正常的生理现象。如果大脑衰老，就会容易出现脑部疾病，影响寿命。学习是防止大脑老化的最好办法。通过参加自己喜爱的学习活动，可以锻炼大脑的各个部位，减缓脑细胞死亡速度，延缓大脑衰老，有利于身体健康。另外，学习本身是老年生活的重要内容，丰富闲暇生活，使老年人晚年生活过得更加充实和更富有意义。

（五）提高文化水平

老年人继续教育既有工具性、功利性作用，也有人类文化价值。通过继续教育，增长文化知识，使未受过正式教育的老年人有机会学习文化知识，使已受过正式教育的老年人的文化知识得到更新；老年人还可以掌握新的技术、技能，使那些身体健康并有重新就业意愿的老年人获得重新就业的能力和条件。

第二节　老年人继续教育的主要内容

随着老龄化发展速度的不断加快，国内老年人口数量在总人口中所占比重逐渐增大，老年人生活质量与整个社会发展关系日益密切。通过科学的教育学习，能够再次激发老年人的潜能，提高老年人的社会适应能力和参与能力，保证老年人身心健康。但是，由于特殊的生理特点以及社会角色转型，老年人继续教育与年轻人教育相比又具有特殊的教育内容和要求。马克拉斯基（MClusky）认为，老年人教育的提供者必须试图满足老年人的五种学习需求：应付的需求——应付复杂社会的能力；表达的需求——从活动的参与获得自我的满足；贡献的需求——从贡献自己、扶助他人来肯定自我；影响的需求——经由政治活动或公共事务影响他人；超越的需求——体验与超越生命、寻求生命意义[①]。因此，老年人继续教育应该包括生活教育、工作教育和

① 陈勇军．老年人发展的重要途径：高校举办老年继续教育困境与对策研究［J］．继续教育研究，2010（9）：14.

生命教育等内容。因此，设计灵活多样、符合老年人身心健康要求的继续教育内容是提高老年人继续教育水平的基础。

一、角色转变与认同

（一）老年人社会角色的转变

进入老年后，老年人面临以下角色转变：职业角色向家庭角色、群体角色转变；劳动竞争型角色向休闲娱乐型角色转变；从多领域、多种表现的动态角色向窄领域、趋于静态的角色转变；从权威型角色向“无足轻重”角色的转变。但是，老年人能不能及时适应这种转变呢？实际上，大部分老年人面临着角色转变与社会适应的矛盾，这在老年人退休后表现得尤为明显。退休、离休虽然是一种正常的角色变迁，但是，离退休以后的角色转换，是一种衰退型的转换，对于这种角色转换，老年人在心理上会存在一时难以接受的状态；或者虽然能够接受，但是不知道如何实现从旧角色向新角色的转型。如果不能顺利地实现这一角色转换，就会出现一些不健康的心理障碍，譬如：孤独、寂寞、狭隘多疑、抑郁烦躁等。有的老人不能正确对待衰老的现实，在一人独处的时候常常胡思乱想，情绪紧张，心情忧郁，结果则是在身心健康的下坡路上走得更快。所以，针对老年人退休这一特殊人生阶段的特点，及时给予老年人社会角色转变的认知教育和适应教育，有利于老年人顺利度过这“一道坎儿”。

（二）老年人的认同教育

角色认同与人们对他们是谁以及什么对他们有意义的理解有关。认同的形式有社会认同和自我认同两种形式。老年人社会认同是指社会赋予老年人某种属性，可以看成是社会对于老年人的一种标志。通过社会认同，基本上可以把一个人与其他具有相同属性的人联系起来，形成某一类群体。这是一个自我发展的过程，通过这个过程，老年人形成了对自身以及与周围环境联系的独特的感觉。

因此，我们要帮助老年人更新观念，正确看待人的老化现象。帮助老年人认清在新的社会领域自身的角色转换，积极主动地塑造和重新界定自我。引导老年人积极参与社会活动，继续为各项社会事业的发展作贡献。让老年人认识到只有对社会付出以及不断创造社会价值，老年人的生活才具有意义与价值。这种老年人角色的认知教育，有利于增强老年人角色认同，强化老年人的主人翁地位，减少对老年人边缘化的错误认知，可以更好地发挥老年人的社会功能。

二、生活目标、人生意义教育

人老了之后，儿女不在身边的孤独、病痛的折磨、没有钱养老、死亡的恐惧，都是老年人绕不过去的人生节点。人老之后，生活没有目标、没有价值，不能给社会继续创造价值；在家庭中不能满足儿女所需，甚至成为拖累，这是很多老年人的错误认知。所以，老年人继续教育必须帮助老年人培养和发展个人兴趣爱好，开发潜能，使他们有能力成为社会的积极参与者，重拾信心和自尊，明确老年人的生活目标，再次感受到生活和生命的意义。

三、社会规范的学习与内化

老年人的规范学习教育，是向老年人传递特殊经验的系统过程，这一过程通过向老年人传递包括认知经验、动作经验与交往经验，形成老年人的规范意识，并使之成为具有社会规范行为的人。老年人的规范学习教育是渐进的过程。首先，是对社会规范的认同教育。通过对法律、习俗、规章等的学习，让老年人在认知上、情感上与行为上对社会规范趋于一致，从而产生自愿遵从规范的意愿。其次，是对社会规范的内化教育。老年人对规范的内化，体现为一种认同基础上的主观意识形态的接受过程，即把外在于主体的行为要求（规范）转化为主体内在的主观需要的过程，也是社会意识向老年人个体意识的转化，这一过程依赖于老年人的思考、推断、接受等行为的推动。最后，是对社会规范的遵从教育。老年人社会规范的遵从教育，是老年人通过行为构建社会规范的遵从经验结构，即遵守社会规范确立的交往规则、完成个体的交往适应的过程。

四、现代科技与生活技能学习

老年人进行继续教育，主要学习与生活密切相关的、自己感兴趣的科技或技能，如电脑、电视、银行卡、手机等的使用与权利维护。当今时代知识更新速度加快，终身学习已经成为时代的要求。老年人的创造行为可以提升人生价值、改善身心环境、促进老年健康。老年人学习现代科技和生活技能，主要不是为了谋生和发展，而是为了适应现代高科技社会里新的生活方式。比如出国旅游面临语言障碍，就有一个学习外语的任务；为了与人交流，必须学习电脑技术。日常生活中，还面临如何使用手机拍摄短视频、用微信与人聊天等，都需要学习。

第三节　老年人继续教育的主要途径

在发达国家，老年人继续教育的办学途径呈现出开放性和多元化的特点。既可以通过学校向老年人提供各类课程的学习，又可以依托社区设立社区老年人课堂；既有老年人自发组织的社团教育，也有通过图书馆、博物馆等公共服务机构向老年人提供的教育服务。针对我国的继续教育现状，要想在更大范围内实现老年人继续教育，必须拓展教育途径、创新教育形式，构建家庭、学校、社区多元化立体教育体系。

一、家庭

家庭能为老年人提供哪些方面的继续教育？家庭是重要的学习场所，可以学习科学信息与技能；培养老年人的生活能力，学会适应老年生理变化；学会积极的互动，消除孤独、寂寞的心理依赖问题；学习临终文化，学会适应死亡。家庭教育具有双向传递功能。一方面，老年人以其知识技能、人生经验对家庭成员进行教育；另一方面，家庭成员也能对老年人进行教育。这种通过反向学习实现的老年人继续教育，是老年人向家庭中年轻的晚辈学习社会变化知识、价值观念和行为规范的过程。老年人在家庭中接受的继续教育是通过面对面互动形式进行的，如建立家庭课堂，利用手机、电脑、电视等科技手段，建立与家庭成员共同学习的家庭课堂。

二、同辈群体

老年人同辈群体有居住地邻近、经历相似、兴趣相投、情投意合的特点。在同辈群体中，通过群体互动，使老年人形成正确的自我认知，明确自己的社会角色与定位，学习新的知识与技能，实现老有所为，找回自己的价值感；

学习健康知识，纾解心理压力；学习矛盾化解技巧，更好地融入社会与家庭。

三、公共信息系统

公共信息系统指社会成员都能够自由获得信息的场所，如各类机构的门户网站、专业的信息平台等。通过公共信息系统，老年人可以获得专业知识与信息，及时浏览国内外新闻动态，不断拓宽视野。如利用地图 App 软件中的实时街景功能，实时浏览各地景区，学习旅游知识。利用教育机构的网站，可以跟着开放课程学习自己感兴趣的各类课程内容。

四、老年学校

老年学校是老年大学、各类大学中开设的老年课程或老年课堂、各类老年培训机构的总称。老年学校具有丰富的教育资源和遍布老年人居住地的教育网点；同时，老年学校通过将分散的老年人集中起来，营造新的集体空间，满足了老年人的群体归属感和认同感。因此，学校教育是最受老年人欢迎的教育途径。老年学校开设课程内容丰富多样、课程设计专业，如手机使用、电脑操作、心理学、医学科技知识类；广场舞、健身操、手工休闲娱乐健身类；诗歌、书法、摄影、写作、乐器兴趣爱好类；面点制作养生膳食类；等等。

【推荐阅读】

[1] 孙立新．老年教育学[M]．杭州：浙江大学出版社，2022.

[2] 施祖美．老年教育策论[M]．北京：社会科学文献出版社，2011.

[3] 汤更生，全根先，史建桥．公共图书馆与中国老年教育[M]．北京：国家图书馆出版社，2015.

[4] 广州广播电视大学，国家开放大学（广州）老年开放大学．广州老年教育发展报告[R]．广州：中山大学出版社，2021.

【随堂测试】

1. 简答题

(1) 在生活中，当你遇到下列问题时，你是否向周围的长者进行过经验咨询？为什么？

A. 在学校为什么会受到同龄人的欺凌？

B. 长辈们总说他们经历过最困难或压力最大的时期，这有可取的经验和教训吗？

C. 长者对就业市场发展的预期准吗？

（2）如何看待老年群体面临的“数字鸿沟”，以及如何解决这一问题？

（3）你认为家庭、同辈群体、公共信息系统和老年大学这四类老年人继续教育途径中，各有什么优缺点？

2. 案例分析

（1）案例一：2014 年 9 月，在郑州市的一辆公交车上，一位老人因为座位原因与一名小伙发生争执，在打了小伙四个耳光后，老人猝死，这件事引发热议。

案例二：2018 年 9 月，在一列上海虹桥开往成都的高铁上，一位六旬老人占了别人的座，与三位要求其让座的年轻人发生争吵，并辱骂、推搡乘务人员，场面一度混乱。

现代社会，老人碰瓷、耍无赖、倚老卖老、不守规矩，似乎已经不再是新闻了。

请从老年人教育视角分析老年人行为的成因。

（2）在欧洲新冠肺炎疫情期间，很多公众认为超过 60 岁以上的老年人是新冠病毒的易感染人群。特别是一些患有心脏病、糖尿病等基础疾病的老年人，救治难度很大，死亡率也很高。在一些政客的嘴里，老年人甚至被称为“尸体”。

请问：

A. 你认为社会对老年人为什么会形成这样的认同？

B. 你认为这是社会文化中存在的对老年人的刻板印象吗？

C. 这会不会产生污名化效应？

（3）当前，各地老年大学相继启动春季招生。从现状来看，不仅“入学难”问题依旧存在，且大有愈演愈烈之势：很多老年大学的部分热门课程“秒光”，不乏老人凌晨 4 点就来排队，甚至还有高龄老人替有事的退休子女跑腿；有的老人自动留级，永不毕业，常驻学校已经成了一道风景线……

随着时代的发展，老年人的学习热情逐渐高涨，老年大学也受到更多人的青睐。然而，老年大学也面临“热门课程秒光”“一座难求”等入学难、选课难的情况，这些成为老年人在大学中继续学习的最大阻碍。

请分析：

A. 在机构中学习为什么受到老年人的热捧？

B. 如何缓解当前老年大学入学难问题？老年继续教育是否存在城乡差别？如何看待这种差别并解决这个问题？

【课后思考题】

1. 老年继续教育的意义是什么？
2. 当前我国老年继续教育存在的问题有哪些？应该如何改善？
3. 老年继续教育的内容应该包括哪些？
4. 老年继续教育内容如何体现时代特点和满足老年人需求？
5. 家庭作为老年人的主要活动场所，应如何在老年继续教育方面发挥作用？
6. 谈谈你对老年大学的看法。
7. 推进城乡老年社区教育有哪些具体措施？

【关键术语】

老年继续教育；社会融入；角色转变；角色认同；同辈群体。

第七章　老年人再就业生活

《中华人民共和国老年人权益保障法》明确规定，国家和社会应当重视、珍惜老年人的知识、技能、经验和优良品德，发挥老年人的专长和作用，保障老年人参与经济、政治、文化和社会生活。老年人参加劳动的合法收入受法律保护。任何单位和个人不得安排老年人从事危害其身心健康的劳动或者危险作业。比我们先进入老龄化社会的日韩及欧美等国家，老年人继续从事经营或生产活动已经不是新闻记者捕捉的社会热点，再就业已经成为越来越多老年人生活的组成部分。

第一节　老年人再就业生活概述

目前，我国 60 岁至 69 岁低龄老年人约 1.48 亿，占老年人口的 55.83%。低龄、健康老人的经济社会价值未得到有效发挥，老年人的知识、经验、技能等银发资源存在大量闲置。退休老年人再就业，不仅仅是增加收入的问题，更是一种新的养老方式，理应得到全社会的共同支持。从微观的个体生命周期以及宏观的国家长期人力资源储备来看，某种程度上延迟退休是一种中短期的人力资源开发方案，而退休后再就业是一种开发幅度比延迟退休更广的长期补充方案[1]。

---

① 从金洲，吴瑞君．退休老年人再就业的实现机制：基于马斯洛需求层次理论的实证分析[J]．西北人口，2022，43（6）：52－64.

一、老龄时代的生活——退休与再就业

（一）老年人再就业的概念

老年人再就业，是退休且进入老年期后的老年人，重新参与社会工作，实现自身价值的一种生活方式。从经济学、社会学、人口学、社会保障学的角度看，这都是一种积极的表现。

1. 从经济学角度来看，老年人再就业是人力资本存量积累的表现，它改变了传统的劳动力供给结构和消费结构。老年人再就业能够将老年人自身蕴含的巨大人力资本发挥出来，有利于缓解人力资源结构性短缺问题，增加全社会的劳动力供给；老年人通过再就业提高了个人及家庭收入，有助于扩大储蓄，拉动消费，有利于推动经济增长。

2. 从社会学视角来看，再就业是老年人社会角色认同和社会参与的表现，可以提升老年人的幸福感。退休后，老年人的社会活动范围大大缩小，通过再就业参与社会生活，可以让老年人有机会扮演新的社会角色或是重获自己的社会角色，有助于老年人获得社会归属感、满足社会交往需要，强化老年人的社会认同，提高自尊心，实现个人价值。

3. 从人口学视角来看，再就业是老年人继续参与社会活动和学习的表现，满足了老年人继续参与社会活动和学习的要求，有利于延长生命的健康期和自立期。退休老年人身体力行参与社会活动，保持大脑和身体的有效运转，能够帮助其保持积极乐观的心态和良好的精神状态，进而提高其身心健康水平和生活质量。

4. 从社会保障学视角来看，再就业是老年人应对养老资金压力的举措，可以弥补国家养老基金不平衡的状况。随着人口老龄化程度的加深，老年抚养比也在不断地提高，我国的社会保障和养老体系面临着严峻的考验，劳动年龄人口的负担不断加重，促进老年人再就业可以有效减轻养老负担。

（二）发达国家老年人再就业的情况

1. 韩国和日本老年人再就业情况

韩国和日本的情况很类似，比如地铁或公交车站都能经常看到高龄上班族或老年快递员，路上的出租车司机大部分是老年人，各社区、机构的保安

基本都是退休后的老人，农贸等市场里的小店主人也几乎全是老年人。

韩国的媒体更加注重向政府施加压力，促使政府更加重视老年人福利和收入再分配向老年人倾斜，所以新闻报道侧重于凸显“弱势老年群体问题”，以促使韩国政府制定更多有利于老人从事经营或生产活动的政策。

日本企业在觉察到如果经验丰富的老员工退休，将导致企业后继无人（年轻员工紧缺）、客户流失（老员工的客户人气更高）的潜在风险后，都采取各种措施千方百计地留住老年员工。日本政府也鼓励企业采取对企业发展有利，同时也对老年员工有利的雇佣政策。

在日本，79.3%的企业将退休年龄定为60岁，16.4%的企业定为65岁，还有少数企业没有退休制度，72.2%的企业设有再雇佣制度。日本政府对老年人创业积极支持。日本政府对55岁以上的创业人员可以让其融资7200万日元；东京都对于55岁以上的创业人员给予优惠措施，贷款金额1500万日元以内，利息1%以下。日本有不少专门面向50岁以上求职者的网站，各地设立“银发人才中心”，日本政府新修改的《老年人雇佣安定法》强调企业有雇佣退休老年人的义务，企业也愿意聘用高龄者。自2012年以来，日本劳动年龄人口减少了470万，但就业的劳动人口却激增440万，新增的劳动力主要来源之一就是老年人[①]。日本《老龄社会白皮书（2021年）》数据显示，日本60岁及以上老年人的就业意愿同美国、德国等相比，处于一个较高的水平，在受访者当中有40%希望可以通过工作取得收入。2017—2021年，日本60岁及以上老年就业者人数占总人数之比在不断上升，且占比均高于20%。2021年65岁及以上老年人占总人数的28.9%，而2021年60岁及以上的老年就业率已经达到了21.58%，说明日本绝大部分的老年人都参与社会工作。[②]

在韩国，正在工作的老年人超过500万。以2018年7月数据为准，韩国65岁以上的出租车司机共7.28万名，占总人数的27.1%。韩国各地政府设立支援老年人参与社会活动的相关部门，组织“银发招聘会”等措施推动老年

① 搜狐．世界老龄化趋势明显：多国老人再就业成为潮流［EB/OL］（2020-01-11）．https://www.sohu.com/a/366197937_611014.

② 刘晓梅，赵鹏雁，罗吉莉．积极老龄化背景下日本老年人再就业的经验及启示［J］．长春大学学报，2023，33（5）：8-17.

人再就业。[①] 经合组织发布的数据显示，2021 年韩国 65 岁以上人口的就业率为 34.1%，比 2019 年上升 1.2 个百分点，创历史新高，韩国也因此凭借这一数据在 38 个 OECD 成员国中首次排名第一，第二名为冰岛（31%），日本仅为第三。[②] 从 2020 年起，韩国打算向雇佣 60 岁以上老人的企业发放补助金。依据韩国统计信息服务网数据，2023 年 2 月，韩国 60 岁及以上老年人就业人数达到 577 万，创该机构 1996 年开始相关统计以来同期最高纪录，比去年同期增加 41.3 万，是 2013 年同期数字的约 2.1 倍。据韩联社报道，过去 10 年，韩国 60 岁及以上老年人的就业率持续上升，今年 2 月达 42.8%，较 10 年前增加 10 个百分点。[③]

2. 欧美老年人再就业情况

德国的情况则是随着企业人才断层（老员工已退休，新员工无法胜任老员工的工作）使企业付出巨大代价之后，很多经验丰富、在某领域处于专家地位的老人，重新受到就业市场的青睐。德国政府制定积极的劳动力市场政策以促进老年人再就业，德国企业也不再轻易让高龄员工提前退休。例如，70 岁的老人沃夫甘·勒夫勒，曾经在原来的公司担任人事部门主管，在赋闲数年后他听到了离开工作岗位后最想听到的话，一位银行的主管对他说："我们需要你，因为你能够向公司提供年轻人不能提供的管理经验，你所做的人事规划也最经济实用。"勒夫勒自然是欣喜若狂，他为自己再次"升为"对社会有用的人而高兴，同时对工作也更加尽职尽责。现在他每周在这家银行里工作 3 天，主管退休理财项目，月收入也相应地增加了数千欧元。

根据德国联邦统计局的数据，在 2010—2020 年这 10 年中，德国 60～64 岁人口就业率的上升幅度超过任何其他年龄段，从 41% 上升至 61%。而 65～69 岁这个年龄段虽已超过当前退休年龄，但就业率也几乎翻了一番，从 2010 年的 9% 大幅上升至 2020 年的 17%。[④]

① 搜狐．世界老龄化趋势明显：多国老人再就业成为潮流［EB/OL］（2020-01-11）．https://www.sohu.com/a/366197937_611014.

② 第一财经．日本 65～69 岁老人就业比例过半！老龄化催生日韩"银发就业热"［EB/OL］（2022-09-21）．https://m.yicai.com/news/101543011.html.

③ 新华社客户端．韩国 60 岁及以上老年人"再就业"人数 10 年翻一番多［EB/OL］https://baijiahao.baidu.com/s?id=1760787195347118342&wfr=spider&for=pc.

④ 工人日报．全球多国老龄化加剧：高速增长的"高龄就业"［EB/OL］（2022-09-23）．https://caijing.chinadaily.com.cn/a/202209/23/WS632cfd23a310817f312ef687.html.

美国的情况则是为老人再就业创造宽松的法律环境、社会环境，使有就业意愿的老年人可以轻松就业。对于专家型老人，则鼓励其充分发挥专家指导能力，使他人从中受益。由于美国明文规定招工不得有任何形式的歧视，包括不得歧视性别、种族、肤色和年龄，并且鼓励企业员工组成的多样性，因此老人退休后重返职场并不困难。在老年人喜欢的工作中，到政府部门做兼职是热门之一。政府机构、执法机关、图书馆、国家公园和公立学校等，需求量很大。虽然收入未必高，但是录用成功率高，工作稳定，福利较好。比如喜欢孩子的老人，申请到学校里做教师助理，每天与孩子们相处，不仅自己愉快，还能用自己的知识辅导学生。

美国的超市和百货店会大量招收老年人做收银和导购等。特别是在各大节日前的销售旺季，会请老奶奶推销食品，人们更容易相信有烹饪经验的老年人的劝导；请和气又有经验的老年人推销衣物，顾客会精神放松，出手大方。老年人还愿意参与社区民众日常生活的策划和协助，比如花园设计、税务整理、金融规划、职业咨询和家政服务等，老年人把经验拿出来与邻居分享，既不会使老年人感到被边缘化，又发挥了他们的长处。

在德国，退休老人更青睐“迷你工作”（我们一般称为灵活就业），工作时间少而灵活，每月收入不超过 450 欧元。德国几乎所有行业都有“迷你工作”，但最多的要数餐饮、零售、家政等低技术的行业。德国联邦统计局 2021 年公布的数据显示，德国就业人口约为 3820 万人，其中约 103.9 万人是退休后再就业人员，约为 10 年前的两倍[①]。

在英国，平均退休年龄已经从 1993 年的 63.1 岁上升到了 2021 年的 66 岁，预计到 2028 年将会上升到 67 岁，就业市场中 1/3 的劳动力都超过了 50 岁。英国“银发劳动族”从事的职业门类繁多，例如图书馆、医院等公共场所的接待、保洁等。柜台服务、市场分析等工作也欢迎有相关从业背景的老年工作者[②]。

在美国，统计数据显示，2000 年美国 65～74 岁的老年人约有 19.2% 在工

---

① 工人日报．全球多国老龄化加剧：高速增长的“高龄就业”［EB/OL］（2022-09-23）．https://caijing.chinadaily.com.cn/a/202209/23/WS632cfd23a310817f312ef687.html.

② 搜狐．“家有一老　如有一宝”，日本立法留住老员工，德国诚邀退休者返岗［EB/OL］（2022-01-17）．https://www.sohu.com/a/517090081_120101989.

作，2020 年该比例上升至 26.6%，预计 2030 年将升至 32%。目前 65 岁以上的老年打工人占到美国劳动力的 6.6%，预计到 2030 年将占到 10%。[①]

二、老年人再就业的特点

与传统的劳动力年龄阶段（16～60 岁）就业状况相比，老年人再就业呈现出明显不同的特点，主要包括以下几个方面。

1. 老年人选择再就业是一种具有明确动机的行为

《2022 老龄群体退休再就业调研报告》显示，46.7% 的老年人重返就业市场为寻求个人和社会价值；19% 的求职者希望发挥一技之长，继续追求职业发展；34.3% 的求职者通过再就业补贴家用、增加收入来满足更高层次的消费需求，老年人再就业的动机非常具体明确。[②]

2. 老年人再就业是一种调节适应行为

这与一般的再就业存在显著区别。很多老人在退休后会产生很多不适应，所以，再就业继续从事工作可以逐步应对退休带来的角色转变，调节自己的心理预期，认知新角色要求，缓解社会不适应。

3. 老年人再就业可以实现人力资源再利用

老年人具有丰富的经验知识，社会组织聘用退休后的老年人继续工作，有利于减少由于忽然失去有经验的老员工而带来的应对问题和损失。

4. 老年人再就业以低龄老年人为主体

由于受到身体健康状况及退休前职业类型等因素影响，60～69 岁低龄老年人的再就业水平远高于中龄和高龄老年人。如我国第七次人口普查数据显示，60～64 岁和 65～69 岁老年人就业分别占同一年龄组老年人口的 34.43% 和 27.49%，而 70 岁以上人口的就业比例却下降到 11.76%，比低龄老年人就业比例下降幅度明显。

三、老年人再就业领域

根据《中国 2010 年人口普查资料》和《2020 中国人口普查年鉴》的测

---

① 工人日报．全球多国老龄化加剧：高速增长的“高龄就业”[EB/OL]（2022-09-23）. https://caijing.chinadaily.com.cn/a/202209/23/WS632cfd23a310817f312ef687.html.

② 搜狐．68% 老年人退休后再就业意愿强，年龄限制是求职最大挑战 [EB/OL]（2022-10-18）. https://www.sohu.com/a/593573178_115563.

算，当前我国老年人口占就业人口的比重达到8.8%，老年就业人口总量超过6600万人，农林牧渔、建筑等行业是主要就业领域。[①]

根据各大行业就业人口占就业总人口的比例和各大行业就业人口中老年人口比例推算，我国各大行业中，农林牧渔的老年就业人口占比最多，占总就业人口的5.82%，占老年就业人口的66.16%。换句话说，每三个老年就业人员，就有两个从事农林牧渔业。一方面，这部分群体较难融入城市，虽然城镇化水平快速提升，但农业人口中的老年人口，大多数还生活在农村，进城务工相对较少；农业人口中的老年人口长期从事农林牧渔工作，受到知识水平等条件限制，最主要的就是从事农林牧渔工作。另一方面，农业人口中的老年人没有固定收入（比如，农村大多数老年人只有农村基础养老金，每月约100元），不得不继续从事农林牧渔工作，维持生活。[②]

此外，从事建筑业的老年人占总就业人口的0.6%，占老年就业人口的7.06%。从事制造业、批发和零售业的老年人占老年就业人口的比例都超过了6%。加上农林牧渔，从事这四个大类行业的老年就业人口占老年就业人口的比重达86.7%。[③]

总之，老年人再就业类型相对单一，就业领域还是以服务型岗位需求量最大。我国第七次人口普查数据显示，我国老年人再就业主要集中在农林牧渔、建筑等行业。在未来，随着老年人文化程度全面提升，再就业岗位也会发生变化，专业技术岗位的再就业老年人将会增多，但是服务型岗位的再就业老年人仍然最多。从国外情况来看，以个体自营为主的再就业较多。比如，灵活就业当中的技术咨询、文化教育。未来，老年人以发挥个人特长，从轻体力向脑力和智力方向转变将是再就业的方向。

四、老年人再就业的意义

（一）社会层面

老年人再就业在老龄社会中具有重要的社会意义。一是有利于弥补人才

---

① 第一财经．我国老年人口十年增加8642万，老年就业人口已超6600万［EB/OL］（2022-09-22）．https://m.yicai.com/news/101544279.html.

② 同①.

③ 同①.

资源短缺；二是有利于减轻社会养老保障负担；三是有利于经济社会的可持续发展。老年人再就业为发掘老年人力资源打开了现实通道，使老年人的健康资本、技术资本、经验资本、社会资本等得以激活和释放，并转化为社会经济价值，把老龄化压力转化为社会持续发展的动力。[①]

老年人再就业为社会解决由人口老化而造成的劳动力资源不足提供了渠道，弥补了劳动力人才资源短缺。目前的退休政策以及大部分刚退休的老年人身体硬朗，使许多老年人退休后仍保持一定的劳动能力，其长期积累起来的文化知识、技术、经验并未消失。此外，随着越来越多的人接受高等教育，这也就意味着劳动年龄出现了延后。在不改变退休年龄的情况下，高等教育人才的退休是对人力资源的极大浪费。

老年人再就业有利于减轻社会养老保障负担。人口老龄化导致我国老年人口数量越来越多，增加了我国养老保险体系的支付压力，劳动年龄人口对退休人口负担越来越重。有意愿、有能力的老年人再就业可以增加劳动人口比例，一定程度上减轻了我国养老金支付的压力，弥补了养老基金支付的不平衡，减轻了社会负担。

老年人再就业有利于经济社会的可持续发展。改革开放以来我国经济发展取得巨大成就，人口红利在其中的作用不可忽视。人口红利指的是劳动年龄人口占总人口比重较大，抚养率比较低，而对经济产生的影响。劳动力供给下降一定程度上意味着人口红利趋于消失。按照目前的退休制度，我国即将迎来最大退休潮，在今后一段时期，预计每年有 2000 万左右退休人员，每年减少 300 万 ~500 万劳动年龄人口。促进老年人再就业有助于改善劳动力减少现状，延长人口红利期，促进经济社会的可持续发展。

（二）个人层面

老年人再就业能产生系统化的社会效应，不仅可以弥补劳动力资源的不足，创造社会经济价值，而且能够提高老年人家庭收入和生活水平，也有利于老年人融入社会，促进身心健康，增强自我认同，从而实现老有所求、老

---

① 陈业宏，高尔旆．积极老龄化背景下促进老年人再就业的对策建议［J］．中州学刊，2023（5）：90－96.

有所为、老有所乐。[①] 老年人再就业的个人意义：一是再就业能增加经济来源；二是再就业能促进老年人身心健康。

再就业能增加老年人经济收入来源。经济收入的多少会影响老年人的晚年生活质量，因此，经济收入成为老年人再就业的一大动因。老年人退休后的经济来源主要是退休之前的储蓄、子女赡养费及养老金。许多老年人的储蓄都用在了儿女身上，自身生活压力增大。而我国退休人员因其退休就业类型和单位性质不同，保险覆盖程度不同。同时，由于经济发展水平的不同，不同时间不同地区退休人员养老金水平也有很大差异。在经济增长和通货膨胀的基础上，老年人的实际收入水平是降低的。而老年人回到工作岗位上再就业，可以让老年人重新增加收入，增强了老年人的购买能力。

再就业能促进老年人身心健康。再就业能够显著降低城镇离退休老年人的抑郁倾向，促进老年人的心理健康。[②] 老年人退休后社会地位、家庭地位、生活节奏都有了很大变化，很多人一时难以接受，觉得失去了自己的价值，心理上产生较大压力，许多老年人希望“老”了仍然能“有所为”。而再就业使这些老年人可以继续融入社会，为社会作贡献，能够让他们感受到社会的需要和认同，这对老年人发挥自己的专长及保持身心健康至关重要。

第二节　老年人再就业意愿与影响因素

2022 年 10 月 17 日，人力资源服务商发布的《2022 老龄群体退休再就业调研报告》显示，68% 的老年人退休后再就业意愿强，46.7% 的老年人重返就业市场为寻求个人和社会价值，19% 的求职者希望发挥一技之长，继续追求职业发展，34.3% 的求职者通过再就业补贴家用、增加收入来满足更高层次的消费需求；41.3% 的老龄受访者曾因“年纪大”被公司拒之门外；25.3% 的子女不想让父母继续工作受累；7.3% 的后辈认为老年人再就业一定

① 陈业宏，高尔旆．积极老龄化背景下促进老年人再就业的对策建议［J］．中州学刊，2023（5）：90 – 96.

② 张立媛，刘成斌．再就业对城镇离退休老年人心理健康的影响［J］．人口与经济，2022（3）：56 – 70.

程度上抢占了年轻人的工作机会。2022 年 8 月，由中国老龄协会老年人才信息中心主办的“中国老年人才网”上线，标志着我国老年人才信息库和老年人才信息服务平台启动建设。

一、老年人再就业意愿的个体差异

（一）老年人再就业意愿的个体差异

老年人再就业存在个体差异，年龄、受教育程度、健康状况以及是否有退休工资这些因素都会影响老年人的再就业意愿。其具体表现为：低龄、受教育程度高、健康、退休工资没有或较少的老人更愿意再就业。

1. 随着年龄的增长，老年人的再就业意愿会降低

这是由于随着退休老年人的年龄增长导致的健康水平变差，因此再就业意愿会降低。一般来说，身体状况较好的老年人的就业意愿会比较高。城市老年人中愿意再就业的群体大多集中于 60 ~ 70 岁，也就是低龄老人群体。

2. 教育水平越高，退休老年人的再就业意愿越强

这可能是因为教育水平较高的老年人往往具有某种专业技能，就业的机会比较多，而且国家更需要这种人才。另外，受教育程度更高的老年人在就业观念上，可能更愿意发挥余热。但是也有学者认为，受教育程度与老年人的再就业意愿无显著性相关，高学历的老年人再就业更倾向于技术型工作岗位，低学历的老年人则更倾向于体力型工作岗位。[①]

3. 是否有退休工资显著影响老年人的就业意愿

部分老年人因没有退休工资而缺少稳定的经济来源，出于提高家庭收入水平、养老储蓄等原因会有较高的再就业意愿，因此经济因素仍是老年人有再就业意愿的主要动机。当然，随着我国经济的发展，相比以前老年人再就业的动机是经济驱动，现在更多的老年人是追求精神价值，这一转变在城市中尤为明显。

（二）老年人再就业意愿的性别差异

男性比女性有着更高的再就业比例，这可能是由于我国“男主外、女主

---

① 陆林，兰竹虹．我国城市老年人就业意愿的影响因素分析：基于 2010 年中国城乡老年人口状况追踪调查数据［J］．西北人口，2015，36（4）：90 – 95.

内”传统思想的影响仍然颇深，但近年来差距在不断缩小。在年龄、健康、周围老年人的影响方面，女性较为敏感。

国内人力资源服务商发布的《2022老龄群体退休再就业调研报告》显示，老年再就业人口中，有36.46%的男性求职者愿意进入再就业市场，比女性高出4.9个百分点。低龄老年男性愿意再就业的概率是低龄老年女性的2.385倍，即低龄老年男性的再就业意愿要强于低龄老年女性。这是由于男性对事业的依赖度与心理获得感较高，决定了低龄老年人再就业时，呈现出男性的再就业意愿强于女性。①

二、老年人再就业意愿的影响因素

（一）年龄、健康、周围老年人的影响等方面呈现出不同的影响特点

1. 年龄方面。男性老年人的年龄对其再就业意愿的影响更为显著。这可能是因为我们国家法定退休年龄女性比男性早，男性退休前工作的时间更长，因此会对退休后的再就业意愿产生显著的负面影响。年龄越大的退休人口对劳动力市场的依附性越弱。

2. 健康方面。女性的身体状况相比于男性对就业意愿的影响在5%的水平上显著，表示女性的身体状况对就业意愿更敏感，这可能是因为女性从事的职业类型对健康的要求比较高；健康状况差或者较差也会显著降低退休人口的再就业概率。

3. 周围老年人的影响方面，女性的就业意愿受周围老年人影响在1%的水平上更为显著，表示女性受身边老年人的影响更大，而男性并不显著。

（二）家庭因素对老年人再就业意愿的影响

家庭因素显著影响退休人口的再就业行为。配偶办理退休会明显降低退休人口再就业的概率，退休老年夫妻更倾向于拥有“共同的闲暇或工作”。②

---

① 雷晓康，王炫文，雷悦橙．城市低龄老年人再就业意愿的影响因素研究：基于西安市的个案访谈［J］．西安财经大学学报，2020，33（6）：102－109.

② 冉东凡，吕学静．退休人口再就业决策的影响因素研究：基于中国健康与养老追踪调查数据［J］．社会保障研究，2020（2）：29－37.

没有孙辈的老人、家庭经济状况一般的老人再就业意愿更高。没有孙辈的老人再就业意愿更高，因为他们可支配的闲暇时间更多。有孙子（女）的老年人由于需要照顾孙辈，业余时间被占据，因此很少再从事工作。家人意见对西安市低龄老年人再就业意愿影响非常显著，得到家人支持的低龄老年人选择再就业的概率是未得到家人支持的低龄老年人的13.176倍，即获得家人支持的老年群体的再就业意愿明显高于未获得家人支持的老年群体。① 子女的数量对老年人的再就业表现出明显的城乡异质性，对农村老年人来说，孩子越多，其再就业的概率越小。这说明“养儿防老”的观念在我国农村地区还普遍存在。而城市老年人孩子数量越多，其再就业的概率越大。这可能是因为城市地区生活压力和生活成本不断攀升，越来越多的老年人为了减轻后代的赡养压力和生活负担，选择退休后再就业②。

（三）家庭经济状况对老年人再就业意愿的影响

家庭经济状况一般的老年人再就业的比例更高，可能老年人出于为提高家庭经济收入、改善家庭条件等原因。个人经济因素对退休人口再就业影响显著。个人负债占资产的比重越大，职工退休后再就业的概率越高。负债占资产比重的上升会促使退休老年人倾向于“无休止”劳动③。研究显示，退休工资对西安市低龄老年人再就业意愿影响显著，低收入的老年人再就业的概率是高收入老年人的6.31倍，即低收入老年群体的再就业意愿高于高收入老年群体④。养老保险待遇对退休人口再就业具有显著的负激励作用。一方面，同没有享受养老待遇的相比，享受养老待遇的退休人口再就业概率更低；另一方面，养老待遇水平提高会明显降低退休人口再就业的可能性。⑤

---

① 雷晓康，王炫文，雷悦橙．城市低龄老年人再就业意愿的影响因素研究：基于西安市的个案访谈［J］．西安财经大学学报，2020，33（6）：102－109.

② 宋晓莹，曹洁．积极老龄化视域下社会网络对老年人再就业的影响效应研究［J］．中国矿业大学学报（社会科学版），2021，23（4）：63－78.

③ 同①.

④ 同②.

⑤ 冉东凡，吕学静．退休人口再就业决策的影响因素研究：基于中国健康与养老追踪调查数据［J］．社会保障研究，2020（2）：29－37.

（四）社会因素对老年人再就业意愿的影响

用人单位的态度对老年人再就业决策影响明显。用人单位退休返聘的态度对退休老年人的再就业决策影响显著，说明退休老年人更希望通过退休返聘来获得再就业机会。

老年人再就业意愿受朋辈群体的影响大。大部分再就业老年人就业群体存在“模仿效应”，退休老年人会受身边其他老年人工作的影响选择再就业。

法律知晓度和养老方式等因素对退休老年人的再就业决策影响并不显著。

（五）其他因素对老年人再就业意愿的影响

居住地、与子女相处时间等因素对老年人的再就业决策影响并不显著。与此同时，人口和经济因素也会影响老年人的就业情况，劳动力市场供过于求的局面导致老年人就业困难。政策和法律方面也存在一些影响因素，如缺乏保护老年人就业的相关法律，法定的退休年龄偏小且相关制度没有随社会经济发展而调整。[①] 社会网络对老年人再就业的影响具有明显的城乡异质性。对农村老年人而言，社会网络规模的扩大以及异质性的增强有助于提高其再就业的概率；但对城镇老年人来说，社会网络对其再就业的影响效应并不显著[②]。

第七次全国人口普查结果显示，60 岁及以上老年人口中，拥有高中及以上文化程度的人口比重为 13.90%，比 2010 年提高了 4.98 个百分点；60 ~ 69 岁的低龄老年人口约 1.48 亿，占老年人口的 55.83%。低龄老年人力资源有待开发，保障老年人再就业的法规政策尚需完善。2022 年 8 月 24 日，中国老年人才网正式上线，标志着我国老年人才信息库和老年人才信息服务平台启动建设，将为老年人再就业拓宽渠道、搭建平台，推动老龄人力资源开发。

---

① 郑爱文，黄志斌．基于个人和社会双重视角的老年人再就业影响因素分析［J］．宁夏社会科学，2018（5）：133 - 143.

② 宋晓莹，曹洁．积极老龄化视域下社会网络对老年人再就业的影响效应研究［J］．中国矿业大学学报（社会科学版），2021，23（4）：63 - 78.

【推荐阅读】

［1］樊明，等．退休行为与退休政策［M］．北京：社会科学文献出版社，2008.

［2］邬沧萍，姜向群．老年学概论［M］．北京：中国人民大学出版社，2015.

［3］张仙桥，李德滨．中国老年社会学［M］．北京：社会科学文献出版社，2011.

【随堂测试】

1. 简述题

近年来，虽然老年再就业率性别差异不断缩小，但是，截至2015年，男女老年人口的再就业率差距仍然有6.1个百分点。这也间接证明老年人再就业意愿性别差异仍然存在。

请问，导致老年人再就业意愿性别差异的原因是什么？

2. 多选题

（1）老年人再就业有何意义？（　　）

A. 有利于弥补人才资源短缺

B. 有利于减轻社会养老保障负担

C. 有利于经济社会的可持续发展

D. 能增加经济来源

E. 能促进老年人身心健康

（2）下列关于老年人创业的理解错误的是（　　）。

A. 创业者年龄结构偏向高龄，会带来创业动力不足

B. 支持老年人创业，更应该落实到支持老年人就业的项目上

C. 加强老年人创业的研发和人才队伍培养对于老年人创业具有积极推动作用

D. 创业是年轻人的事情，老年人创业就是抢年轻人的饭碗

【课后思考题】

项目设计：

根据所学内容，设计一份老年人再就业方案（可以是原岗位返聘、在新的岗位就业或者创业）。

【关键术语】

老年人再就业；再就业意愿；再就业性别差异；老年人创业。

第八章　中国老龄化背景下老年人生活的变迁及其调适

进入 21 世纪，在全球范围内，老年人口的增长速度超过了以往任何时代，人口老龄化被认为是人类社会发展的必然趋势。掌握人口老龄化的发展现状及未来趋势，培养科学的人口发展意识，树立正确的老龄化观念，老年人积极进行自我调适，是实现积极老龄化的重要途径。

第一节　中国人口老龄化现状及趋势

一、全球老龄化

工业社会以来，人类社会人口结构发生了很大的变化，许多国家老年人口有了很大增长。“1820 年，美国半数以上的人口都在 17 岁以下，但到了 2030 年，年龄在 38 岁以上的人口将是总人口的一半以上。仅在两个多世纪的时间内，美国就从一个很年轻的社会变成一个很成熟的社会。”[①] 人口的变化真的是这样的吗？人口学有两个重要概念，出生率与死亡率，可以帮助我们预测一个社会中人口结构的变化。在传统农业社会中，出生率较高和死亡率也较高，维持着一个较低的老龄人口比；近现代工业社会的发展，物质财富得到了极大的丰富与发展，医疗技术的进步，老年人平均寿命延长、死亡率降低；同时，年轻人的生育意愿降低，出生率下降，人口结构呈现出老龄化趋势。进入 21 世纪，不仅是发达国家，就是发展中国家，人口结构也快速向

---

① 戴维·L. 德克尔. 老年社会学：老年发展进程概论［M］. 沈健，译. 天津：天津人民出版社，1987.

老龄化转变。今天，人口老龄化已被认为是人类社会的必然发展趋势。

根据联合国《世界人口展望2022》的数据，2022年，全球65岁及以上人口为7.71亿，几乎占世界人口的10%。这一数据一直在持续不断地增长，预计到2050年将达到16%，到2100年将达到24%，各国老龄人口的发展趋势是老龄化日益严重，如表8－1所示。

表8－1 2022年、2030年和2050年全世界、可持续发展目标区域和选定国家65岁及以上人口的百分比（%）

地区	2022年	2030年	2050年
全球	9.7	11.7	16.4
撒哈拉以南非洲	3.0	3.3	4.7
北非和西亚	5.5	7.0	12.5
中亚和南亚	6.4	8.1	13.4
东亚和东南亚	12.7	16.3	25.7
拉丁美洲和加勒比地区	9.1	11.5	18.8
澳大利亚/新西兰	16.6	19.4	23.7
大洋洲*	3.9	5.1	8.2
欧洲和北美洲	18.7	22.0	26.9
最不发达国家	3.6	4.1	6.1
内陆发展中国家	3.6	4.1	5.8
小岛屿发展中国家	8.9	11.3	16.0

注：*不包括澳大利亚/新西兰。

资料来源：联合国《世界人口展望2022》。

导致现代社会人口老龄化加深的原因主要是人口平均寿命的延长和生育率的下降。对于个人来说，长寿可能是人生的一份大礼。但是，寿命的不断延长，对于个人生活方式以及社会发展都会带来改变和造成压力。对于个人，可能意味着改变自己的人生计划，要重新规划并使用这段不断延长的时间，并应对长寿带来的各种问题；对于社会来说，长寿针对个人产生的教育、就业、退休保障等问题。比如，如果大多数人预期寿命延长，退休年龄不变会产生什么情况？我们无力负担丰厚的养老金，如何应对？这些问题，都给老龄化严重的社会带来困扰。

那么，对于老年人来说，延长版的人生，是不是意味着不停歇地工作、能量耗尽、晚年的凄凉？其实不尽然。毫无疑问，长寿带来的老龄化可能会使更多人工作更久，但是，老龄化的应对也会带来更积极、更灵活的生活方式，个人、企业、组织、政府和社会都将会发生巨变。长寿，意味着我们将重新建构社会结构和发展的次序。

二、人口老龄化与老龄化社会

人口老龄化，是指人口生育率降低和人均寿命延长导致的总人口中因年轻人口数量减少、年长人口数量增加而导致的老年人口比例相应增长的动态。这是一个动态的过程，表现为总人口中老年人口所占比例不断上升的趋势以及社会人口结构呈现的老年状态。这表明社会人口年龄结构从成年型向老年型甚至向高龄型发展的人口变动趋势。

人口老龄化这一指标，反映的不仅仅是老年人口总数量的变化，更反映的是人口结构的变化。

进入 21 世纪，随着全球范围内人口快速向老龄化转变，老龄化社会的时代到来。所谓的老龄化社会，一般是指老年人口在总人口中达到或超过一定比例的人口结构模型。按照联合国的传统标准，是指一个国家或地区 60 岁以上人口占该国或地区人口总数的 10% 或以上，或一个国家或地区 65 岁以上人口占该国或地区人口总数的 7% 或以上，则该国家或地区就进入了老龄化社会。以此为标准，根据第五次、第六次全国人口普查数据，我国自 2000 年已进入老龄化社会，以 65 岁及以上占总人口比例的数据为参考，此指标从 2002 年的 7.3% 上涨至 2012 年的 9.4%。到第七次全国人口普查，60 岁及以上人口为 264018766 人，占 18.70%，其中 65 岁及以上人口为 190635280 人，占 13.50%。与 2010 年第六次全国人口普查相比，60 岁及以上人口的比重上升 5.44 个百分点，65 岁及以上人口的比重上升 4.63 个百分点。

三、中国老龄化发展现状

当代中国人口结构变化的突出问题之一是老龄化。这是由人口年龄构成发生变化引起的，这个变化经历了一个由慢到快的过程。目前，我国正在进入一个快速进行中的老龄化过程。

（一）中国人口老龄化现状

根据第七次全国人口普查结果，截至2020年11月1日零时，我国31个省份（不含港、澳、台地区）人口中，0～14岁的人口为253383938人，占17.95%；15～59岁的人口为894376020人，占63.35%；60岁及以上人口为264018766人，占18.70%，其中65岁及以上人口为190635280人，占13.50%。与2010年第六次全国人口普查相比，0～14岁人口的比重上升1.35个百分点，15～59岁人口的比重下降6.79个百分点，60岁及以上人口的比重上升5.44个百分点，65岁及以上人口的比重上升4.63个百分点。按照联合国老龄化标准，我国已经进入中度老龄化状态。

表8-2　中国人口年龄构成

年龄	人口数（人）	比重（%）
总计	1411778724	100.00
0～14岁	253383938	17.95
15～59岁	894376020	63.35
60岁及以上	264018766	18.70
其中：65岁及以上	190635280	13.50

资料来源：《第七次全国人口普查公报（第五号）——人口年龄构成情况》。

（二）中国人口老龄化特点

人口老龄化是当今时代一个世界性的命题。各国人口老龄化的起因、开始时间、速度以及达到的程度等方面存在很大的差异。我国自20世纪70年代实行计划生育政策开始，随着生育率的迅猛下降以及平均预期寿命的延长，即开始了快速的人口老龄化进程。与其他国家人口老龄化相比，我国的老龄化具有自己的特点。

1. 老年人口规模庞大

截至第七次人口普查，我国60岁及以上人口有2.6亿人，其中，65岁及以上人口1.9亿人。由于我国人口基数大、20世纪五六十年代人口出生高峰期的人已进入老年期，导致了我国庞大的老年人口规模。

2. 老龄化进程明显加快

根据第五次、第六次全国人口普查数据，从2000年至2010年，60岁及以上人口占13.26%，比2000年人口普查上升2.93个百分点，其中65岁及以上人口占8.87%，比2000年人口普查上升1.91个百分点。根据第六次、第七次全国人口普查数据，从2010年至2020年，60岁及以上人口比重上升了5.44个百分点，65岁及以上人口上升了4.63个百分点。与上个十年相比，上升幅度分别提高了2.51个和2.72个百分点，表明我国已经进入老龄化加速期。随着中国经济社会快速发展，人民生活水平和医疗卫生保健事业的巨大改善，生育率持续保持较低水平，这是中国老龄化进程逐步加快的主要原因。

3. 老龄化水平城乡差异明显

根据第七次人口普查数据，从全国看，乡村60岁及以上、65岁及以上老人的比重分别为23.81%、17.72%，比城镇分别高出7.99个、6.61个百分点。老龄化水平的城乡差异，除了社会经济原因外，与人口流动也是有密切关系的。

4. 老年人口质量不断提高

根据第七次人口普查数据，60岁及以上人口中，拥有高中及以上文化程度的有3669万人，比2010年增加了2085万人；高中及以上文化程度的人口比重为13.90%，比十年前提高了4.98个百分点。十年来，我国人口预期寿命也在持续提高，2020年，80岁及以上人口有3580万人，占总人口的比重为2.54%，比2010年增加了1485万人，比重提高了0.98个百分点。[①] 随着老年人口中受教育程度的提高，我国老年人口质量也在提升。

以上中国人口老龄化的特点，使得中国当前以及未来一段时期内将持续面临人口年龄结构不均衡发展的压力。

（三）中国人口老龄化面临的问题

1. 趋向高龄的劳动人口，社会负担会增加

目前，我国老年人口的比例不断上升，每年会有更多的人进入退休养老

---

① 人民网. 国家统计局：60岁及以上人口比重达18.7%，老龄化进程明显加快［EB/OL］（2021－05－11）. http://finance.people.com.cn/n1/2021/0511/c1004－32100026.html.

的状态。作为世界上人口最多的国家，老年群体数量相当可观。而我国养老资金方面的积累不足，“退休”人员比重的增加产生的养老负担会加到“在职人员”身上，青壮年的负担系数上升。

2. 未富先老，养老制度不完善

世界上先期进入老龄化社会的国家，人均国民生产总值一般都达到20000美元以上，呈现出“先富后老”，这为解决人口老龄化带来的问题奠定了经济基础。而中国进入老龄化社会时，人均国民生产总值约为3000美元，呈现出“未富先老”，由于经济实力还不强，无疑增加了解决老龄化问题的难度。制度性供给短缺、养老资金储备不足，我国的养老制度还处在不断调整和完善中，社会化养老还处在初级阶段，家庭养老仍然是我国主要的养老方式，在农村尤为突出。

3. 对社会养老道德的影响

我国的老龄化也引发了一系列的社会问题，比如社会伦理道德问题。随着经济的发展，以及早期实行的计划生育政策，使得我国现在的家庭结构以“421”家庭结构为主，即四个老人、一对夫妻和一个孩子的状态，使得家庭养老面临压力。加之城市化发展、人口流动造成的“空巢老人”的状态，我国的尊老爱老传统美德受到挑战。

（四）中国人口老龄化的影响因素

导致我国人口老龄化快速发展的原因是多方面的，具体来看，有以下几方面原因。

1. 社会公共健康事业的发展延长了人的平均寿命

随着经济不断发展，我国医疗机构的数量、医卫人员的素质以及卫生服务投入的费用都得到了极大的改善，这无疑与我国国民身体素质的改善和提高有着必然的联系。充足的医卫保健资源可以延长老年人的平均寿命，降低老年人死亡率。平均寿命的延长无疑是导致老龄化的原因之一。

2. 社会养老事业发展缓解了老年人的养老困境

工业化社会的养老方式主要依靠老年人的社会保障体系和老年人的社会化服务体系。社会保障制度解决老年人的经济保障问题，通过社会保险和财政拨款等方式保证了老年人的经济供给，如退休金、医疗保险等；而社会化服务体系解决老年人的服务保障，利用财政及社会资金发展和建立社会化的服务体系，保证了老年人的服务供给，如老年人的卫生保健服务、生活照料服务和文化教育服务等。随着养老困境的化解，老年人生活质量提高，更有利于寿命延长。

3. 老年人教育水平的提高更有利于延年益寿

教育改变了老年人的饮食和健康态度以及行为，使老年人的生活习惯更有利于健康，减少饮食营养相关疾病的发生，保障身体健康。同时，教育还通过提高人口文化和道德素质，构建和谐的家庭邻里关系，给老年人以精神慰藉，从而延长老年人的平均寿命。

而教育文化水平的提高还直接影响和改变了人们的生育观念，由注重孩子的数量转变为注重孩子的质量，大大降低了人口出生率，少儿人口在总人口中所占比重呈下降趋势，相应地老年人口在总人口中的比重提高。

4. 生活水平的提高促进了人口老龄化的深入发展

评价经济生活水平对人口老龄化的影响，须从人均 GDP、恩格尔系数、城市化率和居民消费支出等几个方面进行综合评价。

纵观世界各国或地区，凡是经济文化越发达的地方，人口的平均寿命就越高，人口老龄化的现象就越显著。

相对于人均 GDP 而言，恩格尔系数更能反映一个国家的生活质量。自改革开放至今，我国城乡居民恩格尔系数总体在逐渐降低，人民以吃饱为标志的温饱型生活，正在向以享受和发展为标志的小康型生活转变。它说明，我国城乡广大居民的生活质量正稳步提高，在物质生活进一步改善和提高的同时，人们的精神生活也得到了进一步充实。用于陶冶情操、促进身心健康的文化艺术、健身保健、医疗卫生等方面的支出稳步增长，从而使人们的平均寿命延长。同时，随着文化教育等消费成本升高，如高房价和教育的高消费等会抑制人口增长，促使老龄化加剧。当老龄化消耗大量的国家财富时，青年人的压力就会剧增。在这种情况下，即便是放开了计划生育政策，生育率依然会降低。

5. 人口结构改变对老龄化产生长远影响

人口结构对人口老龄化的影响，主要是由于当前各年龄阶段人口比、人口密度和计划生育政策共同作用的结果。一个社会总是由不同年龄的人群组成，而某一时间段出生的一批人随着时间流逝会依次出现就学、婚育、就业、退休和死亡。当一次生育高峰到来时，随着岁月的流逝，这批人的年龄势必往上推移，尤其在进入老年期后，即便出生率与死亡率因素不变，也会引起人口老龄化。中国曾于1954—1957年和1962—1971年两次出现人口生育高峰，这两次生育高峰对我国人口老龄化产生了长期的影响。

年轻人生育意愿降低导致生育率下降。今天，更多的年轻人生活在城市，承受着较大的生活、工作压力。如人口密度提高带来的生活成本压力增大，当然，这一般不太可能直接调节生理因素（如降低生育力），但是，由于实际的生活空间有限，生活成本较高，对减少生育的心理还是可能起很大的影响作用。尤其对于年轻人来说，受教育水平的提高和消费成本的日益攀升，过度集中在大城市面对人口密度所带来的压力，也会从理性地认同政府的决策发展变为自愿地降低生育率。

（五）中国人口老龄化的未来趋势

根据国家统计局公布的数据，2015年，我国60岁及以上人口为2.22亿，占总人口的16.15%。到2020年，老年人口达到2.64亿，老龄化水平达到18.70%，其中80岁及以上人口有3580万人，占总人口的比重为2.54%，比2010年增加了1485万人，比重提高了0.98个百分点。截至2022年底，60岁及以上人口为28004万人，占19.8%，其中65岁及以上人口为20978万人，占14.9%。与2021年相比，60岁及以上人口增加1268万人，比重上升0.9个百分点；65岁及以上人口增加922万人，比重上升0.7个百分点。考虑到20世纪70年代末，计划生育工作力度的加大，预计到2040年，我国人口老龄化进程达到顶峰，之后，老龄化进程进入减速期。全国老年人口将增加至1亿，届时80岁及以上的高龄老人将达到2400万，65岁以上空巢老人将超过5100万；到2025年，中国老年人口总数将近3亿，到2050年，每三个人中就有一个是老年人，而且按照现在我国老龄化发展的趋势，人口老龄化比例从20%提高到30%只需20多年的时间，发展非常迅速。

根据以上数据分析，作为人口年龄结构变化的结果，中国未来人口的老龄化变迁仍将处于持续深入的进程中。这种变迁是一种结构性的变迁，它带来的是经济、社会、政治、文化各部分的系统发展，绝对不仅仅是老年人群体本身的问题。这给现实的人口结构以及由于经济发展推进的未来发展，必将带来严峻的挑战。可以说，21世纪是人口老龄化的世纪。它给我们带来压力和挑战，同时，也给我们提供了新的代际和谐的机遇。老龄化是一个积淀了历史文明的社会发展趋势。在未来社会中，我们将通过解决人口老龄化问题，推动社会的变革，促进社会的发展。老龄化经济必将促进新的科学技术的进步、劳动生产率的提高和新兴产业的诞生。它和以往的经济形式一样，是充满生机和活力的。老龄化必将带来更加人性化的社会服务。面向老年人群体的以人为本的社会服务，也会使面向其他群体的社会服务得到改善，人性化将成为一股强大的力量，推动社会不断地进步。老龄化将是一个代际和谐的过程。人类社会经历了早期的老年崇拜、青年崇拜后，进入老龄化时代，年龄平等将是新的价值伦理观念。在老龄化社会中，我们将通过建立完善的法律制度、道德体系，形成尊老爱幼、代际和谐的新局面。老龄化社会将是“银发”事业大发展的社会。政府中面向老年人的管理部门，事业单位中面向老年人的教育、医疗、文化部门，企业中面向老年人的银发产业，社会组织中面向老年人的机构，将形成兴旺发达的“银发”事业体系。

（六）积极应对人口老龄化

应对人口老龄化，应该着眼于把老龄社会作为一种新的社会形态来看待，从老龄化社会整体战略出发，即从包括政治、经济、文化等整体角度出发创新社会发展观，形成年龄平等的共享社会。

1. 调整政策，完善人口结构

生育政策对于提高生育率，增加年轻人口占总人口的比例来应对人口老龄化具有直接的作用。但是，单纯依靠出生率的增加来改变人口结构又过于理想化。因此，对于通过提高生育率来完善人口结构，这是一个要慎重考虑的问题，需要我们去深入研究和探讨，一定要坚持适度原则。比如，如果我国要提高生育率，我国人口基数大，就会出现生育率过快增长的局面；相反，如果我们保持低生育率，那么我国的老龄化局面又会严重。总而言之，我国生育结构的调整必须要兼顾年龄结构的优化。

2. 开发“银发产业”，应对老龄化发展

随着我国老年人口的增加，关于老年人的各类产业得到快速发展。老年人的产业需求逐渐得到市场认可，比如老年人对健康的需求，以及对一些衣食住行等的需求，就会有一些企业积极开发、供给健康体检、医疗、保健、疗养等产品与服务，逐渐形成老年医养产业链——保健品市场、医疗服务业、敬老院以及现在的高校培育出来的专门为老年人提供服务和照顾的专业人才。

老龄化既是一种挑战，也是一种机遇，所以我们要大力发展银发产业。

3. 建立和健全老年医疗保险制度

与年轻人群体相比，老年人群体具有高患病率、高伤残率、高医疗利用率的特点。因此，在全社会医疗保险制度的基础上，有必要对老年人制定特殊的医疗保险制度，以保障老年人医疗的基本需求。如专门针对高龄老年人、失能半失能老年人的养护险。对于城镇老年人口，需要完善职工基本医疗保险制度，建立多层次的医疗保障体系；对于农村老年人口，可以探索多种形式的健康保障方法。逐步建立城乡医疗救助制度，改善特困老年人的医疗条件。

4. 要逐步实现健康老龄化

疾病和伤残并不是老年期的必然产物。通过努力完全可以降低老年人的患病率和伤残率，并把它们压缩到生命最后的较短时期内，即实现健康的老龄化，这也是老年人及其家庭乃至老龄化社会的期望。其中要特别注意家庭小型化趋势下老年家庭看护照料的供需状况，及时提供相应的帮助措施。通过政府、社区、家庭、社会保险、社会志愿组织等为老年人提供健康照护服务，提高老年人健康生活水平。

5. 改革退休制度，充分发挥老年人潜力

我国现行的退休政策是 1978 年制定的标准，实行性别、职业差异的退休年龄制度。男性职工年满 60 周岁、女性职工年满 50 周岁可以办理退休，女性干部退休年龄为 55 周岁。与世界上大多数国家相比，我国退休年龄偏低。以男性为例，在全球 228 个国家和地区中，有 102 个国家的退休年龄为 60 周岁，占比为 61.08%；而 65 岁以上退休的国家有 44 个，占比为 26.35%。实施延迟退休，即延迟退休年龄，是国家应对人口老龄化的选择。2021 年 3 月 11 日，十三届全国人大四次会议批准的《中华人民共和国国民经济和社会发展第十四个五年规划和二〇三五年远景目标纲要》中明确提出，“按照小步调整、弹性实施、分类推进、统筹兼顾等原则，逐步延迟法定退休年龄”。从全国来看，延迟退休制度的实施，可以减缓养老基金缺口，降低国家养老金支出压力；同时，还可以充分发挥老年人人力资源优势，弥补劳动力资源不足的问题。

6. 完善家庭、社区、社会养老相结合的多元化养老体系

我国进入老龄化社会后，高龄老人迅速增加，对于老人在日常生活、医

疗、养老等方面的照顾，需要实行家庭、社区、社会养老相结合的多元化养老模式。目前，家庭养老仍然是主要的养老模式。但是，由于我国实行严格的计划生育政策，独生子女家庭“421”结构下的四位老人、一对夫妻和一个孩子，家庭养老压力难以承受。工业化、城市化发展带来的流动性，使得子女与父母的居住分离，加之城市工作压力过大，子女难以承担养老义务。所以，我们要积极引导由家庭养老向社区养老、社会养老过渡。在养老机构上，我国现存的养老机构全是政府融资建设的，但随着老龄化的加剧，我国的养老机构供不应求，政府的力量远远不够，我们要调动各方面积极性，实现由个人、企业、社会、政府共同举办养老机构。政府要出台各类鼓励、扶持政策，指导社区参与养老事业。积极引导社区组织、社区志愿者、邻里对社区中的老年人进行帮扶照顾，鼓励社会化养老机构延伸到社区，实现养老机构社区化、家庭养老社区化。

第二节　中国人口老龄化对老年人生活的影响及调适

随着中国人口老龄化的日益加深，其对老年人生活的影响越来越显著。学者对老龄化影响老年经济、健康、生活方式、文化等的研究越来越多。我们更关注的是老龄化如何改变老年人的生活、形成怎样的影响以及如何进行调适。

一、改变了的老年生活

长寿，将毫无疑问地改变人类的生活，甚至将从根本上改变人生。这一过程可能是一个循序渐进的过程，正如科技发展带来的工业革命以及全球化逐渐改变了社会发展模式，长寿和老龄化也会改变老年生活。

（一）退休年龄将会推迟

随着人的寿命不断延长，每个人都不得不面对退休年龄推迟的真相。国外老龄化国家多是采取利用外部机制引导劳动者自觉延长退休年龄的方式应对长寿时代的到来。根据第七次人口普查数据，2020 年，我国 65 岁及以上老龄人口达到 1.9 亿，占全部人口的 13.5%，表明我国已进入中度老龄化，伴随而来的是劳动年龄人口逐步减少的趋势，我国也不得不采取逐步延长退休年龄以应对人口增寿带来的养老压力。

（二）新技能、新职业将会出现

随着人均寿命的延长，人们将在已掌握知识和技能的基础上，重新学习新的知识和掌握新的技能。在一个人类寿命不断延长、劳动力市场相对萎缩的时代，一个人的职业生涯将发生改变。过去用20年掌握的知识与技术就可以应对的职业生涯，在长寿的人生中，需要再投入时间以学习和掌握新的技术、技能来维持生产力的可持续性，用以应对就业市场上工作到七八十岁的职业生涯发展趋势。

（三）新的人生阶段将会出现

在传统社会，人类寿命较短，维持在五六十岁时，人生阶段可能分为两个阶段：青少年阶段和青壮年阶段（职业阶段）。人类退休养老阶段时间短，甚至来不及进入即结束人生。随着长寿时代的到来，对长寿的回应表现为人类会创造出新的人生阶段。在青春期之后的年龄阶段，人类对可能的更长寿命作出回应，保留了不断探索的激情和选择的机会。在退休之后的阶段，人类还会创造出新的职业生涯阶段，会追求新的生活方式和作出新的选择，不断尝试新的机会，追求新的生活。这种对新的人生阶段的尝试，在过去人类寿命较短的时代是不可想象的。

（四）人生将会多向度

在过去人类寿命较短的时代，人生可能遵循的顺序是受教育、就业、退休。人生是确定无疑的，可以预测的。但是，在人类寿命不断延长的今天，人生就可能不再遵循传统的三阶段，有了更多选择和创造。过去，当有人告诉你他刚刚本科毕业，我们可能马上就能准确地推算出他的大致年龄——20～24岁。但是，随着长寿时代的到来，一个人可以在40岁、50岁时再次进入大学学习新的知识和技能，以应对长寿所带来的职业生涯的延长。我们就不能从他的毕业年龄来推算出他的人生阶段，因为人生阶段不一定对应年龄。长寿使我们生活在一个多向度的人生历程中，过去年龄与阶段等同的单向度人生将改变。

二、人口老龄化对老年人生活的影响

人口老龄化发展对老年人生活的影响是系统性的，在老年人经济、文化、家庭、人际关系等方面形成全方位的影响。

（一）老龄化对老年人经济生活的影响

社会进入老龄化之前，老年人的经济生活主要是以家庭为单位展开。老年人较低的寿命水平和较小的数量规模、较为单一的供养内容和较低的供养水平以及传统的尊老文化价值观，决定了老年人经济生活能在家庭内部得到较好的解决而没有成为社会问题。家庭养老的内容是比较单一的，以经济供养为主，保证吃饱穿暖等基本生活的需要；老年人生活照料的供养主要体现在人道主义方面（如传统孝道下对老年人尤其是失能老年人的照顾）。

由于人口老龄化的过程是与社会经济发展相适应的人口发展的过程，人口老龄化的发展使传统的家庭养老赖以存在的条件发生了变化，老年人的经济生活势必受到影响。这种影响不仅表现于养老方式的演变，而且表现为养老的内容与供养水平的变化。

那么，人口老龄化对老年人经济生活有哪些影响呢?

1. 老年人经济来源多元化

随着老龄化的加深，大部分老年人经济生活来源的承担者分别是政府、金融保险机构、亲属和老年人自己。家庭作为传统意义上经济生活来源的功能已经大大削弱。目前，老年人的经济供养来源有社会养老保险、商业养老保险、个人储蓄、自我劳动、子女提供、配偶提供、社会救济等多种形式。

在城市中，大多数老年人的经济生活来源，不仅仅依靠子女或主要不依靠子女，甚至完全不依靠子女。在农村，老年人的经济生活来源也由过去单一依靠家庭向多渠道发展。

2. 老年人经济生活内容更加丰富

老年人经济生活已不再停留于最基本的物质需要满足，充实生活内容、提高生活质量成为众多老年人的追求。

追求更高水平的物质生活。老年人的愿望并不是仅仅保证吃饱穿暖等基本生活的需要，而是要保证生活水平不低于退休前或丧失劳动能力前，并共享社会经济发展成果，生活水平逐步提高。老年人退休之后通过再就业等形式不断扩大经济收入。同时，营养保健、穿戴讲究等新的消费观念，使老年人经济生活由温饱型向享受型转变。

获得更专业的医疗照护。由于现代医疗技术的发展使患有慢性非传染性疾病的老年人的长期医疗和长期照顾成为可能，老年人死亡率降低。因此，患病或丧失生活自理能力的老年人，不仅需要一般性的日常生活帮助，而且需要含有一定技能并耗费大量精力和时间的不间断的医疗护理。

追求丰富的精神生活。这不仅是由于家庭规模缩小，子女工作或学习繁忙，无暇陪伴老人导致老人生活孤独，而且主要是由于社会经济发展、老年人生活水平提高引起的。老年人需要有自己的活动场所，有自己聊天的地方，需要培养和满足自己的爱好，甚至需要继续接受教育。

因此，现代意义上的老年人经济生活与传统意义上的经济生活，已在内容上发生了重大的变化。

3. 老年人养老方式发生变化

在养老方式上，家庭供养仍然是我国现阶段养老的一种重要形式，但与传统意义上的家庭养老已有本质的不同。单一的家庭成员经济供养形式正在向多元化经济供养形式转变。除了传统的家庭供养养老方式外，设施供养即老年人活动场所、老人公寓（敬老院、社会福利院、托老所）、老年病医院、临终关怀医院、老年大学（学校）等老年福利设施提供的医疗、生活照料、精神赡养等群体供养形式，正越来越成为主要的养老形式。养老设施资金投入主要靠国家财政拨款和社会捐助，也有少数是由企业投资的。这些设施都是微利经营的社会福利设施，除老年人活动场所一般是免费使用外，对所接纳的老人（不含五保老人）都要收取适当的费用。

4. 经济上对子女的依赖性弱化

随着供养子女数的减少以及空巢家庭的增多，老年人经济生活质量越来越依赖自身健康状况和自我养老能力。同时，配偶的照料能力也具有较大的影响性。如配偶的经济条件、身体健康状况将直接影响其照料的时间和质量。一旦配偶去世或丧失提供照料的能力，他们的生活照料便会发生困难。

5. 老年人经济供养年限延长造成的经济压力

高龄化对老年人经济生活的最直接影响是老年人的经济供养年限延长，这会给家庭、社会带来经济负担，使得部分养老金储备不足的老年人不得不选择再就业以减轻家庭和社会养老压力。在一般情况下，无论是何种养老方式，其供养水平与供养年限都是成反比的。

6. 老年人经济生活水平下降

人口老龄化的一个重要特征是老年群体在全体人口中的占有比重呈提高的趋势。在社会养老总费用或子女养老的承受能力一定的情况下，老年人的经济生活水平与老年人数量成反比，当人口结构中老年人口比重提高，势必造成老年人经济生活水平下降。

7. 社会化养老政策的调整

人口老龄化的惯性作用直接影响社会化养老政策的调整。老龄化的惯性加速将迫使政府改革养老政策，如实施延迟退休，这使依靠退休金生活的老年人经济生活水平有可能下降。

（二）老龄化对老年人文化生活的影响

老年人通过参与各种文化活动，营造出有利于老年人发展的文化氛围。随着社会老龄化程度不断加深，对于老年人文化生活会有怎样的影响呢?

1. 老年文化活动设施跟不上老年人口的增加

随着老龄化程度的加深，老年人口增多，老年人精神文化需求无论是质还是量的要求都在快速增长；同时，老年人文化活动场所、各类活动设施的发展却未能跟上老龄化发展的步伐。尤其是深受老年人欢迎的社区老年大学，其数量远不能满足老年人的需求。2023 年 4 月 24 日，中国老年大学协会在北京召开的媒体座谈会上，协会副秘书长李春华通报：目前，全国各级各类老年大学（学校）已达 7. 6 万所，学员超过 2000 万人。但相比较 2. 64 亿的老年人口总数，老年大学为老年人提供的入学机会还是“杯水车薪”。

2. 老年文化产业发展远不能满足老年人需求

在老龄化背景下，针对老年人的文化产品供给不足，不能满足老年人的需求，旅游、保险、金融、教育等文化产业常滞后于老年人口增长，影响老年人文化生活的发展。

3. 老年文化生活质量水平较低

由于社会化文化场所不能满足快速增长的老年人口，大多数老年人的文化生活仅停留在家庭中的、简单的、参与人数较少的活动上。加之受到身体健康状况、兴趣爱好、经济成本等因素的影响，老年人文化生活主要以家庭文化生活为主，不丰富且单调，即便是在社会化活动场所中，老年文化生活也存在不深入、针对性不强、满意度较差等问题。

（三）人口老龄化对老年人人际关系的影响

老龄化社会中，人们更加长寿，养育孩子后剩下的岁月就更长，这很可能减少性别不平等，改变人际关系、婚姻关系和代际关系。

1. 对夫妻关系的影响

传统家庭成员关系常基于劳动分工——男主外、女主内而形成。但是，这样一种产出互补型和基于性别的分工，随着老龄化的到来，也在发生着改变。随着越来越多的女性成为上班族，双收入家庭成为常态，传统的家庭角色和家庭成员关系已然发生改变。在更长寿的生命里，女性选择晚婚，不育或者少生育，甚至花更少的时间在照顾孩子上。这种变化在悄然发生，传统的基于性别的生产互补型的夫妻关系可能被消费互补型的夫妻关系取代，这是一种包办了风险分担的关系类型，这也可以解释现代社会中为什么人们更注重“门当户对”的“选择性婚配”。同时，夫妻关系更趋向于追求亲密性，但是这种新的婚姻关系也存在着矛盾：这种关系的保证是什么？个人的人品还是社会的制度？我们看到的是，老龄化社会中，很多老年夫妻反而会在七八十岁的时候，矛盾和冲突达到了不可调和的状态，老年期也会有婚姻的再选择。

2. 代际关系更为复杂

在传统社会中，人生的青年、中年、老年之间的关系非常明确。随着人的寿命延长，人生的多阶段将更加明显。青年期的受教育在中年期、老年期也可以发生，中年期的职业危机在青年期也可产生，老年期也会有婚姻的再选择。代际关系更为多元和理性，如费孝通所称的中国传统的代际关系是“反哺模式”，特点是代与代之间的交换与互惠。在老龄化社会中，长寿老人成为常态，加之现代社会中家庭小型化、流动性加强等因素影响，晚辈对长辈的赡养、亲情越来越难以实现，代际关系更加物质化，父代权威逐渐衰落。

3. 职场关系的改变

长寿对个人是一份天赐的礼物，多阶段的人生为每个人提供了相当多的选择和相当大的灵活性，并帮助人们更好地权衡工作与休闲、职业与家庭、财务与健康。然而，对于职场来说，因为长寿而带来的人们的灵活就业、再学习等可能压倒组织对固定性和可预测性的需求，这将改变工业社会中劳资双方基于工作时长和工作条件而形成的关系。今后的职场关系可能更多考虑的是个人的自由、发展、精神需求的满足。

4. 改变老年人与政府的关系

当老年人群体还属于少数群体时，政府对老年人的关注仅限于退休问题。但是，当越来越多的老年人出现时，政府必须考虑生育、婚姻、工作时间、再教育、养老等一系列问题。在老龄化社会中，政府对老年人的重要工作就是调整老年人的生活、工作方式、养老方式。老龄化之前，老年人政策都是根据人生三阶段制定的；老龄化之后，政府重视的就不仅仅是调整养老金水平、调整退休年龄问题，而是应该建立一个完整的立法体系来帮助老年人度过晚年阶段的生活。

三、人口老龄化背景下老年人生活的调适

对于进入老年期的人们来说，他们比其他人生阶段的人们更关心和思考这样一些问题：

“当我年老时，我能够照顾自己吗?”

“我会不会变得虚弱不堪、无法到处走动?”

“我将会贫穷吗? 生活有保障吗?”

“我会不会住在养老院，把自己交到那些根本不关心我的陌生人的手中?”

这是很多老年人的养老困惑。养老，是老年人个人的事，还是你我的事?

1928 年，人类学家查尔斯·哈特对居住在澳大利亚北海岸附近一个海岛上的提维人进行实地调查。为了更好地实施参与观察，哈特按照提维人的习俗，分属到一个家族，并把一位年老的女性认作自己的母亲。这位年老的女性“没有牙齿，眼睛看不见，干瘪枯槁，头脑也不清醒”。哈特描述了他在海岛上的生活：

在我将要离开这里的时候，发生了一件令我惊讶的事情。我所属的鸟部落的几位长者找到我，他们作出了一个决定：是时候抛弃那个衰老的女人了。他们告诉我，这是提维人的习俗，当一位年老的女性衰弱到无法照顾自己时，便要“把她埋掉”。这件事只能由她的儿子和兄弟们来执行，而所有的人都要事先同意，防止事后出现纷争或敌对。

我已经了解“把她埋掉”的意思。提维人像许多狩猎采集部落一样，有时会放弃赡养年老体弱多病的女性，其方法是在某个偏远的地方挖一个坑，

将年老的女性放入坑中，之后用土填上直到仅仅露出她的头部。所有人离开一两天再返回这个坑，他们惊奇地发现，这个老妇人死了。没有人“杀死她”，在提维人的眼中，她的死是一件自然的事。

当我问我的兄弟们我是否必须参加“把她埋掉”这件事，他们说没有必要，他们会做这件事，但是必须取得我的同意，因为我已经是他们的兄弟。当然，我“同意”了。一周后，营地里的人说我的“母亲”死了，我与我的“兄弟们”号啕大哭并穿上丧服。

在苏联高加索山区的阿布哈西亚人，他们却有着完全不同的对待老年人的态度：不抛弃任何一位老年人。

阿布哈西亚人居住在苏联高加索山区，以农业为生。目前，该地区被认为是世界上最长寿的地区之一，政府的记录表明，很多人都活过了 100 岁。美国营养学者 John Robbins 在系列著作《像他们一样活到 100 岁》中指出，最长寿的纪录是 130 岁。

阿布哈西亚人长寿的主要原因，第一个是饮食结构合理：很少的肉、许多新鲜的蔬菜水果、大蒜、山羊干酪、麦片、葡萄酒。第二个是他们一生从事体力活动。即使 80 岁以后，也只是逐渐减少工作；即使过了 100 岁，他们仍然会一天工作 4 个小时以上。第三个原因是高度发达的社区感，这是阿布哈西亚人的文化核心。自童年时起，每个人便融入一个初级群体，而且终生都属于这个群体。他们没有养老院，老年人不会单独生活。由于他们继续工作并对群体福利有所贡献，因此年老不会成为任何人的负担。同时，连续的劳动不会让老年人感到过去与现在的突然断裂，老年人不会出现精神的孤独。

因此，阿布哈西亚人十分尊重老年人并寻求老年人的指导，他们不会抛弃任何一位老年人，即便他确实已经年老到无法生活自理的程度，他们的文化也形成了要照顾他们的氛围。

提维人和阿布哈西亚人对待老年人的态度，反映了社会如何应对老龄化，并由此决定了不同社会中老年人的生活保障。其实，年老本身不会带来一系列的否定态度，相反，对待老年人的态度根植于社会当中。甚至人们到什么年龄被视为老年人，也并非取决于生物因素，而是取决于文化因素。

那么，在老龄化社会中，老年人生活应该如何调适以应对不断加深的人口老龄化？

（一）社会要形成正确对待老年人的观点

1. 处于社会变化中的老年人

传统社会中，老年人被看作是有关工作技巧和生活经验的知识宝库，并受到社会的尊重。如在中国农业社会，年老被认为具有积极的意义。在相对落后的生产阶段，年老被视为一种成就，因为很少有人能活那么长，因为没有养老金，老年人继续从事那些随着时间变化改变很少的工作，他们一生都处于创造价值之中，只是在人生很短的时间内会消耗生活财富成为被照顾的对象。

工业社会到来，瓦解了对老年人尊重的基础。伴随着更好的卫生及医疗条件，更多的人得以长寿。成为老年人不再是一种值得尊敬的荣誉，工业生产的新形式使得年轻人能够像前辈一样多产。伴随着大众教育的发展，老年人知识的优越性也被剥夺。互联网新技术的发展，年轻人的应对优势超越了老年人。

社会应该正确看待处于变化中的老年人。人们的寿命相比过去更长，意味着退休后人的生命更长。过去，人们从退休到过世的时间很短，但现在的人，退休后还有超过 20 年的寿命，老年甚至可能成为人生最长的阶段。因此，整个社会必须转变观念，从不同的角度来看待老年，或许我们会获得多种解决问题的维度。老年阶段同其他任何阶段一样，是可以创造生活财富、形成影响力的；社会也要重新设计机制。例如，过去的人认为退休了就在家养老，现在，我们必须设计新的就业机制。

请看下面的案例：

某开发商与社区居民协商，计划利用社区预留土地建设老年服务设施。一开始，居民还安静地坐着，不久，他们变得不安起来，随后就交头接耳、窃窃私语。接着他们表现出明显的敌意。

“在那些人身上花的钱太多了。”

“你们想为他们建立专门的活动场所吗？”

最后，一位女士总结了大家的看法，她说：“谁希望周围都是那些老人啊！”

请问：社区居民为什么有这种看法？这反映了当今社会怎样的文化观点？

本案例中居民对待老年人的行为，反映了当今社会文化结构中对待老年人的态度，这会直接影响老年人的生活。

今天，老年人在中国享有很高的社会地位。他们被视为智慧的源泉，在家庭和公共场合被给予很高的荣誉。在古代，甚至死后，老人也备受尊敬。中国的传统文化也倡导尊老爱老。虽然这更可能代表的是一种理想而非现实的文化。

20 世纪末在中国开展的改革，工业化发展带来更长的预期寿命，每对夫妻只允许生育一个孩子的政策，城乡二元结构导致的家庭年轻成员的流动，尚未完善的社会保障体系等，正在撕裂代际之间的联系纽带。当远离家乡、独自在外拼搏的独生子女必须赡养他们长寿的父母时，他们与父母之间赡养的情感纽带正在面临挑战。

但同时，他们的父母仍然以传统的观念看待子女的赡养。“不管怎么样，我相信他（儿子）不会不管我的，我知道他是愿意这么做的（照顾自己）。”一位母亲坚信儿女对自己有深厚的感情，他们会照顾好自己的晚年生活。但事实是，子女远离父母、城市工作压力大等因素使得他们根本无法侍奉在父母身边。所以，对于老年人来说，必须改变过去秉承的传统观念，对自身有一个新的认识。老年人本身是一种资源，他们也可以看作是解决问题的一种方案。积极、独立地生活，依靠社会，适度享受亲情是老年人正确的自我认知与调适。

2. 社会正在改变对老年人的理解

社会的文化因素正在改变着我们对老年人的理解。如大众传媒深深地影响着我们的生活，它们在不知不觉的情况下塑造着我们对老年人的印象。大众传媒对老年人的塑造通常是我们意识不到的。在各种媒介中，老年人未被充分表现，其隐藏的信息是老年人不具有影响力，可以被放心地忽略掉。

这种暗示在塑造着社会中关于老年人的认识。随着年岁的增长，我们竭力否认自己正在变老。广告商利用人们对失去青春的恐惧，销售给我们染发剂、祛皱霜以及其他试图掩盖衰老外表的产品。铺天盖地的整形手术也证明了这一点。

随着老龄化，老年人的影响也在增强，并逐渐把这种影响转化为经济力量，将使媒体对老年人的印象发生改变。

（二）建立人道主义保障机制

1. 老年人生活的立法保障

社会中的老年群体处于社会权力的竞争和变革中。不管老年人还是年轻人是否意识到这一点，这都是社会生活的一部分。

通过立法保障老年人生活、缓解老龄化带来的社会结构性冲突，老年人与其他社会群体的平衡得以维持。形成人道主义关怀环境，加强老年用品的研发和生产，积极推进适老社区建设，社会形成尊老敬老的道德氛围。

美国老年人生活的立法保障。20 世纪 20 年代，美国还没有社会保障为老年人提供收入来源，65 岁以上的居民中有 2/3 的人没有积蓄，不能养活自己。只有 1/5 的工人能在死前退休。直到 1934 年，罗斯福总统的温和的社会保障方案才为国会所接受。美国的 65 岁强制退休的立法规定直到 1986 年才被国会取消。今天，美国的老年人社会保障和医疗保障的巨额花费已占到税收的 35%。现在，美国 65 岁以上老年人正享受着美国历史上最高水平的退休生活，另外美国越来越少的工人供养越来越多的退休者和伤残者。

中国老年人生活的立法保障。新中国成立后，实行城乡二元结构体制。在城市，1951—1978 年，建立“国家—单位保障制”养老保障制度，个人不需要缴纳养老金，前者经费来源于企业，后者经费由国家财政拨款，具有实施范围小、单位负责、国家包办、封闭运行的特征。1978—1997 年，改革探索城镇职工养老保险制度。1984 年，开始国有企业退休职工退休费用社会统筹试点。1997 年颁布的《国务院关于建立统一的企业职工养老保险制度的决定》指出，统一养老金计费费率和计发办法，建立个人账户，覆盖范围扩大到城镇所有企业和职工。1997 年至今，完善阶段。2005 年颁布的《国务院关于完善企业职工基本养老保险制度的决定》，推动了该制度的发展；2010 年，《中华人民共和国社会保险法》颁布。这一阶段，企业职工基本养老保险制度日益完善。机关事业单位养老保险制度改革还在不断推动中。2014 年开始实施的机关事业单位养老保险制度改革，正在逐步破除其由国家负责的退休制度。在农村，1949—1956 年，实行以家庭保障为特征的社会保障制度，国家介入较少，以家庭保障为主，辅之以少量的集体保障。1957—1977 年，以人民公社为基础的集体保障，在当时农村经济发展水平较低、积累率较高的情况下，保障了农村老年人的基本生活和生存权。1978—2002 年，家庭保障再次成为主体，集体保障日渐式微，社会保障处于空白。2003 年至今，社会保障制度开始构建。2003 年颁布的《关于建立新型农村合作医疗制度意见的通知》提出，在全国建立基本覆盖农村居民的以大病统筹为主的新型农村合作医疗制度。2007 年颁布的《国务院关于在全国建立农村最低生活保障制度的通知》，拉开了农村老年人最低生活国家保障的序幕。从2009年开始，我国新型农村社会养老保险开始实施。

总体来说，国内外对于老年人生活的立法保障是基本的人道主义体制的组成部分，也是老龄社会中文明发展的体现。

2. 老年人生活的人道主义关怀

“老吾老，以及人之老”是中国社会传统的尊老敬老美德，体现了社会对老年人生活的关怀。今天，越来越多的社会对于老年人群体给予人道主义的关怀。如美国斯坦福大学长寿中心（The Stanford Center on Longevity）的年度银发设计竞赛，就是为年轻人提供平台，让全球的青年学生发挥设计才能，为老年人开发设计产品。也希望通过这项比赛，引导青年学生和设计师关注老年人议题和银发需求。如2014年的设计主题是“如何扩展失智症患者独立生活的能力”，期盼通过设计，让有认知障碍的病人，例如患有阿尔茨海默病或失智症的老人，可以重拾自己独立生活的能力。在养老这件事上，越来越多的年轻人投身于养老事业，如老年用品的研发、养老机构的改革、推动社会养老政策调整、投身于老年志愿事业等。老年人生活已经成为全社会关注的焦点。

（三）老年人自身的积极应对

1. 活到老学到老，通过老年教育提升老年生活水平

老年人通过积极接受教育，在获得知识技能的同时，还可以丰富精神生活、扩大朋友圈，有利于身心健康，与积极老龄化的“健康、参与、保障”的理念相符；老年教育还可以帮助老年人挖掘自身潜能并完善自我，这也是对老年人的一种保障，有利于提高老年生活水平。

2. 推动老年人社会参与，实现积极老龄化

通过制订老年人社会参与计划，培养老年人社会参与意识，组织老年人积极参与社区活动、再就业等社会参与，给老年人提供参与服务社会的机会，使老年人能够接触新思想、新事物，不断充实自身，使其生命质量不断提高，成为“健康、参与”的“积极老人”，实现积极老龄化。

3. 老年人价值再认识，实现有价值的老年生活

老年人价值是指处于人生暮年的老年人所具有的特殊的作用和意义，是社会价值和个人价值、现实价值和历史价值的统一。老年人通过再就业创造经济效益、对家庭成员家庭照料具有间接经济价值；为社会提供智力支持和

道德维护力量，具有文化传递、社会示范的价值。

老年人要正确认识和看待自身价值。综合健康状况、原来社会地位高低、是否能再就业、精神健康状况等多种因素对自身价值进行全面评价，自我评价的高低影响着老年人幸福感和精神生活。

社会对老年人价值要准确评价、科学定位。社会评价不仅要看现实社会价值，还要看历史创造的价值；不仅要看物质价值，还要看精神价值。

下面我们看一家日本养老院是如何通过实现老年人价值提升老年人生活品质的。

一所让老年人找到存在价值的养老院

日本爱知县的“蒲公英介护中心”养老院，被盛赞为“老人迪士尼”。这家养老院打破了大多数人对介护中心的印象，在这里老人重温“赚钱、存钱、花钱”的人生模式，重拾“有用的人”的信心。作为日本规模最大的养老院，这里集合了250多位老人，由90名员工负责照顾他们。

在这里老人们基本不会觉得无聊，因为从早到晚只要愿意，不会没有事情做。通过“发行”院内“SEED”币，老年人通过参加康复训练，或者配合护工工作，就可以获得几百到上千元不等的SEED。攒下一定的SEED币后，老人们有很多机会可以做自己想做的事。比如买喜欢吃的糖果、零食，逛街购物等。人人都动了起来，老人的精神面貌和健康状况明显改善，痴呆的患病率更是大大降低。就这样，很多感觉人生失去意义的老人，重新找到了自身的价值感。而这一设计的灵感，源自在陪护的过程中，院长了解到，老人毕生的储蓄全交由子女保管，自己衣食无忧，退休后赋闲，导致他们产生强烈的自身价值感缺失。但如果让人们熟悉的“赚钱、存钱、花钱”模式回归，老人们的激情就瞬间被点燃。他们的生活一下子有了目标，他们重新找到了奋斗的动力。

所以，充分尊重老年人的意愿和选择，平等地帮助每一位老年人，让他们从心底感到开心幸福，感到对生活的期待以及作为人的价值，这才是老年人生活的真正意义。

4. 积极推动成功老龄化的实现

判断老年群体在老龄化的过程中是否实现了成功老龄化，其标准有四点：生理标准，即较低的患病和伤残风险、日常活动能力下降慢、没有精神类疾病；社会参与，即过去一个月参与社会活动的数量和社会联系的频率；心理标准，即乐观、目标感、克服困难的能力、自尊、自信、自我价值；社会资源，即维持基本生活的收入、感知到的社会资本、能够使用的社会服务设施、社会治安带来的安全感。

要实现成功老龄化，一方面要重视老年人的主体诉求，老年人仍旧是拥有着主体诉求和多重社会角色的社会成员，是社会中的共存者、共享者、共建者；另一方面要积极构建老年人的主体地位，推进积极的自我养老模式发展，构建自主选择退休年龄的制度、积极推动老年教育和老年产业发展。

【推荐阅读】

［1］　国家应对人口老龄化战略研究总课题组．国家应对人口老龄化战略研究总报告［M］．北京：华龄出版社，2014.

［2］　国家应对人口老龄化战略研究，健康老龄化与老年健康支持体系研究课题组．健康老龄化与老年健康支持体系研究［M］．北京：华龄出版社，2014.

【随堂测试】

1. 多选题

（1）老龄化社会中，老年人生活会有哪些改变？（　　）

A. 退休年龄将会推迟

B. 适合老年人的新职业将会出现

C. 新的人生阶段将会出现

D. 人生将会多向度

E. 老年人生活与以前没有什么不同

（2）人口老龄化对老年人的经济生活有何影响？（　　）

A. 老年人经济生活来源发生变化

B. 老年人经济生活内容扩大

C. 老年人养老方式发生变化

D. 子女数减少、家庭规模缩小影响老年人经济生活质量

E. 老年人的经济供养年限延长

F. 人口老龄化的惯性作用将直接影响社会化养老政策

2. 案例分析

（1）某开发商与社区居民协商，计划利用社区预留土地建设老年服务设施。一开始，居民还安静地坐着，不久，他们变得不安起来，随后就交头接耳、窃窃私语。接着他们表现出明显的敌意。

“在那些人身上花的钱太多了。”

“你们想为他们建立专门的活动场所吗?”

最后，一位女士总结了大家的看法，她说：“谁希望周围都是那些老人啊!”

请分析：社区居民为什么有这种看法？这反映了当今社会怎样的文化观点?

（2）大众传媒深深地影响着我们的生活，它们在不知不觉的情况下塑造着我们对老年人的印象。

你认为大众传媒怎样影响着我们对老年人的理解?

【课后思考题】

1. 工业化社会的老龄化是必然趋势吗?
2. 老龄化社会中老年人生活发生怎样的变迁?
3. 老年人生活应如何积极应对老龄化社会的发展?

【关键术语】

人口老龄化；老龄社会；积极老龄化；成功老龄化。

第九章　老年人生活的实验室体验

第一节　老年人生活的实验室体验教学概述

一、实验室模拟体验教学的目标

虽说生老病死是每个人必须经历的人生历程，但作为年轻人、产品设计师、患者家属、政策决策者、养老机构工作人员、专业护理人员等，对于老年人真实的生活，还是基于理论层面的认识，与老年人真实的生活还是有一定的差距，很难在理论知识的层面做到与老年人各方面的共情。要达到老年产品开发者、设计者、政策决策者、养老机构工作人员等对老年人生活的真实体验，本章节的实验室模拟体验教学不失为一个重要的教学环节。老年人生活的实验室体验教学是参与者通过虚拟实践综合运用前面所学理论，以达到知识的迁移。同时，通过实验室教学，参与者通过对老年体验器具的穿着、使用，体验老年人生理的特点以及与年轻人的差别，增进对老年人身体变化的了解，能够模拟体会老年人生活的状态与规律，为科学研究老年人生活打下实践基础。

二、实验室模拟体验教学的方法与内容

（一）实验室模拟体验教学的方法

老年人生活中进行实验室模拟体验教学主要有实验法、参观法及情景模拟演练法这三种主要的教学方法。

1. 实验法

实验法是一种研究方法，它是在高度控制的条件下，通过人为操纵某些因素，以检定两种现象之间是否存在一定因果联系的研究方法。常用于自然科学的研究，如生物学、物理学、化学等，将用于自然科学研究的实验法应用到老年人生活这一老年社会科学研究中，是对过去社会科学常规教学方法的突破，既能保证老年人生活研究的科学性、客观性，也能体现人文社会科学的人文性；既是一种科学实验活动，也是一种特殊的教育实验活动。这里所讲的实验法不同于自然科学中所用的实验法，而是在此基础上的改进，也可称为实践体验法。实践体验式教学是一种基于实验室实践为主导，以体验为导向的教学方法。它以实践活动为特点，充分发掘学生的体验感受和实践能力，让学生在实验室的实践活动中认识到老年人生活的相关知识，发现老年人生活中实际存在的困难，探索出老年人生活的状态与规律，进而进行真实情感的、不再束之高阁的老年人生活科学研究，提出老年人生活相关的解决方案，真正培养出参与者的实践技能和创新能力。该种方法注重研究体验，让参与者在实践体验中获得关于老年人生活的有效知识，从而激发参与者的研究兴趣，为今后的实习、工作、决策、设计等老年人生活实践活动打下坚实的基础。

2. 参观法

参观法是一种通过参与者在实验室中参观老年人生活的真实情况来研究老年人生活状态及其规律的教学方法。参与者通过在实验室中参观现场活动，认识当下老年人生活的现实情况，了解当下老年人生活的真实困境，激发参与者的研究兴趣，增强参与者的实践能力。

参观法不同于实验法，参与者没法通过真实体验获取知识，是作为一个观察者去观察老年人的生活状态，进而在自身已有认知结构基础上进行总结概括。基于这一局限性，在运用参观法进行老年人生活实验室的模拟体验教学时，应该明确运用参观法的具体要求，如参观前做好充分的准备工作，制订出参观计划和步骤，明确参观的目的。同时，在参观过程中指导者恰当地结合其他教学方法，如以讲授法、谈话法、对话法等方法去引导参与者把注意力集中到参观的对象身上，把感知和理解结合起来，从多方面认识参观的对象，以便更好地理解老年人的生活规律。最后，指导者切实做好参观后的工作，组织和引导参与者通过问答、练习、讨论等方式，把观察的老年人生活的现象与前面所学的理论知识联系起来，使这种方法真正起到获得感性知识的作用。

3. 情景模拟演练法

情景模拟演练法，最早是由美国心理学家提出的，它通过创设良好的情景来进行相关内容的实践，属于一种行为测试手段。[①] 这种方法是根据对象担任的不同职务，来编制不同的、与各类职务实际内容相似的测试项目，将被测对象安放在情景模拟演练的实践环境中，并对各种可能出现的问题进行处理，在这一过程中采用多种方法对被测对象的潜在能力、知识水平、心理素质等进行测试。这种方法近年来被广泛地应用到各种教学领域当中，并在其中发挥着巨大的作用，逐渐得到了社会的认可、赞同与应用。从老年社会学的角度看，情景模拟演练法是参与者在实验室运用各种设备，结合所学知识通过模拟老年人生活的相关活动来研究老年人生活相关知识的教学方法。参与者通过在实验室中对老年人生活和实际情况的模拟演练，认识老年人生活的现实，了解实际状况，有效地激发参与者的研究兴趣，增强参与者的实践能力。

（二）实验室模拟体验教学的内容

1. 实验室模拟体验教学前的准备工作

任何一项教学活动都必须做好教学前的准备工作，实验室模拟体验教学更是如此，无论是使用实验法、参观法或是情景模拟演练法，都必须做好教学前的准备工作，才可达到想要的实验效果。

（1）准备实验仪器

准备实验仪器是实验课前准备工作的重中之重。在安装实验仪器前，有必要检查仪器的质量与安全，以确保实验的安全性。同时，安装实验仪器时应考虑使用次数、安装位置和使用方法，以确保良好的使用效果。

（2）准备实验材料

准备实验材料同样重要，不同的实验需要准备不同的实验材料，比如视力体验时要准备有关视力相关的知识材料；在关节体验时准备相关关节部位方面的知识，以免出现实验过程中学生在错误的关节进行实验体验。

---

① 谷彬．情景模拟演练在药理学教学中的应用效果观察［J］．学园，2015（27）：55－56.

（3）实验教学辅助工具准备

实验器材一般是课时化准备，即一课或一个实验活动一个实验器材包。在老年人生活实验模拟体验中的实验教学辅助工具，包括视力体验、听力体验、关节体验等。在实验模拟体验前，这些材料都要认真检查，并做好记录。

（4）进行预设

每一个实验活动都可能会存在诸多危险，在做实验前应尽可能多地预设可能存在的危险并提出相关的解决方案，这样能够将危险指数降到最低。

（5）培养小助手

在老年人生活的实验模拟体验教学中难免会用到多种实验仪器，且有些可能操作复杂，单靠教师一个人可能无法完成相关的教学任务。基于此，要培养小助手帮助教师完成实验操作。可以将学生划分成若干小组，并相应选出组长，教师即可对小组长进行课前培训，帮助自己在教学中一起指导组员完成相关的实验操作。

2. 实验室模拟体验教学中的指导工作及具体内容

（1）实验室模拟体验教学中的指导工作

实验室模拟体验教学的顺利进行离不开指导，单靠学生凭借实验前所准备的理论知识是无法在短时间内顺利有效完成的，需要有经验的指导者进行有效指导下能达到预期的目标。实验室模拟体验教学中的指导工作是整个实验流程中最为关键的环节，实验指导员要全程参与教学活动并发挥监督作用。

（2）实验室模拟体验教学中的具体内容

对于老年人生活中实验室模拟体验具体的教学内容包括两方面：一是老年人的生理状态模拟体验；二是老年人的生活习惯模拟体验。

一是老年人的生理状态模拟体验教学内容。将针对老年人生理状态从不同方面、不同层次进行模拟体验。一般做到分年龄、分性别、分疾病程度模拟体验老年人的生理状态。学生在实验指导员组织下，有顺序、有逻辑地开展相关的实验室模拟体验教学活动。

第一，对老年人分年龄体验。老年人的年龄阶段可以分为低龄老年人、中龄老年人和高龄老年人三个层次，不同年龄阶段的老年人生活无论是在生理上还是心理上都有着巨大的悬殊，做到具体问题具体分析，方可达到事半功倍的教学效果。如在听力体验上，低龄老年人与高龄老年人之间的听力能力便有着很大的差异。若分等级，世界卫生组织听力障碍分级标准为轻度、中度、重度、极度和全聋5种。轻度障碍一般指听力在40分贝以下，也就是在3米以内能听到人们一般的说话声，不需要佩戴助听器；中度听力障碍听力测试在41～60分贝，对话说话只能在1米之内听清楚，这时需要佩戴助听器；重度听力障碍听力测试在61～80分贝，听不到一般人讲话，贴近耳朵大声说话方能听见；极度听力障碍听力测试在80～95分贝，听不到交谈声；全聋则通过骨导、气导等检查测试辅助手段均不能听到声音，佩戴助听器也没有意义。在老年人生活实验室模拟体验中就可根据年龄去划分听力等级（一般情况而言，除自身疾病外，如有些低龄老年人可能因自身疾病导致在低龄阶段出现重度听力障碍或者完全耳聋的情况）。

第二，对老年人分性别体验。区分男女性别，在涉及老年人性别上的一些隐私性问题时要注意掌握分寸。

第三，对老年人分疾病程度体验。分好老年人疾病的种类及程度等级，通过体验老年人的不同疾病类型的特点、状态，尤其是慢性疾病的一些表现，切切实实地感受不同疾病给老年人带来的生理上和心理上的影响，理解老年人在疾病治疗上的要求、心理变化和行为变化。

二是老年人的生活习惯实验模拟体验教学内容。将从视力体验、听力体验、关节体验及负重体验等四个方面进行模拟体验。老年人在日常生活中会有哪些习惯，需要养成哪些习惯等，可以通过佩戴视力、听力、关节、负重等器具，感受老年人的生理特点以及由此带来的生活习惯。如饮食习惯，可以让参与者进行关节体验老年人因牙口、身体状况不得不进行的清淡饮食等，切身体会老人的饮食习惯。通过切身体验帮助设计师、工程师、产品开发和营销人员及政策决策者将老年人真实生活纳入思维考量的一部分，以更好地进行老年人生活相关产品的设计、开发、营销等，更好地帮助老年人的生活。

3. 实验室模拟体验教学后的反思及报告的撰写

参与者参与老年人生活实验室模拟体验的结束并不意味着实验的完成，只有在模拟体验后进行老年人生活相关内容的反思及报告的撰写并将其运用到自己的领域中才是最终目标。服务于老年人生活，提高老年人生活的质量，提升老年人生活的满意度及幸福感才是老年人生活实验室模拟体验教学的出发点和落脚点。

三、实验室模拟体验老年人生活的意义

随着人类寿命的延长，加入“银色浪潮”的人数将会增多。老龄化并非困难群体的困境，它关系到我们每一个人。老年人生活实验模拟体验教学正是在这种大趋势下让更多的非老年群体加入其中，通过仪器设备切切实实地感受老年人生活的不易，摸准规律、创新思维，形成全社会尊老爱老敬老的文化氛围，更设身处地地为老年人生活提供服务，提高老年人的生活质量。

（一）摸准老年人生活规律，更好进行社会适老化改造

实验室模拟体验老年人的生理状态、生活习惯，可以打破社会应对老龄化问题的传统模式，让研究者摸准老年人的特点，更好地进行社会适老化改造。将社会适老化改造贯穿在老年人生活的方方面面，主要包括建筑硬件改造、家具家装改造、辅具配备和智能化用具配备。

老年学研究显示，老年人进行适度的健身、交往等户外活动，是维系他们身心健康乃至保障整个家庭生活质量的重要途径。老年人由于行动能力的衰减，买菜、锻炼、休闲娱乐和社会交往等日常活动基本集中在以住家为中心的居住区范围内展开。而适老化的户外环境设计（见图9－1），有助于吸引他们走到室外，充分享受阳光和交往的愉悦——这不仅体现出规划设计工作的社会价值，更是每一个规划设计人员的责任所在[①]。基于此，在居住区建筑设计上的适老化实现从景观化到人性化、形式化到实用化，从健康安全到全面发展。在人性化、实用化上可以在社区内设置闲聊和棋牌等小型社交活动，[②] 这有助于让老年人重新融入社会，并实现自我认同。

社会适老化在老年人产品开发设计品类上包括食品类、服装类、服饰类、生活器具类、健康管理类、养老照护类、医疗器械类、电子电器类等，能够满足新时代背景下老龄化人群的需求层次（见图9－2）。[③] 根据不同年龄阶段

---

① 周燕珉，刘佳燕．居住区户外环境的适老化设计［J］．建筑学报，2013.

② 同①.

③ 王静爽，陈净莲．中国老龄化设计：老年产品开发与反思［J］．设计，2021，34（23）：65－67.

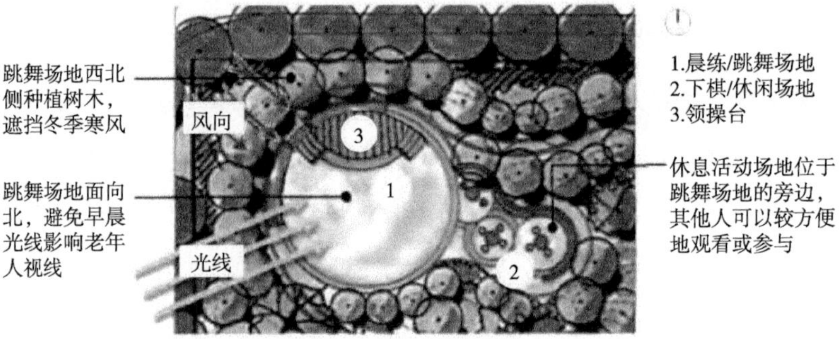

图 9－1　社区适老化环境设计

资料来源：《居住区户外环境的适老化设计》。

老年人的特点，积极开发适老生活用品市场，研发生产安全、便利、适用性强的老年产品，丰富市场供给，创新开发智慧健康产品。

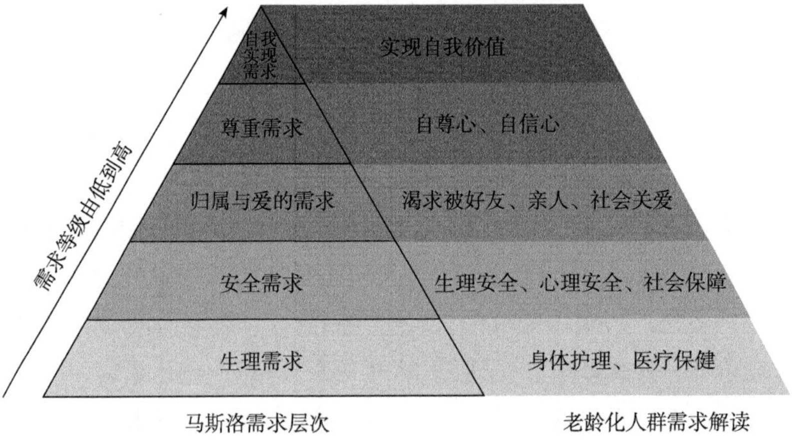

图 9－2　老年产品设计与老年需求

资料来源：《中国老龄化设计：老年产品开发与反思》。

（二）创新思维，将老年人生活纳入社会生活的各个领域

老年人生活的相关研究者通过老年人生活的实验模拟体验活动，更好地形成贯穿社会始终的老龄化态度、老龄化新思维。从设计师、工程师、产品开发和营销人员到政策决策者，从交通、住房、教育、商务甚至娱乐，都能够将老年人纳入思维考量的一部分。这种新思维是当前社会所欠缺的，当前中国市场还是将年轻人作为一个主要的消费主体，个人、企业、国家在设计

产品时还是更多地倾向于年轻人这一庞大的消费群体，而忽视了老年人群体对产品的实际需求。老年人生活的实验模拟体验教学旨在通过让社会各群体参与教学活动，认识到老年人群体的重要性，不仅是市场下的一个利益驱动，更多的是对老年人生活的人文关怀，将老年人生活贯穿于社会各个方面，在整个社会形成老年人生活良性循环发展的协同效应。

（三）形成全社会尊老爱老敬老的文化氛围，实现老年人生活的全民照护，提高老年人生活质量

体验者通过老年人生活的实验模拟体验，可以更好地理解老年人的特点与生活，形成社会尊老敬老的文化氛围，让老年人活得更好、更有尊严。在老年人生活实验模拟体验教学中最能感受到老年人生活的不易，感受老年人因身体衰老带来的不便时对周围人照护的渴望与需求。在全社会尊老爱老敬老的文化氛围中帮助提升老年人的照护质量，尤其是老年人的照护，它不是一个短期的照护服务工程，它是一个长期的照护服务系统（见表9－1）。[①]

表9－1　老年人长期照护服务系统构成

	正式（专业）照护	非正式（专业）照护
有偿照护	机构中的医疗照护（公私营机构中有偿服务的专业护理人员） 社区中的正式照护（由机构中的专业护理人员提供上门服务）	在中国，一般是指非专业的住家保姆（区别于专业护工）
无偿照护	社区志愿服务者、非营利社会组织中的工作人员及社会工作者	配偶、子女、孙子女、兄弟姐妹、邻居、好友等

资料来源：《家庭为本的中国老年照护者研究》。

仅依靠正式照护抑或是非正式照护都无法为老年人提供可持续的、高质量的、经济适用的长期护理，需要在全社会尊老爱老敬老的文化氛围中，将正式照护与非正式照护进行功能性互补与合作，才能让老年人的生活质量、满意度、幸福感得到切实提高。全体人员（正式照护人员与非正式照护人员）通过参与老年人生活实验模拟体验教学活动，能够在思想上、态度上、行为上了解、理解老年人生活，在实验情境中实现与老年人的情感共鸣，成为老

① 刘惠颖．家庭为本的中国老年照护者研究［M］．北京：中国社会出版社，2022.

年人生活的积极照护者。改变当前中国城乡老年人主要生活照护者发展不足的现象（见表9－2），减轻老年人配偶、儿子的照护负担，形成中国城乡老年人生活照护的社会协同，共同成为中国老年人生活的照护者。参与者通过老年人生活实验模拟体验教学激发更多的非正式照护者（如家人、邻里、朋友、志愿者等），提高老年人照护技能，慢慢地向半正式、正式照护者过渡，有待共同成为中国城乡老年人的主要生活照护者。同时，人们在老年人生活实验模拟体验中实现与老年人的情感共鸣，以激发更多的志愿者参与城乡社区去定期无偿照护社区的空巢老人，缩小中国城乡老年人生活照护差距，提高全国老年人的生活质量。

表9－2　中国城乡老年人生活照护者构成（%）

照护者	城市	农村	总体
需要但没人帮助	15.23	21.81	18.86
配偶	31.98	32.92	32.5
儿子	24.37	23.25	23.75
儿媳	6.85	11.52	9.43
女儿	14.21	6.58	10.00
女婿	0.51	0.21	0.34
孙子女或其配偶	1.02	0.62	0.80
其他亲属	0.76	1.44	1.14
朋友邻里	0.25	0.41	0.34
保姆、小时工	3.81	1.03	2.27
志愿者	0.25	0.21	0.23
社区工作人员	0.25	0	0.11
其他人	0.51	0	0.22

资料来源：2016年中国老年社会追踪调查数据。

第二节　实验室模拟体验教学实施

一、老年人生活体验装备的穿脱与使用

实验室模拟体验老年人生活是通过一系列教具来实现的，体验教学活动分为视力、听力、关节、负重四个环节。下面将详细介绍这四个环节体验装备的穿脱与使用。

（一）老年人视力模拟体验

视力体验是戴上特制的眼镜模拟体验老年人整个视野视力受损后的心理感觉和行为障碍。参与者戴上特制的眼镜，在规定时间内阅读完指定文字、进行人脸识别、通过手机查找通讯录、穿针引线等活动，体验老年人因视力受损很难完成的这些互动游戏。

1. 视力体验装备

视力体验装备包括：

（1）老花眼模拟眼镜、白内障模拟眼镜、青光眼模拟眼镜等；

（2）纸、笔、书籍、报纸等；

（3）液晶视力表；

（4）酒精、鞋套、实验服、日常生活用品等。

2. 视力体验的穿脱流程及使用

（1）进入实验室前，在清洁区做好准备工作，清洁双手，整理好头发，穿上实验服与实验鞋。

（2）进入实验室，有顺序、按步骤找到相应的位置站好、坐好，在实验正式开始前切记不要随意动眼前的实验装备，同时不要在实验室大声喧哗，以免给其他人带来干扰。

（3）实验正式开始前，认真聆听实验员的讲话，接下来按要求戴上3D模拟眼镜进行体验，认真听指挥进行调节。不要随意走动，以免碰撞到其他人，给其他人带来不必要的伤害抑或是不小心损坏实验室设备。切忌自己随意调节3D模拟眼镜，否则后果自负。

（4）正式视力体验时，认真听指挥，辨别实验员指示的物品，不要随意走动，以免碰撞到其他人。按照实验员规定的步骤，戴上3D模拟眼镜，依次体验阅读指定文字、进行人脸识别、通过手机查找通讯录、穿针引线。

（5）实验结束后，按照实验员的要求有步骤地取下3D模拟眼镜，轻轻地放置原来位置，不可随意触摸。

（6）离开实验室时，注意将自己所产生的垃圾及时带走，不要大声喧哗，有顺序地离开实验室，不要在实验室里逗留。

3. 视力体验内容

老年人视力体验内容主要是体验老年人因眼部疾病（如白内障、青光眼、老花眼等）给视力带来的伤害，在此基础上对老年人生活造成的不便。参与者戴上特制的眼镜，可以是在规定时间内阅读完指定文字，抑或在规定时间内辨别眼前呈现出的不同物品。

4. 视力体验目的

参与者通过特殊眼镜可以感受到因白内障、青光眼、老花眼等引起的视觉变化，如视野变窄后无法看清楚物体及文字等现象，从而切身地感受老年人因视力下降导致的生活障碍、心理变化和行为改变。

（二）老年人听力模拟体验

听力体验是参与者戴上耳套，然后按照要求完整复述工作人员朗读的句子。

1. 听力体验装备

老年人听力模拟体验装备主要有：

（1）耳套。

（2）MP3、录音机、电视等。

（3）纸、笔、书籍、报纸等。

（4）酒精、鞋套、实验服、日常生活用品等。

2. 听力体验的穿脱流程及使用

（1）进入实验室前，在清洁区做好准备工作，清洁双手，整理好头发，穿上实验服与实验鞋。

（2）进入实验室，有顺序、按步骤找到相应的位置站好、坐好，在实验正式开始前切记不要随意动眼前的实验装备，同时不要在实验室大声喧哗，以免给其他人带来干扰。

（3）实验正式开始前，认真聆听实验员的讲话，接下来按要求戴上耳套进行体验，认真听指挥进行调节，不要随意走动，以免碰撞到其他人，给其他人带来不必要的伤害抑或不小心损坏实验室设备，切忌自己随意调节耳套，否则后果自负。

（4）正式听力体验时，认真听指挥，仔细聆听实验员播放的录音并做好记录。

（5）实验结束后，按实验员的要求有步骤地将耳套取下，轻轻地放到原来位置，不可随意触摸。

（6）离开实验室时，注意将自己所产生的垃圾及时带走，不要大声喧哗，有顺序地离开实验室，不要在实验室里逗留。

3. 听力体验内容

老年人听力体验内容主要是针对老年人不同程度听力障碍（有轻度、中度、重度、极度和全聋）给老年人听力带来的伤害，在此基础上对老年人生活造成的不便。参与者戴上特制的耳套，可以是在规定时间内完整复述工作人员朗读的句子，抑或在规定时间内与人交流。

4. 听力体验目的

参与者戴上特制的耳套，体验老年人对高音调的不敏感反应，亲身体验低龄、中龄、高龄等不同年龄阶段所体现出不同的听力状况。

（三）老年人关节模拟体验

关节模拟体验是参与者在膝盖处、肘处、手腕处绑上护腕以限制关节，小的护腕是佩戴在手肘，圆孔对准护肘骨；大的是佩戴在膝盖上，圆孔对准膝盖骨；钢板的护腕是大拇指穿过圆孔，绑紧手腕；绑紧一点护腕会让关节不灵活，手腕、脚腕、膝关节不好弯曲。

1. 关节体验装备

关节体验装备主要有：

（1）护腕、膝关节固定套、肘关节固定套等。

（2）纸、笔、书籍、报纸等。

（3）酒精、鞋套、实验服、日常生活用品等。

2. 关节体验装备的穿脱流程及使用

（1）进入实验室前，在清洁区做好准备工作，清洁双手，整理好头发，穿上实验服与实验鞋。

（2）进入实验室，有顺序、按步骤找到相应的位置站好、坐好，在实验正式开始前切记不要随意动眼前的实验装备，同时不要在实验室大声喧哗，以免给其他人带来干扰。

（3）实验正式开始前，认真聆听实验员的讲话，接下来按要求戴上膝关节固定套、肘关节固定套、护腕等进行体验，认真听指挥进行调节，不要随意走动，以免碰撞到其他人，给其他人带来不必要的伤害抑或不小心损坏实验室设备。

（4）正式进行体验时，认真听指挥，完成实验员指示的相关动作，如书写一段文字、拿筷子吃饭或拿东西。

（5）实验结束后，按实验员的要求有步骤地将固定套、护腕取下，轻轻地放到原来位置，不可随意触摸。

（6）离开实验室时，注意将自己所产生的垃圾及时带走，不要大声喧哗，有顺序地离开实验室，不要在实验室里逗留。

3. 关节体验的内容

老年人关节体验内容主要是针对老年人关节因衰老带来的身体变化，在此基础上对老年人生活造成的不便。参与者戴上特制的固定套，可以是在规定时间内完成相关动作（如书写一段文字、拿筷子吃饭、拿东西等日常简易常见动作），抑或在规定时间内完成与其他人的互动。

4. 关节体验的目的

参与者感受因膝关节固定并降低下肢的肌力，感受膝关节动作困难，模拟中风者脚步僵硬、无力的感觉；体验肘关节角度变化后连带影响骨骼、肩关节的感觉。

（四）老年人负重模拟体验

负重模拟体验要求参与者的双脚绑上不同重量的沙袋，手腕处绑上一个沙袋，穿上负重背心，然后跨越两个障碍物（矮凳子或者雪糕筒）或者走楼梯体验老年人负重与平衡感。

1. 负重体验装备

负重体验装备主要有：

（1）负重背心、沙袋、护腕等。

（2）书籍、报纸、纸、笔等。

（3）酒精、鞋套、实验服、日常生活用品等。

2. 负重体验的穿脱流程及使用

（1）进入实验室前，在清洁区做好准备工作，清洁双手，整理好头发，穿上实验服与实验鞋。

（2）进入实验室，有顺序、按步骤找到相应的位置站好、坐好，在实验正式开始前切记不要随意动眼前的实验装备，同时不要在实验室大声喧哗，以免给其他人带来干扰。

（3）实验正式开始前，认真聆听实验员的讲话，接下来按要求戴上护腕、负重背心、沙袋等进行体验。认真听指挥进行调节，不要随意走动，以免碰撞到其他人，给其他人带来不必要的伤害抑或不小心损坏实验室设备，切忌自己随意取下工具，否则后果自负。

（4）正式负重体验时，认真听指挥，完成实验员指示的动作，如平地行走、上下楼梯、翻身、坐起来等日常生活动作。

（5）实验结束后，按照实验员的要求有步骤地将护腕、负重背心、沙袋取下，轻轻地放到原来位置，不可随意触摸。

（6）离开实验室时，注意将自己所产生的垃圾及时带走，不要大声喧哗，有顺序地离开实验室，不要在实验室里逗留。

3. 负重体验内容

老年人负重体验内容主要是针对老年人因躯干衰老后身体前倾的变化，在此基础上对老年人生活造成的不便。参与者戴上特制的“衰老袋”，可以是在规定时间内完成指定动作，如行走、上下楼梯、翻身、坐起来等日常生活动作。

4. 负重体验目的

参与者感受老年人因躯干老化后带来的身体变化，如身体前倾、高龄者因肌力不足从足部传来的沉重感等。

二、不同体验器具下感受老年人生活状态

（一）视力体验器具下老年人的生活状态

参与者在视力相关体验器具下对老年人的视力状态有了更深层次的了解。

原来患有白内障的老年人眼中的世界是这样的，忽明忽暗，对自己的外围充满着恐惧感、不安全感以及对家人照护、关心的渴望。

27 岁的体验者许刚佩戴上白内障模拟眼镜感觉很痛苦。工作人员给他端来仿真食物，他竟把米饭错看成是蒸蛋。他坦言："不喜欢这种状态，被不安全感和恐惧感包围着。"取下白内障模拟眼镜，他呆呆地在一旁坐了很久，他告诉记者，终于明白家中的奶奶为什么常常独自坐着发呆。"她可能真的不知道该做什么，因为没力气做，也怕做不好，怕给我们添麻烦。奶奶一定很无助。"

老年性白内障是由于各种原因引起的眼内晶状体混浊，是目前世界上致盲率排第一位的眼部疾病。老年性白内障是白内障中最常见的一种，占所有白内障的 60% 以上，也是老年人失明的主要原因。据研究报道，50 ~ 60 岁老年性白内障的发病率为 60% ~ 70%，70 岁以上达 80%。老年性白内障患者视力下降，严重影响了患者的生活质量，老年性白内障患者的生活质量水平较低。白内障是全球最为常见的致盲眼病之一，患者视觉下降，不仅影响了患者的日常生活，亦会引起患者经济、社会地位，特别是心理状况等方面的改变，提高患者生活质量显得尤为重要。[①] 白内障只是导致老人视力下降、模糊甚至失明的其中一种，在实验室中还可以体验青光眼、老花眼等。参与者在这些视力体验器具下充分感受到老人的生活状态是充满恐惧、缺乏安全感的、更加枯燥乏味的，没有业余生活，不能读书看报消磨时间，更没法帮助家人干一些力所能及的家务事，认为自己成为家中的累赘，对生活越来越没有激情。

（二）听力体验器具下老年人的生活状态

参与者在听力体验器具下对不同听力障碍程度的老年人生活深有感触。

32 岁的付芳戴上特制的耳套，她使劲儿想听清旁边的工作人员在说什么，却感觉十分吃力。体验中，她不时要求工作人员："对不起，您能不能声音大一点。"她感叹，能体会到老人的心情——希望有人帮忙，却又不好意思麻烦别人。

这位体验者只是描述了在有听力障碍下生活中的一个小片段，那么这些具有不同程度听力障碍的老年人的生活状态是怎样的呢？下面总结了几点。

---

① 曾月玲，杨君，何燕．老年性白内障患者生活质量与自我效能感的相关性分析［J］．实用医院临床杂志，2015，12（5）：193－195.

一是生活更加孤独，心理造成创伤，反应迟钝，智力衰退。研究表明随着听力下降、听功能的废用，可能会加快脑萎缩、老年痴呆提前。二是对生活更加多疑猜忌，造成一种严重的心理障碍。本来人到晚年，社会地位改变，年老体衰，总怕别人瞧不起，进而产生自卑感。耳聋的老人会更加自卑，更加重视他人对自己的态度，以致对一个不起眼的动作也会产生一连串猜想，并逐步演变成对他人的敌意和攻击，引发多疑症。三是在生活中更容易情绪化，产生偏执、焦虑、抑郁等异常情绪。老年人听力下降致使与家人及朋友沟通时，需要说话者大声或重复言语，增加了双方交流的疲惫感，容易引起人际关系紧张。

（三）关节体验器具下老年人的生活状态

参与者在关节体验器具下对老年人的生活感触也颇为深刻。

一次体验活动中要求体验者穿着“衰老装”蹲马桶坐轮椅。可是，体验者段超天本身体重就有200多斤，是个大胖子，在穿上“衰老装”“变老”后，想要顺利上厕所却是异常艰难，因为关节僵硬，大小腿无法顺利弯曲，他想了几个办法都无法顺利如厕。尴尬之际，他决定扶着马桶旁的把手将身体慢慢地下滑，好不容易才坐上去，却因为背部的僵直一直坐不舒服。他一脸无奈地说：“我这个大男人太丢脸了。”

根据体验者段超天的描述以及查阅相关资料，在关节上具有不同程度疾病的老年人的生活状态主要是身体上的疼痛不断消磨老年人对生活的希望，饱受折磨。关节炎会造成剧烈的疼痛，当体内邻近的神经根受压时，会引发局部疼痛、发僵、麻木的感觉。当炎症或骨刺压迫坐骨神经时，患者会有剧烈的麻痛、灼痛、抽搐、窜痛，向整个下肢放射。正如前面的体验者段超天就深有感触，不过他所体验的只是较为轻微的一部分，还没有真正体验到关节的疼痛感。除了身体上带来的疼痛，更为老年人的精神带来了折磨，老年人的生活会陷入情绪低迷、消极、抑郁甚至产生轻生的念头。这警示我们不要忽视老人，要时时关注、关心老人，不仅给予物质上的满足，更重要的是给予精神慰藉，让每一位老人都能够安享晚年。

（四）负重体验器具下老年人的生活状态

参与者在负重体验器具下对老年人行走、蹲坐进行体验。

在工作人员的帮助下，体验者段超天最先穿戴特制的“衰老装”，装备重30斤。仅换装就用了15分钟。穿上“衰老装”后，段超天慢慢地挪动着双腿，因为膝盖不好弯曲，只能一步一步地僵硬着前行。“太难了，感觉这不是我的身体，我觉得走路好危险。”话还没说完，他在上楼梯时就绊了一下，险些摔倒。24岁的体验者黄正康换装后比段超天更“显老”，他一直喘着粗气，说一会儿话就觉得累，才上几层楼梯就赶紧叫来工作人员搀扶。“哎，四肢不听使唤，滋味儿真不好受。”黄正康没想到自己这么没用，连连叹气。

根据体验者的实验描述可以看到，老年人的生活并不是我们所看到的那么容易。在街道、菜市场、广场上看到很多老年人散步、购物，似乎过得很是休闲自在，不由得让人想跳过人生奋斗这一阶段直接迈入老年阶段。实际上，他们躯干的老化让他们的生活充满着危险，稍不注意摔倒就可能骨折，爬几层楼梯就已经喘不上气。激情、蓬勃、阳光、朝气的生活似乎逐渐淡出老年人的视线，宁静、单调、乏味、枯燥的生活逐渐成为老年人生活的常态。

（五）所有体验器具下老年人的生活状态

在就餐体验区，有一项特别的活动：用筷子夹黄豆。这是一项让参与者戴上所有体验器具对老年人生活进行全面体验的活动。

戴着特制的手指限制器、手套的体验者段超天尝试用筷子分开盘中的黄豆、黑豆，却经常夹空，他急得一头汗，“感觉很吃力”，尝试了10多分钟后才夹了20来颗。段超天放弃了，他解释：“腕关节僵硬，视力模糊，夹不动，特别累，没想到会如此艰难，以后我会主动给父母夹菜，陪父母慢慢吃。”付芳坐在床上试图弯腰脱鞋子，但试了几次都没能成功，最后不得不由工作人员帮忙脱。真切地体验过了，才知道老年人的生活不易。脱下装备，活动了手脚后大家感叹着“年轻真好”。

体验者在所有体验器具下的体验更为痛苦，甚至是完成夹菜这一简单的日常动作都显得那么吃力，发出“年轻真好”的感慨。

通过以上步骤模拟体验老人生活：行走、上下楼梯、接听电话、用餐、购物、视听、看书写字等情景体验。通过老年人模拟体验，让更多的人可以体验老化所造成的不方便。体验者在体验结束后就回到自己的年轻状态，不用再继续饱受折磨，那么老年人呢？时间不会倒流，只会不断向前流逝，他们面对的似乎是永无止境的折磨，只有走向生命的尽头才是一切的结束，才能彻底从疼痛、磨难中解脱出来。面对这种情境，老年人的生活状态可想而知，充满着未知、恐惧、痛苦、折磨，当然这只是这些疾病、躯干老化所带来的不可避免的感触。在生活中我们人人都能够多帮助、多关心、多爱护老人，对老人多一点耐心、多一点关心，塑造一个对老年人友善的环境，理解身心老化的变化。这对老年人就像一缕阳光，给老年人的生活带来希望，让老年人有更坚强的意志对抗那些疾病等带来的疼痛，走完生命的最后一程。

三、分组讨论

老年人生活实验模拟体验介绍后，紧接着就来到下一步分组讨论。一起讨论在体验中的感触，汇集大家的想法，形成老年人生活状态与规律的正确认识，帮助每一位体验者在日后的生活中为老年人生活质量的提高献出自己的一份微薄之力。

（一）分组讨论的形式

分组讨论作为一种集思广益的、良好的探讨方法，主要有以下几种形式。

1. 头脑风暴式

头脑风暴式的分组讨论方法具有较强的创新性，能够在短时间内将大家的注意力集中起来，并针对讨论内容各抒己见。不过头脑风暴式讨论分组的人数最好控制在 5 ~ 15 人，人数太少可能产生不了太多的火花，人数太多有可能导致混乱，都不利于讨论的进行。同时在头脑风暴式讨论过程中最好遵循以下几点规则。

（1）除非是明显的玩笑，所有的想法都应该得到承认并用笔或录音记录好。

（2）每一位成员都不应该批判任何建议。

（3）成员应该发展彼此的想法，在最后的分析中，没有任何一个想法是个人性的，鼓励“站在彼此的肩上”。

（4）组织者应该争取让沉默性的成员贡献想法或观点并给予他们积极反馈。

（5）数量重于质量，要求成员提出大量想法的同时也要求进行富有智慧和创造性的思考。

2. 辅导式

辅导式的分组讨论更多的是针对小组成员，对于老年人生活的认知较少，现有的认知停留在感性层面，无法在没有高阶认知指导者辅导下完成探索出老年人生活状态与正确规律的小组讨论。在这里辅导式的分组讨论的人数是越少越好，一般在4人以下。如将老年人生活体验实验分为五组，分别是视力器具体验组、听力器具体验组、关节器具体验组、负重器具体验组及所有器具体验组，每一组人数4人左右，结束后辅导员进行有效指导，帮助他们完成对老年人生活规律的高阶认知。这里辅导式的分组讨论需要记住以下几点内容。

（1）给成员抛出问题并准确辨识阻碍形成老年人生活规律高阶认知的问题。

（2）提供反馈或技巧以协助讨论。

（3）鼓励成员提问并在他们之中找寻答案。

（4）需要成员掌握反馈和鼓励的能力。

3. 任务导向式

任务导向式的小组讨论是最为简单的模式之一。以辅导员控制开始，抛出问题，清晰地细化规定的任务，每个人都能够有明确的任务，针对这一问题或任务进行集中讨论，具体要求可详见头脑风暴式的小组讨论要求。

4. 模仿式

模仿是对问题、事件、情境的再现或者再创造，需要注意的是这里的模仿不再是对前面所体验到的对老年人视力、听力、关节和负重等器具下的模仿，而是模仿在面对上述所体验的情境时该如何作为，是体验后的进一步细化。也就是说能够将所得到的老年人生活状态和规律通过情景剧的形式再现出来。

模仿式的小组讨论同样要遵循以下几点规则。

（1）模仿是现实的映射，同时保证不存在危险或者受伤的因素。

（2）成员是积极的参与者，要展示一种行为、先前习得的技巧或者知识。

（3）模仿能够让成员很快沉浸到活动中。

5. 探究主导式

探究主导式的分组讨论形式注重问题的解决，激发每位成员提问的能力。一般人数控制在6人左右，具体分工可详见前面的辅导式分组讨论模式。充分发挥探究主导式的分组讨论优势，让每位成员能够探寻到老年人生活状态及生活规律。同样应该注意以下几点。

（1）确定成员已经具备观察和推断的能力。

（2）与成员确定要讨论的问题。

（3）明确成员任务，完成对每一个问题的调查。

（4）策划一个具有一定真实性的活动。

（5）鼓励成员提出高水平的问题。

（二）分组讨论的内容

所谓分组讨论，是指把人员分成若干组，并就一个或若干议题进行探讨研究，各抒己见，最后每个小组内达成统一意见。就老年人生活实验体验后的分组讨论而言，是指将人员分成若干组，有视力器具体验组、听力器具体验组、关节器具体验组、负重器具体验组及所有器具体验组，分别就老年人生活状态或老年人生活规律等若干议题进行探讨研究，首先是组内进行探讨，然后是组间探讨。每一个小组的成员按照兴趣、领域、年龄、性别进行划分，也就是说每一个小组里都有不同兴趣、不同领域及不同年龄阶段的成员，以便在讨论过程中汇集各种不同的声音，求同存异形成统一意见。具体每一组讨论内容如下。

1. 在老年人生活器具体验中的感触有哪些？
2. 你认为该老年人生活实验的真实性有多大，理由是什么？
3. 你认为老年人的生活状态是怎样的？
4. 总结当下老年人的生活规律。
5. 改善当前老年人的生活状态有什么良好的建议？

（三）分组讨论的要求

在进行把握老年人生活状态及探寻老年人生活规律这一主要议题分组讨论的时候，每个人应该做到：

1. 仔细倾听别人的想法或意见并给予反馈；
2. 及时地对别人正确的想法或意见予以支持；
3. 适时地提出自己的观点并设法得到小组成员的支持；
4. 对别人的方案提出富有创造性的改进点；
5. 在混乱中试图向正确的方向引导讨论；

6. 在需要妥协的时候妥协以便小组在截止日期前达成结论；
7. 具有时间观念；
8. 能够对整个讨论进行领导。

（四）分组讨论的作用

1. 激发体验者学习老年人生活相关知识的动机，提高对老年人生活的认知水平

体验者在分组讨论的情境、氛围下会努力开动脑筋，提出自己的见解，在一定程度上激发体验者学习老年人生活相关知识的动机。不仅仅停留在体验后发出的感性感慨，而且要在体验结束后针对本小组讨论的有关老年人生活的状态、规律进行查阅资料，解决自己在小组讨论中产生的一些问题。从体验老年人生活—讨论感受、提出问题—查阅资料、解决问题—撰写报告这一整套流程下来，大大提高了体验者对老年人生活的认知水平，甚至可以实现从感性到理性的质变。

2. 培养体验者的创新意识、合作意识

体验者在分组讨论过程中与小组成员的思想碰撞能够大大激发体验者的创新思维，不断提出新思想、新观点、新思维。同时在任务分工过程中，在观点求同存异的过程中亦能培养体验者的合作意识，共同致力于解决老年人生活存在的问题，共同探索老年人生活规律。

促进体验者之间的互动交流，提高学习效率。体验者在各种形式下的分组讨论免不了与成员的交流沟通，组内成员或组间成员之间不断地沟通交流获取对老年人生活完整准确的认识，在较短的时间里获取最大量的有关老年人生活的相关资料与认识。

四、撰写体验报告

（一）撰写体验报告目的

撰写体验报告能够将体验者的感性认识、讨论结果上升为更深层次的理解，总结研究结果，提高体验者思维、探究等各方面的能力，形成对老年人生活的理性认识。

（二）撰写体验报告的内容

关于老年人生活实验模拟体验报告的内容，要求完整性、客观性、真实性，主要有实验名称、实验目的、实验材料、实验步骤、实验结果、实验结论等内容。

1. 实验名称

老年人生活实验模拟体验（具体有视力体验、听力体验、关节体验和负重体验）。

2. 实验目的

社会各方面的群体通过老年人生活实验模拟体验，真真实实地感受老年人的生活状态，探索老年人生活规律，身体力行地为提高老年人的生活质量作出努力。

3. 实验材料

各种感官体验材料（如耳套、3D 模拟眼镜、沙袋、护腕、负重背心等）、实验室必备材料（如鞋套、实验服、酒精等）、日常生活用品（如纸、笔、书籍、报纸、筷子等）。

4. 实验步骤

体验者戴上相关体验器具—完成相关制定任务或动作—脱下相关体验器具—有序安静地离开实验室—进入讨论室。

5. 实验结果

由于身体衰老这一不可逆转的自然法则给老年人生活带来了诸多不便，无论是身体上还是精神上都有着巨大影响。

6. 实验结论

（1）老年人因身体衰老而产生消极的生活状态

老年人的生活由于受到各种器官损坏、身体衰老的影响而呈现出缺乏生活热情，产生对周围世界的惶恐、不安、焦虑等情绪，对家人、朋友、邻居等周围人照护的强烈渴望等生活状态。

（2）全社会要形成关心老年人的氛围

社会应加强对老年人的关怀，社会适老化需要进一步发展，提高老年人的生活质量。要加强不同群体对老年人的关心，能够有效地提高老年人的生活质量，提升老年人生活的幸福感。

【随堂测试】

1. 实验室体验

在实验室老师指导下，学生进行老年体验服的穿着、老年体验器具的使用。要求学生以小组为单位进行，每个小组在体验的基础上开展小组讨论。小组讨论提交讨论报告，量化小组成绩。

2. 课堂展示

在小组讨论的基础上，每个小组推出一名同学，进行课堂展示。展示方式可以灵活，可以是制作PPT演讲，可以是情景剧表演，可以是制作小视频。展示主题是老年人生理特点及其对老年生活的适应。对每一个小组的课堂展示量化成绩。

【课后思考题】

1. 实验室模拟体验教学的目标是什么？
2. 实验室模拟体验教学的方法有哪些？
3. 实验室模拟体验教学的意义是什么？
4. 老年人生活的体验装备有哪些？

【关键术语】

实验室模拟体验；视力体验；听力体验；关节体验；负重体验。

第十章　老年人生活的社会体验

对老年人生活进行社会体验式学习，是对老年人生活理论探究的进一步深化。老年人生活的社会体验，是对老年人世界中的行为、态度、关系以及由此形成的老年人生活状态所进行的科学探究活动。社会体验的目标是探索和理解老年人生活的世界。本章所提出的体验式方法，主要是社会科学研究中的社会调查方法。从某种意义上说，我们主要是运用经验性、实证性为特征的问卷调查、访谈调查方法和理解性、参与性为特征的田野工作方法。

社会体验的根本目的，是形成和产生有关老年人世界的实践知识，增加对老年人自身以及所生存社会环境的理解。虽然这种体验式探究活动所形成和产生的关于老年人生活的知识比起传统的权威理论不一定达到完美无缺的境地，但是其存在缺陷的可能性却相对要小一些，因而这种来自科学调查研究的知识更为可靠一些。

老年人生活的社会体验，是一种特定的科学研究类型。主要基于以下三个特点：(1）体验的对象是社会性的。老年人生活涉及老年人的社会行为以及思考、感受，包括与他人互动、与其他人形成的关系状态、老年人如何适应社会变迁等。(2）体验的方式是经验的而非思辨的。对老年人生活这种社会现象的研究不可能只停留在思辨状态，实证的调查研究和理解的田野工作是科学认知的重要方法。(3）体验的问题是科学的而非判断的。在对老年人生活进行体验时，我们可以探讨其“现状如何”或“为什么如此”，但是我们不会去探讨其“是否应该如此”，因为这种论断超出了科学范畴，因而我们也无法对其做出经验性的社会调查。

老年人生活的社会体验方法，以实证论下的定量研究为主，同时，对老年群体的研究，也要注重解释性研究。不同的研究目标决定了不同的研究方法。如果研究目标是从整体上把握特定区域内老年群体的发展状况与特征，问卷调查和统计分析是合适的研究方法；如果想进一步了解某一群体老年人生活的具体方面，如主观态度、情绪感受或心理状态，则需要采用解释性的研究，如访谈法、口述法、参与观察法。

第一节 老年人家庭生活的社会调查

家庭是老年人活动的主要场所。探讨老年人在家庭中的地位、角色扮演的变化，是理解老年人生活的重要途径。通过问卷调查、访谈调查、参与观察等调查形式体验老年人生活状况，不仅可以更加深入地理解老年人生活，而且可以为老龄社会管理提供实践指导。

一、老年人家庭生活社会调查的目标

通过调查老年人家庭生活，可以收集老年人家庭生活的第一手资料，科学分析其在家庭中的角色、关系、行为状况及特点，为深入理解和研究老年人群体的家庭生活奠定实践基础。

二、老年人家庭生活社会调查的特点

社会调查研究是认识老年人家庭生活的一种科学方法和手段。相较于其他研究方法，其具有以下特点。

1. 通过入户调查收集资料

通过对老年人家庭进行入户调查，可以获取第一手资料，这是对老年人家庭生活最直接感性的认识。在此基础上，对调查资料进行分析，会形成对老年人家庭生活的更深入的认识。

2. 运用科学方法

科学的方法是对老年人家庭生活进行调查研究的关键。所谓的科学方法，是经过研究者多次使用的、有效的认识社会的方法。这与人们的日常观察或走马观花式的实地考察不同。科学的方法是经过认真规划设计和准备，严格按照步骤进行的，这种对社会现象的认识在一定范围内具有可重复性和可操作性，因而是科学的研究过程。

3. 调查的目的是认识社会发展的规律

老年人家庭生活是现实的社会生活，是一种重要的社会现象。通过对老

年人家庭生活的了解和认识，分析其社会意义，可以预测当今社会发展的特点与规律，为社会治理与发展提供参考，这也是我们研究老年人家庭生活的重要目的。

三、老年人家庭生活的调查方法

要正确认识老年人家庭生活的特点、预测其发展趋势、提出应对策略，就要对其进行科学研究。社会调查是了解、认识老年人家庭生活的科学方法。

（一）调查的方法论

调查的方法论是关于调查方法的理论。它是在认识社会现象时采取某种方法的理由，也就是人们在认识某种社会现象时为什么采取这种方法而不是其他方法。老年人家庭生活的调查研究的方法论，应该坚持实证主义方法论与人文主义方法论的统一。

实证主义方法论，就是建立一套类似自然科学那样的客观的方法对老年人生活现象进行科学研究。按照实证主义方法论，对老年人家庭生活进行调查研究，要坚持收集资料的客观性、真实性和准确性，防止弄虚作假；在方法的选择上，多选择结构性问卷法、结构性访谈法和实验法。

人文主义方法论，就是需要充分考虑老年人的特殊性，考虑到人与自然之间的差别，充分发挥研究者在研究过程中的主观性。人文主义方法论反对实证主义过分强调数据和定量分析，而忽视社会现象的历史、文化和意识的作用，从而强调调查的质性研究，即通过理解老年人家庭生活的特殊性从而更好地去认识它。在方法的选择上，人文主义方法论更注重深度访问和观察体验。

总之，实证研究方式与人文研究方式在社会科学研究中各有其功用，二者常常结合起来。但在老年学和老年人生活研究中，实证主义方法论占绝对优势。当然，人文的理解方法论对于开展老年人生活研究也具有重要指导意义。因此，我们在对老年人家庭生活进行调查时，需要把这两种指导思想结合起来。

（二）定性研究与定量研究的结合

定性研究与定量研究是在不同方法论指导下的两种不同的研究方式。它们所要解决的问题不同，使用的具体方法、资料和得出结论的方式也有不同。

定量研究是以实证主义方法论为指导，注重定量（数字）资料的收集，并通过统计分析得出结论的研究方式。它除了告诉我们是什么外，还能告诉我们“是多少”，一般是运用数字或者实证模型来说话，对事物差异程度可以达到一个量化的分析。一般采用问卷、量表等收集资料的手段并对之进行统计分析。

定性研究是非实证主义指导下的研究方式，它主要收集研究对象的特征、行为及意义方面的文字、音像等资料。它主要回答“是什么”和“为什么”的问题，是对种类或者质的差异的分析，同时还可以深入探索背后的原因。一般采用观察、深度访谈等方法收集资料并对之进行定性研究。

这两种研究方式在老年人家庭生活调查研究中并不互相排斥，我们常常将二者结合起来进行调查研究。定量研究强调代表性。我们在对某一类型老年人家庭进行调查时，可以在随机抽取的老年人家庭中进行问卷调查，并对得出的结论在一定范围内进行推论。定性研究强调深入性和全面性。我们在对典型性老年人家庭生活调查时可以进行深度访谈、生活史研究。虽然研究结论不能做推论，但是其揭示的老年人家庭生活的内在本质与规律，可以帮助我们更深入地理解老年人家庭生活状态。所以，这两种研究方式的结合，是对老年人家庭生活进行调查研究的科学途径。

（三）调查的具体方法

对老年人家庭生活的调查，主要运用抽样调查、参与观察和个案调查三种方法。抽样调查运用的资料收集方法主要是填写问卷，参与观察主要通过无结构观察法收集资料，个案调查主要通过访谈法收集资料。

1. 问卷法

问卷法，也称为问卷调查法，是指调查者通过统一设计的问卷向被调查者了解情况、征询意见的一种资料收集方法。问卷法是一种定量资料收集方法，它常常同资料的统计分析相联系。在对老年人家庭生活进行调查时，问卷法是最常被运用到的调查方法。它常常被用来测量老年人家庭的特征、行为、状态等。但是，在设计问卷时，一定要考虑到老年人的文化水平、身体健康状况以及样本的代表性，设计的问题要少、保证回答问题时间控制在20分钟以内，问题设计要简单易懂。实施问卷调查时，要根据实际情况，可以进行自填，也可以代填。

2. 无结构观察法

针对老年人家庭的特点进行无结构观察，是全面、客观认识老年人家庭的重要方法。无结构观察法，是事先对观察对象、观察内容和程序不做严格规定，而是根据现场情况随机决定的观察方法。运用这种方法主要是针对那些不太熟悉、了解不多的老年人家庭。

观察法通过深入老年人家庭进行客观深入的了解、观察、记录，获得第一手感性资料，可以有效地认识老年人家庭的特点、状况。要保证观察法在对老年人家庭生活调查中达到预期效果，我们必须要求观察者具有专业的观察力、准确的判断力、良好的沟通能力和缜密的思维能力。

3. 访谈法

访谈法是指通过调查员和调查对象面对面地交谈来收集资料的调查方法。因研究问题的性质、目的或对象的不同，访谈法具有不同的形式。根据访谈进程的标准化程度，可将它分为结构性访谈和非结构性访谈。在对老年人家庭进行访谈时，可以根据需要进行结构性访谈和非结构性访谈。如果想对老年人家庭进行规范资料的收集，可以进行结构性访谈；如果想对老年人家庭只做一些主题性的提问，并且希望在访谈过程中形成一些问题并做深入访谈，可以进行无结构性访谈。相比较而言，非结构性访谈获得的资料比较具体、细致、全面，但是花费的时间可能较多。访谈法能够简单而迅速地收集多方面的资料，因而在老年人家庭生活调查中运用较多。

（四）调查方法的选择

进行调查时，如何选择具体的方法呢？

调查方法，一般根据不同的研究目标来确定。如果研究目标是从整体上把握特定区域内老年家庭群体的人口构成和社会经济特征，问卷法和统计分析就是适当的方法；如果研究不止于宏观描述和结构分析，还希望进一步了解老年人家庭生活的具体方面，特别是主观态度、情绪感受和精神心理等方面的情况时，则需要采用解释性的研究方法，如采用参与观察、非结构的深度访谈等方法收集质性资料，并且对资料进行深层描述和主观分析。

所以，对于老年人社会家庭生活的研究，最好是在大规模量化调查数据统计分析的基础上，再对定性资料进行主观理解性分析。把对客观调查资料的统计分析与定性资料的批判性分析结合起来，才能更好地理解老年人的家庭生活状况，也为提出建设性对策建议打下基础。

四、老年人家庭生活的调查内容

对老年人家庭生活进行调查时，主要调查哪些内容呢？老年人家庭不同于一般的社会群体，它主要由姻缘关系和血缘关系构成。调查老年人家庭生活，主要围绕老年人在家庭中的地位、角色扮演、家庭关系、家庭照护、家庭生活困境等方面展开。主要有以下内容。

（1）老年人家庭结构及其类型调查。

（2）老年人家庭角色地位及其变迁调查。

（3）老年人家庭夫妻关系及代际关系调查。

（4）老年人家庭生活安排调查。

（5）老年人家庭生命周期调查。

（6）社区对老年人家庭生活的照顾调查。

（7）扶持亲属在老年人家庭生活中的角色调查。

（8）老年人家庭生活的情感支持调查。

（9）老年人家庭生活的价值体现调查。

（10）老年人家庭生活的心理困境调查。

五、老年人家庭生活的调查方案设计

1. 说明调查目标和意义

在方案设计中，第一个方面要对调查老年人家庭生活的目标以及为什么要进行调查进行说明，这种说明可以帮助我们更清晰地理解整个调查是值得做的。对老年人家庭生活进行社会调查，可以为深入地理解老龄化社会中老年人主要的生活单位——家庭生活状况及存在的问题打下基础，为应对快速老龄化提供实践指导。

2. 说明调查内容

在方案设计中，第二个方面要针对不同类型的老年家庭、不同文化背景下的老年家庭进行有针对性的调查内容设计。

调查内容实质上是对调查目标的具体分解和细化。在设计时应先进行家庭生活维度划分，如划分为家庭类型、关系结构、经济生活、心理生活等几个维度，划分维度尽可能充分；然后在每一个维度下对调查内容进一步细化，形成调查提纲，这样为使用问卷法、访谈法进行调查打下基础。

3. 说明调查方法

方案设计的第三个方面是要说明使用的调查方法。

要根据调查目标明确调查需要使用的具体方法，如问卷法、访谈法、参与观察法等。对于每一种方法，还要说明具体使用细节，如问卷法，要明确问卷的构成、数量，发放对象的抽取等。

4. 说明调查资料的收集和分析方法

方案设计的第四个方面，要说明对调查资料如何收集和分析。

要根据不同的调查方法，明确资料收集方法，如问卷法，就要明确问卷发放的方式、发放的数量以及问卷填答与收取标准。对于收集的资料，如果是抽样调查数据，要选择统计分析方法；如果是参与观察收集的文字资料，就要选择定性分析方法。

5. 说明调查员的组成、培训

方案设计的第五个方面，要说明调查员的组成与培训。

对于老年人家庭生活的调查，选择什么样的人承担调查任务要全盘考虑。考虑到老年人的生理特点及调查的可行性，可以在科研人员、学生、社区工作者、老年人家庭成员、邻里等人员中选择。还要对调查人员进行事先培训，制订出切实可行的培训方案，才能保证调查工作顺利进行。

6. 说明实施步骤和经费使用计划

方案设计的最后一项，要说明调查实施步骤和经费使用计划。

对于老年人家庭生活进行调查，要根据选取的老年人家庭的状况与特点，设计合适的调查时间、地点，进行合理的进度安排。每一步骤要留出余地，如时间设计与安排上要考虑老年人生活规律与特点，一次调查时间不可过长，一般以不超过 20 分钟为宜。

最后，要说明调查经费的申请、数量，并做好使用计划。

六、老年人家庭生活的调查实施

通过对老年人家庭生活进行问卷调查、访谈调查、观察收集第一手资料，对调查资料进行统计分析和定性研究，可以更为直观地理解老年人家庭生活，为帮助老年人适应家庭生活以及为实现社会组织介入老年人家庭生活服务提供参考依据和指导。调查实施要顺利进行，必须有一套保证调查研究活动的程序。下面以实证主义方法论指导下的调查研究程序为例，介绍这种调查研究程序的实施步骤。

1. 选题

就是选择和确定调查研究的题目。在这个阶段，要根据调查研究的老年人家庭的地域范围，明确属于哪一生活范畴，再通过实地考察、文献研究或专家咨询确定最后的调查研究题目。

2. 准备调查

调查之前的充分准备对于顺利地进行调查十分重要。准备阶段就是要对调查研究提出详细具体的想法，制订调查方案

制订调查方案，一般包括以下 6 个方面：一是在对调查对象初步探索的基础上提出研究假设。二是明确研究方向和目标。三是根据调查任务和目标确定调查研究的方式和方法。四是设计调查提纲、问卷或表格。五是组织工作安排，如时间安排，明确调查的时间起始点和终点，并做出具体的时间安排。准备阶段、调查阶段与收集资料阶段的时间要具体明确。调查地点的确定，以便于调查为原则，在自己工作、学习、生活的社区中选取老年人家庭进行调查。六是调查员的培训、与调查对象联系的安排等。

3. 实施调查

实施调查就是按照事先的安排具体地进行调查，包括收集资料、整理资料两项工作。实施调查是整个调查研究的关键。

收集资料，是按照调查设计，运用合适的方法和技巧，接触调查对象获取第一手材料的活动。首先是进入调查对象的家庭。入户是调查的关键一步，也是社会互动的过程，这一步对调查员要求较高。调查员要具备一定的入户调查的能力和掌握一定的技巧。一般地，针对老年人家庭生活的调查，最好选择年龄稍长一些、女性、同社区的人做调查员。同时，调查员作为听众、指导者和记录者，还要掌握调查技巧。如如何敲门、如何取得老年人信任、如何尽快建立起与老年人的合作关系、如何保证提问的客观性、如何快速记录回答等。入户之后，调查员要按照事先的安排，对老年人本人、家庭成员、邻里等进行问卷填写、访谈或观察。在实地调查中，如果调查员发现原来的设想与实际不完全相符，这时调查员要根据具体情况及时进行调整以保证调查的顺利进行。

整理资料，是对调查获得的资料进行初步审核和整理。可以边调查边记录整理，也可以在全部调查结束之后再统一整理。

4. 分析总结

此阶段是对实地调查获得的资料进行分析，并作出概括和总结。

资料分析，包括数字资料分析和文字资料分析，前者一般运用统计分析工具进行统计分析，如利用 SPSS 软件、STATA 软件等进行量化分析。通过这种分析可以将调查结果与研究假设进行比较，以检验原来的假设是否成立；后者则采用归类、比较、理解等方法进行质性分析。通过这种分析可以深入地认识研究对象所反映的社会意义。①

撰写调查报告。调查报告是调查成果的集中体现。报告的撰写通过确定主题、拟定提纲、选择材料、撰写报告等步骤完成。报告内容一般包括导言、研究方法介绍、研究成果、讨论、结论等部分。报告撰写时要注意，语言要简单朴实。调查研究报告不同于新闻报道和文学作品，它在文字语言上十分强调客观性、准确性、严谨性、简洁性。所以，要尽量用朴实的语言撰写，以简单明白、科学严谨为准，只要表达清楚即可。避免用主观或具有感情色彩的语句，叙述中最好用第三人称或非人称代词，尽量不用第一人称。调查报告要呈现出向读者汇报的状态，不要以说服者的姿态出现。虽然在报告中离不开研究者的主观分析和思考，但是各种研究结论绝对不是研究者个人主观想法的延伸。所以，撰写调查报告只要对调查资料与客观事实进行科学、严谨的分析，并呈现出逻辑结果即可。

第二节　老年人社会生活口述史调查

一、老年人口述史的意义

口述史人们又称“口碑史”，是历史学的一个分支学科，出现于远古时代，如古希腊的《荷马史诗》和中国藏族的《格萨尔王传》都堪称口述史

① 王思斌．社会学教程［M］．北京：北京大学出版社，2016.

作品。[①] 后来因文字史的发展，口述史的地位逐渐下降。近年来，口述史又重新出现在大众视野，引起广大学者的关注，不少社会科学研究者转向口述史，口述史随之在不断地向前发展。“我国现代意义上的口述史学起步于20世纪80年代，到90年代末才真正有所发展。21世纪初期伴随着‘口述历史研究会’的成立，我国口述史学开始走向正规化和专业化发展道路。”[②] 口述史不是历史学家的专利，作为一种史学方法，它被普遍地运用于各个学科，口述史的相关研究逐渐走向多元化，其成果涉及多个领域，如教育学、历史学、民族学、民俗学、社会学、人类学等。老年人口述史则是口述史在老年人研究领域的应用，作为一种历史研究方法和质性研究方法，能够挖掘出一些“真相”，虽与“历史常识”不尽相同，但也正是这不同之处，对于补充、完善、丰富甚至是重建过去历史带来了新的方法。同样地，将口述史应用在老年人生活领域中，对于建构边缘弱势的老年人历史、重建老年人过去史实、印证文献材料、支持积极应对老龄化研究有着重要的意义。

（一）有利于构建处于边缘困境群体的老年人历史

老年人口述史作为一种新的研究方法，为处于边缘群体的老年人将自己的经历、记忆和解释历史的记录保存下来提供了机会，也为相关的学者研究边缘群体老年人历史提供了资料。随着中国老龄化的进程加快，现代社会老年人群在社会中所占的比例出现逐年提升的趋势，且在现代社会中的老年人绝大部分是处于边缘困境群体。在古代，无论是在郡县还是在农村，无论是农民、普通百姓还是知识分子、达官贵族，老年人的社会地位都是比较高的。在古代时期的老年人被划为边缘困境群体的因素比较简单，主要就是年老体衰、生活无法自理成为国家、社会、家庭中的边缘困境群体。而在现代社会，老年人群体不再像过去原始社会那般有着丰富的生产生存经验，在年青一代的心中具有一定的权威性。随着信息技术的快速发展，生存手段主要靠的是知识经济、信息经济，而老年人由于身体的衰落、记忆的衰退，掌握最新的

---

① 王铭铭．口述史·口承传统·人生史［J］．西南民族大学学报（人文社科版），2008（2）：23－30.

② 付玉．21世纪以来中国教育口述史的研究综述［J］．贵州师范学院学报，2020，36（5）：51－57.

信息技术早已成为天方夜谭，难以跟上时代发展的步伐。同时，老年人身体衰老及随之而来的一系列老年慢性疾病，甚至生活不能自理，很难参与社会的大生产，无法提供必要的生产价值、社会价值、经济价值等，反过来还需要国家提供大量的资金进行扶持，成为国家、政府、家庭的照顾对象，逐渐退出“社会圈层”的中心地位，成为“社会圈层”的边缘困境群体。

当下的老年人成为“社会圈层”中的边缘困境群体并不是一蹴而就的，它是一个漫长的历史过程，是由多种因素造成的。同时，不同时代、不同地域老年人的边缘困境群体的地位、困境程度也不尽相同。要了解古代的、近代的、现代的、农村的、城市的等不同时空下老年人边缘困境群体的历史概述，口述史是值得一用的研究方法，尤其是研究近现代的老年人边缘困境群体的历史。根据老年人口述史，对不同年龄阶段的老年人进行口述访谈，可以了解不同年龄阶段的老年人在现代化信息社会、家庭中所处的位置、所具有的价值、所处的边缘困境群体程度。根据不同年龄阶段、不同地域、不同职业及性别等将老年人进行划分，在此基础上针对边缘困境群体这一问题做好口述访谈表，由专业人员进行访谈、记录、整理、分析，最后形成当下中国边缘困境群体的老年人历史。并可以结合文献法、历史分析法等与过去边缘困境群体的老年人历史进行比较，深入分析研究，形成较为科学的现代边缘困境群体的老年人历史研究成果。

（二）帮助重建老年人过去史实

口述史亦称口碑史学，在国际上是一门专门学科，即以搜集和使用口头史料来研究历史的一种方法，或由此形成的一种历史研究方法学科分支。口述史没有统一的命题；它以多数的观点讲述，而历史学家所谓的公正的传统，也都被叙事者的偏好所取代。“偏好”在这里既代表着“不牢靠”也代表着“偏袒”：既然“双方”共存于讲述之内，那么没有对一方的偏袒，也就没有口述史。而且，无论他们的个人历史和信仰可能是什么，历史学家和“材料”也绝不可能都站在同一“方”。当他们之间因偏好的不同而交锋时，无论是以“冲突”的形式，还是以“寻求一致”的形式，都会使口述史变得饶有趣味。口述材料并不是客观的，其实所有的史料都不是客观的，只是文字的神圣性常常使我们忘记这一点。但口述史料与生俱来的非客观性则出于它独特的内在特点，最重要的就是，它们是人为的、可变的和不完整的。或许许多人就会发出这样的疑问，既然口述史存在“偏袒”“不牢靠”“偏好”“冲突”，那么口述史所呈现出的口述材料、口述传统是否是对历史的“真实回忆”，是否值得可信？其实不然，人之所以为人，正是由于人存在意识，具有主观能动性，意识是人区别于动物的最本质的特征。既然如此，每个人具有主观能动性，这就不可避免地在言与行中增加自己的“偏袒”“偏好”等，并不仅仅存在于口述史当中，在人生史、人类史等任何领域研究当中都会不可避免地存在的，能做的就是研究者需要控制自己的主观能动性，尽可能地做到“不偏袒”“不偏好”，力求做到客观性、真实性，这也是每一位口述史研究者必备的素质。既然如此，那也没有一直揪着“偏好”“偏袒”不放，去怀疑口述史的真实性的必要了。当然，也并不是说完全不去怀疑历史的真实性，人还是需要有怀疑精神的，只有如此，历史才能不断地向前发展。

根据口述史这人为的、可变的、不完整的内在特点，可以有效地帮助老年人生活研究者根据老年人对过去生活、记忆等的口述，结合相关历史文献重新建构老年人过去史实。对与老年人过去史实不符的、相冲突的、矛盾的地方，根据老年人现有的口述进行斟酌、辨别，形成正确的老年人过去史实，丰富、充实老年人生活历史等方面的理论成果。

（三）积极应对老龄化研究

口述史的一些重大选题，不仅是历史学家的选择，更是一种政府的行为。政府非常重视用这种方法来抢救和记录民族的历史，特别是用来抢救那些濒于失传的藏于民间的非物质文化遗产。口述史研究具有抢救性，可以实现“主体平民化、史实记载细节化、史料载体多样化和史料组合系列化”。根据这一特点，将其广泛应用于老年人的研究，并根据老年人的特点加以应用，可以“抢救”老年人珍贵的“回忆”，记录老年人的生活，探索当下老年人的生活规律，为应对老龄化提供资料来源。帮助国家、政府、企业、家庭和个人能够更好地积极应对老龄化，并提出相应的措施等。

口述史在“主体平民化”这一优势上，可以拉近研究者与老年人这一口述对象之间的距离，两者之间是处于一种平等的地位，更像是以拉家常这种轻松、愉悦的方式去了解老年人的生活状态、存在的问题等，有效地帮助研究者获取大量的资料。同时，也要注意到的是，在这种环境下有大量的信息，研究者需要运用多种载体及时记录，如录音笔、记事本、多媒体等，保证所有口述内容全被记录在册，实现史实记载细节化。并且需要做好甄别工作，与已有史料进行组合，提取出真实、正确的信息，以保证口述资料的有效性。所有这些口述史下获得的老年人理论成果，为政府应对老龄化出台相关政策提供了理论依据，也为实现社会全面适老化提出参考建议，为有关老年人企业生产适龄产品提供帮助，为养老机构高质量发展，提高老年人幸福感、获得感提供帮助。例如，前面所讲的通过口述史重新建构老年人过去史实，建构处于边缘困境群体的老年人历史，就能够帮助养老机构、养老产品企业提供理论支撑，获取当下老年人所真正需要的东西，提供更好的养老服务、养老产品等。比如，针对老年人处于边缘困境群体这一特点，理解老年人抑郁、无助、暴躁、无奈等一系列心理变化的原因，安排工作人员、志愿者等有耐心地教会老年人使用一些简单的现代信息技术，如教会他们使用微信、支付宝、购物平台等日常生活中所常用的 App，以此减轻老年人与时代脱节的心理负担。也可以通过教会老年人正确使用互联网，发挥老年价值，生产社会价值。Mob 研究院数据显示，截至 2021 年 6 月，银发用户规模超 6000 万人，成为市场消费中不可忽视的核心人群之一。伴随着银发经济的崛起，“银发网红”“银发主播”横空出世，打开了银发族消费的新市场①。通过口述史对老年人的研究，把握老年人当下的生活规律，让老年人与时代相接轨，发挥老年人的社会价值、经济价值，更好地解决老龄化问题。

二、口述史的基本方法

口述史研究的方法主要是访谈、收集资料、整理和分析、下结论，其中，最基本的研究策略是借助录音或录像设备的口述访谈法，其本质上属于质性研究的方法，具有质性研究的特征。

（一）访谈法

访谈法又称晤谈法，是指通过访员和受访人面对面地交谈来了解受访人的心理和行为的心理学基本研究方法。口述访谈法则是在访谈的过程中被访者以口述的形式说出自己的生活、记忆，结束后经过分析整理形成相关结论

---

① 方提，黄莉婷．“银发网红”的媒介话语建构及其社会根源［J］．新闻爱好者，2022（2）：35－39.

的口述史研究方法。运用口述访谈法时要注意做好一系列的准备，保障口述访谈能够顺利进行。

1. 口述访谈前的准备工作

进行口述访谈绝不是一件易事，需要做好大量的准备工作，如确定访谈问题、确定口述对象、具备专业资质的采访者、确定访谈地点、拟定口述访谈提纲、预设口述访谈过程中可能出现的突发事件并预想好解决措施等。这每一项准备工作都需要谨慎考虑，如口述访谈地点是在采访对象家中还是其他地方都需要不断斟酌。实践证明，地点不同，效果亦不同，要获取好的口述访谈效果在访谈场地上最好选择能让被访者感觉轻松、愉快和安静的地方。

2. 口述访谈中的指导工作

在口述访谈过程中，访谈者应该按步骤进行访谈。同时，还必须具备处理突发事件的能力，善于察言观色，具有辨别信息真伪的能力，具有控制局面、口述技艺等方面的能力。如当被访者在口述过程中逐渐跑题时访谈者应该不动声色地拉回正题，保障在相应的时间完成口述访谈。又如当被访者表露出不愿再进行访谈时、面对访谈者的提问敷衍了事时，应该想办法激起被访者的情绪，让他乐意继续参与访谈。再如访谈者应该具有口述技艺，口述史也可以是一种应对艺术，它可以和正史保持距离，让人们知道有另外一种历史叙事，让听众和观者在说拉弹唱中、在群体效应里，感受一种面对面的亲近和共鸣。口述技艺来自对人类自身器官的反复练习，不需要识字，不需要专门的学院教育，也不需要城市里那一整套从小学到大学、从本科生到博士生的层级化的知识体系、教育制度和学位制度。不需要昂贵的学费，不需要全国统考，也不需要自身器官以外的那些“身外之物”，如电脑、教室、图书馆之类的“硬件”。

3. 口述访谈后的收集整理

口述访谈后的收集整理工作是一项烦琐且工作量比较大的工作，需要工作者耐心地、有条理地将其进行整理分类。口述访谈结束后应立即将资料进行分类整理，及时辨别筛选有用信息、过滤无用信息。在辨别筛选有效信息时必须保证资料的客观性，虽说口述访谈本身不是一项客观性工作，存在人的能动性、主观性等特点，但在收集整理资料的过程中必须避免人的主观性想法，尽可能客观地分析老年人的口述描述资料。同时，需要注意的是信息不能隔一会儿再整理，否则效果会大打折扣，这是由口述访谈本身的特性决定的。在访谈中，访谈者会在听被访者口述过程中产生大量的想法，这些想法是瞬间的，具有短暂性的特点。若是在采访结束之后没有立即进行整理，那么过了一段时间那些在访谈中产生的想法就会从脑海中消失，口述访谈的效果会大大降低。因此，口述访谈资料的整理必须在访谈一结束就马上进行，即使访谈结束后到了吃饭时间，也需要访谈工作者牺牲吃饭时间，将全部资料整理完成后再去吃饭、休息或者干其他工作。

（二）口述史的基本方法

应当注意的是，口述史作为一种研究方法与访谈法有着本质的不同，访谈法主要是通过访谈收集资料，而口述史则要对历史负责，不仅需要被访对象的口述（自己说）还需要针对各个事件做进一步确认。如何进行口述史研究，保尔·汤普逊强调口述史研究应当从以下三个方面展开。

1. 口述史主体性

主体性在哲学中是指人在实践过程中表现出来的能力、作用、个人看法以及地位。将主体性引申到口述史中有着不同的价值意蕴。口述史主体性即“倾听谁的声音”，主要研究口述史是谁发出的声音，为什么这种声音值得被重视。在这里主要是将口述史研究作为一项实践活动，完整的实践活动必须具有主体、客体和载体。这个口述史主体性更多地强调在进行口述史研究实践中必须明确研究主体，即明确我们的研究对象。只有在明确研究对象的前提下，口述史研究才能顺利进行。如在《牧区老人社会研究》这篇文章中，对老年牧民进行的口述史整理和研究成为本文行文的主要切入点和重要方法。通过田野参与和口述史的记录可以展现老年牧民所经历的过去、现在，并从中获取其希冀的未来。[①] 再如《主持人语：性别正义的信息基础：农村妇女口述史的意义》这篇文章，非常明显的是以农村妇女作为口述史的主体，历经几年时间，华中师范大学中国农村研究院完成了 80 岁以上农村老年妇女口述史调查，完成了 1300 多位农村老年妇女的口述史记录，访问的老人分布在 29 个民族，形成了 2800 余万字的文字记录，逐渐积累形成有关中国农村妇女近

---

① 于晋海. 牧区老人社会研究［D］. 兰州：兰州大学，2019.

80年历史状况口述史实录资料库。[①] 可以发现，口述史的主体性与研究的内容是密不可分的，口述史的主体是从研究主题上来的，不是随意指明的。

2. 口述史互动性

口述史研究是一个双向互动的过程，单靠一方是无法完成的，需要双方互动合力完成，即口述史陈述者和倾听者之间互动收集口述史资料的过程，是研究口述史实践操作的步骤，它是获取口述历史材料的阶段，主要焦点是“如何倾听”。一般而言，口头的陈述不会重复两次，固然是所有口头交流的特征，但在没有相关的社会组织的状态下尤其如此，就像访谈中的那种自传或对历史给予的说明那样。

基于此，如何倾听才能与陈述者产生良好的互动，采访者让陈述者心无旁骛地将自己所有的真实信息告诉给倾听者。如何倾听才能获得想要的成果对于倾听者而言是一个巨大的难题，这就要求倾听者应该具有以下几点素质。

一是倾听者必须具有正确的价值立场和理论指导。口述史研究的目的在于探求历史的真实，这使得它与弄虚作假、私心邪念是绝不相容的。为了实现既定的学术目标，口述史往往侧重搜集一般不易记录和留存的史料，而这类史料多具有负面性。要正确记录和处理这些史料，口述史工作者首先应该坚持价值中立的立场。价值中立并非要求口述史工作者放弃社会理想，绝对客观地进入研究领域，而只是要求研究者以客观的态度去认识研究对象，使研究过程和所得结论尽量不受和少受主观好恶或价值观念的影响。其次在理论修养方面，历史观处于主导的地位，它对史学研究具有决定性的影响和作用。英国历史学家赫勒说过：“反对利用指导性原则的历史学家犹如一个水手，决定不用地图、罗盘，甚至不听听别的水手有关海上经历的叙述，便扬帆出航。”从事口述史工作要有正确的方法论做指导。这就是要坚持以马克思主义唯物史观为指导，实事求是地揭示历史的真相，正确总结历史的经验和教训。

二是要具有专业修养。口述史研究也是史学研究的一种方法，口述史研究者也算是史学工作者其中的一员，史学工作者的专业修养往往决定了史学研究的成效。只有训练有素的历史学家才可能熟谙所要研究的特殊对象及其

---

① 刘筱红．主持人语：性别正义的信息基础：农村妇女口述史的意义［J］．中国农村研究，2017（2）：3－4.

问题的所在。[1] 对于口述史工作者而言，就是既要拥有一定的史学功底，又要掌握部分相关学科的具体知识和技能。

三是掌握部分相关学科的具体知识和技能。《隋书·经籍志》云："夫史官者，必求博闻强识、疏通知远之士，使居其位。"口述史学涉及人类学、社会学、法学等学科，研究领域应用广泛，这就要求口述史工作者掌握部分相关学科的具体知识与技能。在口述资料的收集、整理和研究过程中，要求口述史工作者具备广博的社会知识，以了解受访者的生活环境；具备强烈的感染力和语言表达能力，以使自己的语言适应受访者的语言；懂得心理学，以了解男女老幼各种不同人心态上的差异；拥有一定的应变能力和采访技巧，以适时地把握提问时机和取得共同的话题；熟悉相关法律知识，以维护采访者和受访者的权益。除了面对形形色色的受访者，口述史工作者还要面对诸多法律难题（像采访家庭暴力时遇到的隐私问题）、技术问题（如采访少数民族时的语言沟通问题）等。要解决这些难题，口述史工作者必须掌握部分相关学科的具体知识与技能。

3. 口述史阐释性

口述史阐释性主要围绕收集后的口述史料进一步加工、建构、阐发，回答"如何阐释"从而发挥其对于个体和社会的诸多价值。如何将以现场录音、录像、原始手稿、笔记、照片等方式记录下来的口述史资料转化成文本形式，发挥其口述资料的最大价值，对"如何阐释"提出了严格要求。口述史的阐述过程是一个创造性的思维转化过程，其目的若是形成某种出版物的话，会有更为严格的要求。首先是在阐释过程中发挥人的主观能动性固然重要，毕竟主观性是人的基本特质，但作为口述史资料的阐释就要求工作人员必须控制自己的主观性，也就是前面所说的要保持价值中立。价值中立对于口述者来说是非常难做到的，口述者本身在讲自己的记忆时就是站在自己的价值"偏向"上进行口述，工作人员也不能要求口述者保持价值中立，若是这样要求，则口述者所口述的资料会"失真"。为保证口述史资料的真实性，不要对口述者提出价值中立的要求。这里就对口述资料的研究者保持价值中立提出要求，在整理资料时必须在正确的价值中立的指引下进行阐述，创造性地转化成所需文本。在这里也可以说要避免出现"话语霸权"现象，也就是说在

① 巴勒克拉夫. 当代史学主要趋势［M］. 上海：上海译文出版社，1987.

创造性转化成文本阐释过程中避免加入自己过多的分析和选择，应该按照史学的要求选取、分析、下结论，避免出现文本的面目全非，以至于口述者本人都无法认出自己的话语。其次，在阐述的过程中应该具有系统观点，这是由口述史本身的弊端所决定的。口述史收集得来的资料大多只是反映历史的局部，缺乏对整体事件的认识。由此口述史研究者在进行阐释时要注意对知识的整合，切勿以偏概全。

三、口述史在老年人生活研究中的应用

口述史作为一种历史研究方法和质性研究方法的结合在老年人生活研究中具有重大意义，根据口述史研究方法的特点，从纵向和横向两个角度将口述史在老年人生活研究中的应用分为人物、课题、事件、地域、时期等五个方面进行阐述。

（一）以人物为中心的老年人口述史

口述史作为记录历史的一种方法，人人可参与，具有跨越不同学科和不同领域的特质，注重以人为本，相应地在老年人口述史的应用中就有以人物为中心的老年人口述史。以人物为中心的老年人口述史是研究者比较常用的，相对于以课题、地域、时期为中心的老年人口述史研究较为简单。同时以人物为中心的老年人口述史也可分为精英口述史和大众口述史。

不过这里的精英口述史与过去的精英口述史只记录军国大事、帝王将相的故事并不相同，而是指在老年人这个群体中具有专业技能、突出贡献等，如劳模、武术大家等。如体育学对于武术大家或知名人物开展了系列口述史访谈，包括吴彬口述史访谈、张山口述史研究、蔡龙云武术人生口述史研究。

其实大众口述史更应该受到重视，历史是人的历史，在唯物史观中讲到历史是由人民群众所创造的，应该以人民群众为中心，但在相当长的时期内，“人”仅仅指大人物，小人物基本被边缘化。而老年人口述史研究的中心是老年人，那些基层的、农村的老年人更是属于家庭、社会边缘困境群体，不被重视。现在人民成为国家的主人，无论是年轻人还是老年人都是国家的主人，都属于人民群体，且随着老龄化速度的加快，老年人群体在中国人口中所占的比例呈现出越来越高的趋势。同时新时代是“公众时代”，以人物为中心的老年人口述史也应该适应现代公众社会，从服务小众到服务大众，通过老年

人某一群体的口述史调查，探索老年人的生活状态，把握老年人的生活规律，积极应对老龄化。

（二）以课题为中心的老年人口述史

顾名思义就是围绕与课题相关的老年人群体，选定相关的老年人成为口述史主体而进行的老年人口述史。这一类的老年人口述史研究学术性较强，对口述史研究人员要求比较高，必须具有老年人相关的理论知识和掌握口述史研究方法，通常还需要掌握社会学、历史学、老年社会学、人类学等领域的知识。而且更多的是为解决当前老年人存在的突出现实问题而进行的研究，随着中国进入老龄化，成为老龄化快速发展的阶段，许多关于老年人的问题接踵而至，是国家、政府、社会、家庭等关心的重点话题。如应对老龄化，发挥老年人剩余的社会价值，促进社会的生产而不是成为社会的累赘，这也成为老年人研究的一个重大课题；还有在中国式现代化道路上助推老年人生活高质量发展；再如全社会适老化研究、老年人的养老机构高质量发展等方面的研究等。

（三）以事件为中心的老年人口述史

以事件为中心的老年人口述史强调过去所发生的重大的历史性事件，如三大改造、土改运动、家庭联产承包责任制等重大事件。以土改运动为例，我们如要了解当时的土地改革运动，人们觉得最好的方法就是查阅过去制定的相关文件，文件中所包含的信息就是土改运动的“历史真相”。其实不然，文件固然是可以得出当时土改运动的大致方针，还原过去史实，但具体到每一个村庄、每一户人家，当时的土改运动进行得怎么样，人们对“斗争”是如何理解的，土改运动具体经过了怎样的历程，经历了哪些磨难，这是历史文件所无法给予的。老年人口述史的研究便可以弥补历史文件的缺陷，通过对不同层次的老年人进行口述史调查，让老年人回忆过去历史，或许因存在“时间差”、记忆衰退等导致老年人的口述听起来可能有些混乱，抑或说法不一，但这也确实是老年人口述史研究存在的一个较难解决的问题。不过不能因为这一点就怀疑老年人口述史的“真实性”。这也是许多学者批判老年人口述史“真相”的依据之一，据此他们转向文献研究法。每种研究方法都有其利弊，例如前面所讲的老年人口述史，人们怀疑其“真实性”。文献研究法也存在其弊端，它不是一手资料，是人们进行主观的“二次加工”的结果，人们运用文献研究法又是在此基础上进行三次、四次甚至更多次数的“加工”的结果，其客观性也是让人怀疑的。既然如此，我们就没有必要揪着老年人口述史的“不真实”不放，而是应该想方设法“还原历史”。

（四）以地域为中心的老年人口述史

以地域为中心的老年人口述史更多的是强调地域性，以某一块区域的老年人进行口述史研究，可以是得出那一块地域有关老年人生活的特点并与其他地区的老年人生活进行比较分析进而得出相关的理论成果，也可以是得出那一块地域的人文、地理、环境等方面的信息，丰富地域文化，抑或是重塑那块地域老年人的历史。

一方水土养一方人，每块地域的老年人记忆中都蕴含着那块地域的几十年来的风土人情，割舍不掉的是每个地域的文化脉络、历史底蕴。地域文化是人类生存的背景和空间，而地域记忆是地域创造性的活态表述。其实从广义上讲，文化是人的本质力量对象化的结果，也就是自然的文化、地域的文化。无论是物质文化、精神文化，还是制度文化、行为文化，都体现了人的创造精神。活态的地域精神正是记忆文化的特点。[①] 我们国家现在有 5000 多个村落入选中国传统村落名录，山西省有 100 多个，吉林省只有 9 个。吉林省有 2 万多个传统村落，入选的只有 9 个。我们对地域文化当中的记忆文化抢救，要抓紧进行。显然，在进行以地域为中心的老年人口述史研究前对该地域的已有历史、人文信息、乡土人情等信息的掌握是必要前提，也就是说具有调研唯实求真精神，在此基础上对老年人进行访谈，将访谈资料与已知资料进行对比，力求获得最为准确的史实。

（五）以时期为中心的老年人口述史

以时期为中心的老年人口述史相对于其他老年人口述史来讲工程量大，需要耗费大量的时间、人力和精力等。例如，为了解不同时期家庭的结构转型情况，王天夫等人在 2013 年前后对山西省 70 岁以上老年人进行口述史调查得出与笔者相似的认识：20 世纪 50 年代中期土地集体化之前、50—70 年

---

① 曹保明．中国地域文化研究中的地域记忆问题［J］．地域文化研究，2019（1）：8－9.

代土地集体化时期及家庭联产承包责任制时期农村家庭结构即出现小型化趋向。中国传统大家庭向小家庭的转型并不是由西方传统意义的工业化促成的，作为1949年后国家早期工业化策略的农村土地集体化彻底改变了传统家庭生产与生活的组织方式，改变了父权制度下的代际关系与结构，进而启动了家庭结构转型的历史进程。① 再如，全国文明村紫南村村的历史在1949—2007年的历史比较粗略，为留住紫南的“集体记忆”，走访数十位紫南村老人，收集28位老年人的口述历史，重现紫南史。打开老年人记忆的封口，让老年人一一向我们述说过去几十年前的记忆、故事，绝非易事，在这过程中注定会遇到重重阻碍。比如紫南村的访谈人员讲到村里的部分老年人不愿意再提当年的事情，更不愿意提其中的某段经历；还有部分老年人会出现记忆偏差，说得不够详细等，为了得到详细的资料，多次造访。

不可否认的是，以时期为中心的老年人口述史对补充、完善过去历史，重建老年人现在历史具有巨大的意义。老年人是一个特殊的群体，保留着过去几十年来中国的历史，补充传统文字记载和器物历史的不足，其中的价值无法用言语表明。通过对老年人口述史的研究，重新开启过去，丰富历史记忆的细节，深化甚至改变对历史本身的认识。每一位老年人都残留着过去那个年代独有的痕迹，老年人是村庄历史的“活化石”，联结着过去与未来。

【推荐阅读】

［1］风笑天．现代社会调查方法［M］．4版．武汉：华中科技大学出版社，2009.

［2］郝大海．社会调查研究方法［M］．2版．北京：中国人民大学出版社，2009.

［3］本书编写组．老龄蓝皮书：中国城乡老年人生活状况调查报告2020［R］．北京：中国老龄科学研究中心和社会科学文献出版社，2020.

［4］杨祥银．口述史研究：三辑［M］．北京：社会科学文献出版社，2018.

［5］周新国．中国口述史的理论与实践［M］．北京：中国社会科学出版社，2005.

---

① 王天夫，王飞，唐有财，等．土地集体化与农村传统大家庭的结构转型［J］．中国社会科学，2015（2）：21－25.

【随堂测试】

1. 课堂展示

以小组为单位进入老年人家庭、老年人生活的社区、养老机构等场所进行体验式学习。通过观察法、访谈法、问卷法，调研老年人生理生活、心理生活、社会交往、学习教育、再就业等。以小组为单位进行课堂展示，小组成绩即为小组成员成绩。

2. 判断题

请对下列关于老年人社会生活口述史调查的表述，作出正确或错误的判断。

（1）老年人口述史的研究具有抢救性，对于老年人的研究起着重要作用。

（2）研究老年人口述史应从口述史的客体性、互动性、阐释性三个方面展开。

（3）精英老年人的口述史研究较多，其中包括郭于华的《受苦人的讲述：骥村历史与一种文明的逻辑》。

（4）老年人口述史调查在内容上需要从单维度的老人转向整体的老人观，在纵向和横向的逻辑上对“复数”老年人开展口述史调查。

【课后思考题】

1. 请根据采取的调查方式，结合老年人生理生活、心理生活、社会交往、学习教育、再就业等问题，自选调查主题，设计调查方案，并进行社会调查，撰写一篇调查报告，字数不限。

2. 简述老年人口述史调查的注意事项。

3. 谈谈你对老年人社会生活口述史研究的认识。

【关键术语】

问卷调查；访谈调查；调查方案；调查报告；口述史。

后 记

老年人生活的理论研究最早源于中韩合作办学专业的教学课程《老年人生活的理解与体验》。初始，课程是由韩方教授讲授。2015 年 12 月，作为合作办学单位的教师，我们到韩国江南大学进行了考察学习。经过 3 年的准备，2018 年，我们承接了该课程的讲授。但是，教学工作面临着既没有教材，也缺少相关研究成果的严峻现实。为了更好地完成教学任务，我们进行了大量的国内外研究成果梳理，并编写了讲义和教学 PPT。2022 年，在经过 5 年积累和经验总结的基础上，本课程获得了学校的网络课程立项。2023 年 3 月，申请了省级在线开放平台课程。经过六七年的酝酿积累，我们有了强烈的书籍编写愿望。一是老龄化的快速发展，国内高校中与老年人相关的专业不断增加，开设与老年人生活相关的课程成为专业发展的需要；二是缺少与老年人生活相关的书籍，不利于教学工作开展以及学生的系统学习。基于以上考虑，我们启动了本书编写计划。

作为高校教师，我们清楚地知道，本书的编写与出版，影响的不仅是学生，而且会有很多读者。在计划启动前，我们开展了多方咨询和社会调研，民政部门的咨询、养老机构的调研、学校的论证等，给了我们极大的鼓励。好的是，我们所编著的是一本书，而不是自己一孔之见的理论。我们在对已有研究成果梳理的基础上，针对老年人生活进行了深入的课程设计研究。我们希望通过本书的编写与出版，每到开设这门课程的时候，学生们不仅仅是买来一本书，更重要的是捧着一叠厚厚的人生阅历。这对专业刚入门的学生来说确实是一种信心的提升。

本书的编写基于我们上课的讲义、在线课程教案与 PPT。从平时的教学效果来看，学生对教学内容极为感兴趣，当他们的热情被激发出来以后，他们的自学能力会再一次体现出来。同时，经过几年教学实践，对于课程的教学体系设计，学生较为接受，学习效果良好。我们的讲义在临沂大学社会工作系（银发产业经营与管理方向）本科生中连续使用6年，得到大多数同学的认可，也得到了许多批评与指正。

本书由郭星副教授、杨超副教授担任主编，李艳丽副教授、宋娟讲师担任副主编。郭星承担了第一章、第二章（第一节、第二节）、第四章、第八章、第十章（第一节）的编写工作；杨超承担了第二章（第三节）、第五章（第四节、第五节）、第九章、第十章（第二节）的编写工作；李艳丽承担了第三章、第六章的编写工作；宋娟承担了第五章（第一节、第二节、第三节）、第七章的编写工作。

本书的酝酿、编写得到了马晓春教授的大力支持，在此表示真诚的感谢。当然，这里我们还得向硕士生（2023届）、本科生（2000届）等表示谢意，他们参与了部分手稿检查。本书的完成始终得到中国社会出版社的大力支持，在此表示谢意。

2023年6月